KB064146

숫자
없는
경제학

Number-free
Economics
with
Stories & Histories

숫자 없는 경제학

인물, 철학, 열정이 만든 금융의 역사

차현진 지음

메디치

개정판에 부쳐

들어가는 말

경제학은 돈 버는 법을 가르치는 학문이 아니다. 책방의 경제 코너에는 돈 버는 법에 관한 신간 서적이 가득하지만, 그것은 경제학과는 관계없는 속물학에 불과하다. 경제학이란 인간이 육신을 가진 동안 겪어야 하는 물질생활에 관한 철학이다. 그래서 경제학자를 세속 철학자(worldly philosopher)라고도 한다. 경제학이 철학이라면 경제학의 관심은 돈 버는 것이 아니라 돈을 넘어선, 좀 더 고상한 것이어야 할 것이다.

수학자이자 철학자였던 고틀로프 프레게Gottlob Frege는 "훌륭한 수학자는 이미 절반의 철학자이고, 훌륭한 철학자는 이미 절반의 수학자다"라고 말했다. 철학과 수학은 그만큼 가깝다. 그런데 이 말은 경제학에도 적용할 수 있다. 즉 "훌륭한 경제학자는 이미 절반의 철학자이고, 훌륭한 철학자는 이미 절반의 경제학자"인 것이다.

훌륭한 경제학자는 훌륭한 철학자다. 경제학의 아버지인 애덤 스미스Adam Smith가 좋은 예다. 영국에서 경험주의 철학이 꽃을 피울 때 그가 《국부론》을 통해 제시한 경험론적 사고의 틀이 경제학인데, 그는 글래스고대학교의 도덕철학 교수였다. 훌륭한 철학자가 경제학자인 경우도 있다. 애덤 스미스의 절친한 친구였던 대철학자 데이비드 흄David Hume이 그랬다. 금본위제도하에서 국제수지가 자동으로 균형을 이루게 되는 경제적 원리를 가격-정화-플로우 메커니즘(price-specie-flow mechanism)이라고 하는데, 이 이론을 처음으로 제시한 사람이 바로 흄이다. 그러니 경제학과 철학의 사이는 결코 멀다고 할 수 없다.

부끄러운 고백이지만, 국제금융기구에서 근무할 때 필자의 '세속 철학'을 설명하기 위해 강단에 선 적이 있다. 어느 날 파티에서 우연히 만난 한국인 교수와 이야기를 나누다가 그분의 권고로 워싱턴 D.C.에 있는 아메리칸대학교의 철학과 학생들 앞에 선 것이다. 강의 제목은 '인식론적 관점에서 본 중앙은행의 손익 개념'이었다. 철학자 버트런드 러셀Bertrand Russell이 말한 '이발사 패러독스(Barber Paradox)'를 경제학에 접목해서 필자의 생각을 발표했다.

강의 내용은 이러하다. 한 마을의 유일한 이발사가 자기 머리를 자르는 데에는 그의 빗과 가위가 무용지물이다. '중이 제 머리 못 깎기' 때문이다. 마찬가지로 한 나라에서 유일하게 화폐를 발행하는 은행, 즉 중앙은행의 손익을 평가하는 데에는 통상적인 화폐로 평가한 손익 개념이 무용지물이다. 중앙은행의 손익은 화폐로 평가할 수 없기 때문이다. 환율 상승에 따라 보유하는 외화 자산에서 이익이 생겼다면, 기업과 개인에게는 희소식이다. 하지만 중앙은행에는 유감스러운 일이다. 환율 상승은 화폐 가치를 지키려는 중앙은행의 목표와 존재 이유가 실패했다는 것을 시사하기 때문이다. 그러므로 화폐 가치로 표시된 손익은 중앙은행에 무의미하다. 화폐를 발행하는 중앙은행의 성과는 화폐가 아닌 것으로 평가할 수밖에 없다.

미국 학생들의 반응은 나쁘지 않았다. 철학은 현실과 상관없다고 생각하던 예비 철학자들은, 그렇지 않다는 설명을 듣고 무척 흥미로워했다. 경제 시스템의 한가운데 있는 중앙은행이 버트런드 러셀이 던진 이발사 패러독스에서 자유롭지 않다는 말은, 인간이 당면한 문제의 중심에 항상 철학이 있다는 증거이기 때문이다.

돌이켜 보자면, 그날의 짧은 강의는 미국 학생들뿐만 아니라 필자에게도 새로운 경험이었다. 생면부지의 학생들 앞에서 자기 철학을 강의한다는 것은 꿈에도 생각지 못했던 기묘한 일이었다. 무엇보다도 기억에 남는 것은 경제문제에 관한 해답을 경제학 교과서에서만 찾지 않으려 하는 필자의 태도를 비로소 세상에 드러냈다는 점이었다. 일종의 커밍아웃이었는데, 이후 다른 사람들에게도 필자의 세속 철학을 떳떳이 밝히고 싶은 용기가 생겼다.

경제문제에 대한 해답을 왜 경제학 교과서 밖에서 찾는가?

일찍이 경제학을 배우기도 전인 고등학교 시절에 한문 선생님에게서 '문文, 사史, 철哲은 하나'라고 배웠다. 요즘에는 인문학을 '문·사·철'이라고 한다. 인문 대학을 대표하는 것이 어문학과, 역사학과, 철학과이기 때문인 것 같다. 하지만 필자가 배운 '문·사·철은 하나'라는 명제는 3개 학과가 인문 대학에 몰려있다는 뜻이 아니다. '문文'이란, 시나 소설과 같은 문학 장르가 아니라 인간의 감정이나 의지를 말한다. 즉 아리스토텔레스가 말하는 파토스pathos의 영역이다. 이에 비해 '철哲'은 논리와 사상, 즉 아리스토텔레스가 말하는 로고스logos의 영역이다. '사史'는 사회제도 또는 사회 구성원의 공동체 의식이 형성되는 과정이다. 이는 아리스토텔레스가 말하는 에토스ethos와 일맥상통한다. 따라서 '문·사·철은 하나'라는 말에는 '인간의 사상이나 감정은 자연 발생적으로 생기는 것이 아니라 자기가 속한 사회나 제도의 영향을 받아 굳어지며, 반대로 사회 구성원의 사상과 감정은 관습과 제도를 변혁시켜 역사를 이끄는 원동력이 된다'는 깊은 뜻을 담고 있다.

다른 사회과학 이론과 마찬가지로 경제 이론은 하늘에서 뚝 떨어진 것이 아니다. 경제 제도는 아메리카 대륙처럼 발견하는 것이 아니라 도량형처럼 인간이 고안해 낸 계약이다. 따라서 모든 경제 이론이나 제도에는 치열한 논쟁과 반목이 담겨있고, 수많은 사람의 희망과 절망이 버무려져 있다.

그런데 숫자와 공식으로 가득 찬 일반 경제학 교과서는 경제 이론을 효율적으로 소개하는 데 지면의 대부분을 할애하는 바람에, 그것이 나오게 된 사회적 배경이나 그 이론을 관철한 사람의 내면세계와 같은 중간 과정을 빠뜨린다. 그 결과 인간의 욕망을 다루는 경제학책에서 사람 냄새가 아닌 기계 냄새가 난다. 체온은 느껴지지 않는다. 그런 아이러니를 극복하려면 경제문제는 경제학 교과서를 뛰어넘어 생각해야 한다.

앞에서 수학자 프레게의 말을 소개했지만 또 다른 독일의 수학자 카를 바이어슈트라스Karl Weierstrass(현대 해석학의 아버지로 불린다) 역시 "시인의 기질이 없으면 진정한 수학자가 될 수 없다"고 말했다. 그의 제자 러시아의 소피아 코발렙스카야Sofiya Kovalevskaya(미분방정식을 연구한 여성 수학자)도 "영적으로 시인이 되지 않고 수학자가 되기는 불가능하다"고 했다. 이성(哲)과 감성(文)은 서로 통한다는 말이다. 수학이 그러할진대, 경제학을 연구할 때도 수식을 뛰어넘는 감성과 상상력이 필요하다.

이 책은 '문·사·철은 하나'라는 필자의 소신을 바탕으로 그동안 생각해 왔던 것들을 정리한 것이다. 모든 주제에 문·사·철의 측면을 모두 담아서 사람 냄새가 나고 체온이 느껴지도록 노력했다. 그러므로 이 책을 통상적인 경제 서적이라고 하기는 어렵다. 인물 평전에 가까울지도 모른다. 독자들도 이 책을 역사, 경제, 철학, 문학 중 어디에 포함할지 혼란을 느낄 것이다. 솔직히 말하면, 제발 그렇게 되었으면 좋겠다는 것이 필자의 희망이다.

어떤 사회든 열정(文)과 사색(哲)이 없는 변화(史)는 있을 수 없다. 따라서 필자는 경제 현상과 사회제도의 변화를 살피면서 관계된 사람들의 열정과 고민을 포착하려고 했다. 아무도 시도하지 않았던 이런 방식에 대해 '경제를 이렇게 접근할 수도 있겠구나' 하고 공감하게 만드는 것이 필자의 야심이다. 이 책을 다

읽은 독자들이 '경제학은 돈을 넘어선 것을 탐구하는 철학의 일종'이라는 생각에 동의한다면 더없는 보람이 될 것이다.

이번 개정증보판은 8개 장으로 구성했다. 초판에 수록되었던 마지막 두 장을 삭제했다. 한국은행의 설립과 시련을 다룬 글이었는데, '숫자 없는 경제학'이라는 제목으로 특정 중앙은행을 다루는 것이 적절치 않다고 판단했다. 삭제된 이야기가 궁금한 분들은《중앙은행 별곡》(인물과사상사, 2016) 등 필자의 다른 책을 참고하기 바란다.

새로 추가된 마지막 8장은 필자에게 무척 큰 의미가 있다. 필자는 한국은행을 떠나 2023년부터 예금보험공사에서 근무하고 있다. 이를 기념하고자 8장에서 예금보험제도의 연원과 의미를 다루었다. 새로 글을 쓰고 있는데 마침 미국에서 실리콘밸리은행이 파산했다. 그 바람에 전 세계적으로 예금보험제도에 대한 관심이 크게 높아져 필자의 시도가 아주 시의적절하게 되었다. 오늘날 예금보험기구는 중앙은행과 더불어 각국의 중요한 금융안전망으로 자리 잡았다.

차례를 훑어보면 알겠지만, 이 책의 각 장은 영화나 팝송을 모티프로 삼고 있다. 경제학이라는 딱딱한 주제를 독자들이 영화나 음악을 감상하듯 가볍게 받아들이기를 바라기 때문이다. 이 책의 8개 장은 각기 독립적이지 않다. 같은 주제에 관해 전혀 상반되는 견해가 2개씩 묶여 나란히 대칭을 이루도록 구성했다. 즉 화폐제도(1~2장), 금융 혁신(3~4장), 금융시장(5~6장), 금융 안전망(7~8장)을 주제로 상반된 견해와 인물들을 소개했다.

탈고하다 보니 문득 부끄러운 생각이 들었다. 책의 목차에서부터 필자의 얕은 지식과 경험이 드러나기 때문이다. 경제학의 중요한 줄기 중 하나인 실물경제와 국제무역을 다루지 못했다. 항상 멀리 보고 크게 생각하려고 했는데, 한국은행이라는 좁은 울타리 안에서 37년 6개월을 지내다 보니 사고의 범위가 금융에 한정될 수밖에 없었다. 돈을 넘어선 것을 탐구하겠다는 호연지기를 품었으면서도 막상 자신의 경험과 직업조차 넘어서지 못한 모순이 한심스럽다. 필자의 좁은 식견을 누구의 탓으로 돌리겠냐마는 그래도 읽어주는 분들이 있다면 고마울 뿐이다.

마지막으로 감사의 말씀을 전하고자 한다. 먼저 연로하신 나이에도 건강하셔서 자식들에게 큰 안도감을 주신 부모님께 감사와 사랑의 말씀을 올린다. 이분들이 없었다면, 필자의 문·사·철은 존재하지 않았을 것이다. 또한 어려운 경영 환경 속에서도 또 한 번 필자의 졸작을 흔쾌히 출간한 메디치미디어 김현종 대표와 읽기 좋게 다듬어준 직원 여러분에게도 깊이 감사드린다.

2023년 가을

차현진

차
례

좋은 놈,
나쁜 놈,
이상한 놈

1장

'돈=금'이라는
고정관념의 역사

The Number-free Economics with Stories & Histories

돈의 철학

금융의 출발점을 어디로 볼 것인지는 사람마다 의견이 다르다. 성경에도 대부업에 관한 이야기가 나오는 것을 보면 무척 오래된 것만은 틀림없다. 신성해야 할 성전 앞에서 좌판을 펴고 장사하는 환전상들의 볼썽사나운 모습을 보고 예수가 테이블을 뒤엎었다고 하니 오늘날의 환전, 즉 외환 업무라고 불리는 사업은 2000년 전부터 꽤 활발했던 것 같다.

그러나 근대적 의미의 금융업 또는 은행업의 출발은 15세기 초로 보는 것이 일반적이다. 일찍이 1420년경 이탈리아 피렌체에서는 메디치Medici를 포함한 몇 개의 상인 가문이 근대 금융업의 모양새를 다듬었다. 그들은 유럽 대륙 곳곳에 지점을 설치하고 글로벌 비즈니스를 펼쳤다. 물론 오늘날의 금융업과는 달랐다. 오늘날에는 부동산 프로젝트 파이낸스(PF)를 통해 장기로 대출하기도 하지만, 그때는 1년 이하의 상업 어음을 할인하면서 찔끔찔끔 융자했다.* 대금업을 금지하는 교회법을 의식했기 때문이다.

그들은 "배를 타고 멀리 나가서 물건을 팔기 위해 발행된 어음을 할인하는 것은 무역을 촉진하고 생산을 지원하는 것일 뿐, 대금업이 아니다"라면서 교황청을 설득해 자신들의 사업이 규제 대상에서 제외되도록 했다. 돈을 빌려줄 때는 이탈리아 돈인 플로린Florin을 지급하고, 돌려받을 때는 파운드Pound 같은 외국 돈으로 받았다. 그 기간에 발생하는 이자는 환율 속에 감춤으로써 마치 이자소득이 없는 것처럼 위장했다. 그들의 엄청난 영업 비밀, 즉 환율과 이자가 동전의 양면이라는 사실은 20세기 초에야 '이자율 재정 이론(interest rate parity theory)'이라는 이름으로 세상에 밝혀졌다. 이처럼 근대 은행업은, 메디치 가문이 대금업에 대한 종교적 규제를 회피하는 과정에서 만들어졌다는 것이 통설이다.

1420년대가 금융업의 육신을 다듬어 간 시기라면, 그로부터 400년 뒤인 1820년대는 금융업의 영혼이 다듬어진 시기다.** 금융업의 육신

* 우리나라의 은행법(제2조)에서도 은행업을 상업금융 업무(1년 이내)와 장기금융 업무(1년 이상)로 구분하고 있다. 이런 구분이 은행 실무에서는 아무런 실익이 없다. 그럼에도 불구하고 굳이 상업금융과 장기금융 업무를 구분하는 것은 '은행업의 기본은 상업금융 업무'라는 인식이 있기 때문이다. 그런 점에서 우리나라 은행법에는 메디치의 흔적이 남아있다.

** 근대 금융업의 태동에 관해서는 필자의 졸작 《금융 오디세이》(메디치미디어, 2021)의 1장과 7장을 참조하라. 이 책은 그 이후를 다룬다. 이런 점에서 두 책은 형제 관계다.

과 영혼이 분리되어 발전한 것은 시대가 흐르면서 돈의 형태와 돈에 대한 인식이 달라졌기 때문이다.

> 은행이 발행하는 수표는 돈일까, 아닐까?
> 돈을 다루는 기술은 자연법칙을 따르는가, 도덕률을 따르는가?

이것은 오늘날에도 반복되는 질문이다. 비트코인 같은 암호 자산이 돈인지 아닌지를 두고 논쟁이 계속된다. 유럽과 일본의 마이너스 금리정책은 자연스럽지 않다는 이유에서 회의적으로 보는 사람들이 많다.

돈은 물질세계에서 힘을 발휘하지만, 돈의 속성에 관한 질문은 지극히 형이상학적이다. 그것은 금융업자만의 문제가 아니라 돈을 쓰는 사람들이 함께 심각하게 고민해야 하는 문제다. 이런 고민은 영국에서 시작되었다. 나폴레옹전쟁(1803~1815) 직후였다.

전쟁

19세기를 목전에 둔 1790년대 후반, 유럽에는 전쟁의 그림자가 드리워졌다. 대혁명 이후 한동안 '국민공회'라는 집단지도 체제로 움직이던 프랑스는 나폴레옹이 권력을 잡은 뒤 일인 집권 시대로 전환되었다. 나폴레옹은 전 유럽을 상대로 강력한 팽창정책을 펼쳤다. 도버해협을 사이에 두고 숙적 관계에 있던 영국이 긴장했다.

제임스 길레이의 〈신의 계시〉(1803)

나폴레옹은 영국과의 무역을 끊으면서 다른 나라에도 똑같은 조치를 요구했다. 이른바 대륙봉쇄령이다. 그러자 영국의 물가가 크게 올랐다. 오늘날 코로나19 위기 이후 벌어진 공급망 차질 사태와 똑같았다. 고통은 공포로 이어졌다. 잘못하면 아프리카와 아메리카 대륙을 두고 벌어지는 패권 전쟁에서 영국이 프랑스에 밀려 옛날 스페인처럼 몰락할 수 있다는 위기감이 흘렀다.

풍자만화가 제임스 길레이James Gillray가 그린 〈신의 계시〉라는 작품은 당시 영국의 정서를 잘 보여준다. 엘리제궁에서 벌어진 파티에서 나폴레옹은 전 유럽을 전리품 삼아 식탐하는 조세핀과 함께 주지육림의 파티를 벌이고 있다. 그런데 그의 식탁 한가운데에는 영란은행(영국 중앙은행)이 있다. 이 그림은 영국이 나폴레옹에게 잡아먹힐 수도 있는 풍전등화 신세라는 것을 시사했다.

이 그림의 왼쪽을 보자. 구름 속에 '메네 메네 데겔 우바르신MENE MENE TEKEL UPHARSIN'이라는 글자가 새겨져 있다. 그것을 본 나폴레옹은 잔을 엎지르면서 대경실색한다. 구약성경에 나오는 대목 그대로다.

구약성경(다니엘서 5장 25절)에 따르면 이스라엘 백성이 나라를 잃고 헤매고 있을 때 이들을 탄압하던 갈대아(바빌로니아 지방)의 왕 벨사살에게 하나님이 "메네 메네 데겔 우바르신"이라는 문자메시지를 보냈다. 당시 벨사살의 궁 안에서는 이 글자가 무슨 뜻인지 아는 사람이 없었다. 한바탕 소동 끝에 선지자 다니엘이 불려 왔다. 예지력이 있다고 소문난 다니엘은 그 자리에서 "갈대아가 곧 쪼개지고 벨사살은 권좌에서 쫓겨날 것"이라는 하나님의 무시무시한 메시지를 전했다.

그것이 길레이가 그림을 통해 전하려던 메시지다. 성경에 기록된 난폭한 군주 벨사살처럼 나폴레옹도 곧 망할 것이라는 저주다. 그것은 영국인이 간절히 보고 싶어 하는 장면이었다. 다행스럽게도 영국의 간절한 기도가 이루어졌다. 트라팔가르해전(1805)에서 영국이 프랑스를 무찔렀고, 나폴레옹은 실각했다.

하지만 영국은 나폴레옹전쟁이 끝난 뒤 더 큰 골머리를 앓았다.

전쟁 직전에 내렸던 금태환 중단 조치(금본위제도 잠정 중단)의 폐지 여부가 골칫거리였다. 오늘날로 치면 코로나19 위기 속에서 내려진 각종 금융 규제 완화 조치를 끝내고 정상으로 복귀하느냐를 두고 국론이 분열되는 것에 비유할 수 있다.

전쟁 전의 분위기

프랑스와의 전쟁이 무르익던 1797년 영국 정부는 화폐를 발행하는 영란은행에 금태환(종이돈을 금으로 바꿔주는 것) 의무를 중단시켰다. 이것은 영국 시민에게 굉장히 불길한 일이었다. 영국에서 금태환은 민주주의의 상징이었기 때문이다. 1688년 명예혁명을 계기로 인류 최초의 민주 정부가 수립되기 이전 영국의 화폐제도는 창피할 정도로 문란했다. 헨리 8세나 찰스 1세 같은 왕들이 앞장서서 불량 화폐를 제조하면서 화폐 질서를 무너뜨렸다. 그 바람에 영국 국민은 엄청 애를 먹었다.

영국의 재상 토머스 그레섬Thomas Gresham이 그런 현실을 통탄했다. 그는 엘리자베스 1세가 즉위하자마자 화폐 질서부터 바로잡아야 한다고 간언했다. 그 간언 끝에 "악화는 양화를 구축한다(Bad money drives out good)"고 말했다. 이를 오늘날 '그레섬의 법칙(Gresham's law)'이라고 하는데, 그 속뜻은 "당신의 아버지 헨리 8세가 불량 화폐를 너무 많이 발행해서 영국의 화폐 질서가 엉망이다"라는 것이다. 그 말을 들은 엘리자베스 1세는 1560년 모든 악화를 회수하고 새 돈을 찍도록 했다. 하지만 악화의 액면가치와 실질 가치의 차이를 소유자가 부담하도록 했다. 이미 악화를 가진 사람들은 손해를 보면서 새 돈으로 바꾸려고 하지 않았다. 그래서 함량 미달의 악화가 사라지지 않은 채 엘리자베스의 명령은 흐지부지되었다.

영국의 화폐제도가 어느 정도 신뢰를 회복한 것은 명예혁명 뒤인 1696년이다. 당시 영국의 민주 정부는 과학자 아이작 뉴턴Isaac Newton을 조폐청장으로 임명한 뒤 영란은행과 함께 화폐개혁 작업을 추진토록 했다. 그러자 영국을 오랫동안 괴롭혔던 불량 화폐가 마침내 사라졌다. 파운드화에 대한 신뢰가 커지면서 금본위제도가 단단하게 자리 잡았다.

그런데 나폴레옹과의 전쟁을 앞둔 영국 정부가 금본위제도를 이탈하려고 했다. 영란은행에 금태환 의무라는 족쇄를 풀어준 뒤 무한정 돈을 찍어 정부에 대출하기를 요구한 것이다. 그것은 정부가 국회 동의 없이 교묘하게 세금을 더 걷는 것과 다르지 않았다. 절대왕정 시대로 돌아가자는 말이었다.

당시 영국 시민은 정부에 불만을 품었다. 동시에 정부의 시녀가 된 영란은행에는 동정심을 느꼈다. 1797년 길레이가 그린 또 다른 풍자만화 〈위기에 빠진 영란은행〉이 당시 여론을 말해준다.

이 그림에서 여자에게 구애하는 남자는 당시 영국 총리 윌리엄 피트William Pitt다. 피트는 노처녀(Old Lady) '영란' 씨에게 구애하는 척하면서 호주머니의 돈을 빼내고, 영란 씨는 질겁을 하면서 외친다(지금도 영란은행의 별명은 'Old Lady'다).

제임스 길레이의 〈위기에 빠진 영란은행〉(1797)

"안 돼요, 안 돼! 지금까지 저한테 정조를 잘 지키라고 해놓고선 당신이 절 강간하다니 말이 되나요? 이러시면 우리 둘 다 패가망신해욧!"

강간? 그렇다. 국민의 눈으로 볼 때 금태환 중단 조치는 재산권에 대한 강간이다. 국민이 가진 돈의 가치를 떨어뜨리기 때문이다. 명예혁명 이전에는 군주가 신민을 욕보였는데, 나폴레옹전쟁을 앞두고서는 민주 정부가 시민에게 똑같은 짓을 하고 있다! 이것이 당시 영국 시민의 생각이었다. 나폴레옹전쟁 직전의 영국 사람은 이렇게 생각했다.

"영란은행은 좋은 놈이고, 재무부는 나쁜 놈이다!"

전쟁 뒤의 분위기

유럽 전체가 둘로 나뉘어 지루하게 싸웠던 나폴레옹 전쟁의 끝은 워털루전투였다. 여기서 대패한 나폴레옹은 실각하고 1815년 파리강화회의를 통해 유럽은 평화를 되찾았다. 영국은 강력한 해군력을 과시하면서 마침내 대영제국으로 우뚝 솟았다.

전쟁이 승리로 끝났으니 모든 것이 정상으로 돌아갔다. 국내적으로는 금태환을 재개할 필요가 있었다. 하지만 영국 정부는 그렇게 하지 않았다. 금태환을 재개하려면 전쟁 중에 늘어났던 종이돈을 거두어들여야 하고, 그러려면 정부가 영란은행에 빌린 대출금을 갚아야 한다. 결국 불황을 각오하고 세금을 더 거둬야 한다. 이런 고민 앞에서 영국의 정계는 두 파로 갈렸다.

데이비드 리카도David Ricardo와 존 휘틀리John Wheatley 등 지금주의자地金主義者(bullionist)들은 당장 금태환을 재개해야 한다고 주장했다. 주로 잉글랜드 출신의 상인, 정치인, 학자였다. 이들은 금만이 유일한 돈이고 종이돈이나 수표는 임시 또는 가짜 돈이라고 보았다. 반면 제임스 밀James Mill, 제임스 스튜어트James Stewart 경 등 반지금주의자反地金主義者(anti-bullionist)들은 금태환 재개를 반대했다. 금태환이 다시 시작되면, 통화량이 줄고 세금 부담이 늘어 심각한 불경기가 찾아올 것이 명약관화했기 때문이다. 그들 주장의 출발점은 금화만 돈이 아니라 은행의 약속어음, 즉 종이돈도 돈이라는 데 있었다. 종이돈을 인위적으로 줄이는 만큼 화폐가 귀해지고 투자와 생산이 줄어들며 경제난이 찾아온다. 이런 생각을 하는 사람들은 주로 스코틀랜드 출신의 은행가, 즉 실무가들이었다.

이 두 집단이 20년 넘게 벌인 논쟁을 '지금논쟁(bullionist controversy, 1797~1821)'이라고 한다. 이 논쟁의 승리는 지금주의자에게 돌아갔다. 그들의 리더였던 데이비드 리카도가 워낙 입심이 뛰어났기 때문이다. 유태계 부호의 아들 리카도는 원래 은행가였다. 그런데 1817년 경제학의 한 획을 긋는 명저《정치경제학 원론(*Principles of Political Economy and Taxation*)》을 완성하고 1819년 하원의원에 당선되었다. 당대 최고의 '셀럽'인 리카도의 의회 진출은 팽팽했던 논쟁의 물줄기를 지금주의자 쪽으로 돌려놓기에 충분했다.*

리카도가 의회에 진출하던 1819년 금태환법이 제정되었다. 그리고 그 법에 따라 1821년부터 영란은행권의 금태환이 재개되었다. 영국 사람은 영란은행과 함께 원칙의 승리를 기뻐했다.

그런데 금태환 직후 경기가 나빠지기 시작했다. 일찍이 반지금주의자들이 예언한 그대로였다. 한동안 붐을 이루던 남미 투기의 열

* 리카도는 오늘날에도 거시경제학과 재정학에서 큰 줄기를 차지하고 있는 '동등성 정리(Ricardian equivalence)'를 세운 사람이다. 이 이론에 따르면, 정부가 영란은행에 대출을 갚기 위해 세금을 더 거두어도 실물 경기에 아무 영향을 미치지 않는다. 세금을 더 걷으면 당장 개인의 가처분소득이 줄겠지만, 국가 부채를 갚기 위해 정부가 장차 거두어야 하는 세금도 줄어든다. 그 효과를 종합하면 평생에 걸친 가처분소득은 달라지지 않는다. 즉 정부가 당장 금태환을 실시하더라도 아무 문제가 없다. 여기서 중요한 관건은 개인의 합리성이다. 평범한 사람은 평생에 걸친 소득보다는 당장의 소득을 중시한다. 사람들이 합리적이지 않다면, 조삼모사朝三暮四가 작동하고 동등성 정리는 성립하지 않는다.

기가 식으면서 1825년에는 금융공황까지 닥쳤다.* 그러자 사람들은 영란은행에 책임을 돌렸다. 정부에 대출이자를 받지 못하게 되니까 가계 대출을 늘렸고, 그것이 과도해지는 바람에 공황이 생겼다고 믿으면서 영란은행을 원망했다. 영란은행을 향한 시민들의 싸늘한 시선은 토머스 무어Thomas Moore의 풍자시(1826)에서 확인할 수 있다.

영란은행과 재무부의 음탕한 대화

영란은행의 투정

자기야, 벌써 다 잊었어?
우리가 젊었을 때 뻔질나게 저질렀던 그 불장난 말이야.
자기가 나한테 세상에서 제일 사랑한다느니,
가장 믿음직스럽다느니 하면서 애정을 표시하면
내가 속도위반해서 뭘 만들었잖아.
남들은 우리의 속도위반(advance)을 신용이라고 부르지.

사람들이 안 보는 데서 우리 둘만 있을 때면

* 나폴레옹전쟁 뒤 영국에서 벌어진 남미 투기와 버블 붕괴는 1990년대 초 미소간 냉전이 끝나면서 중남미와 아시아, 러시아 등에서 벌어진 투기 붐과 그 이후 신흥시장국에서 터진 경제 위기와 비슷하다. 한국의 외환위기도 그런 차원에서 살필 수 있다. 군사적 긴장이 완화된 뒤의 평화 배당은 투기와 버블을 부른다.

혈기왕성한 청춘남녀가 하는 '그 짓'을 참 열심히도 해댔지.
나는 원래 종이로 뭘 만들면 안 되었지만,
잘나가는 당신이 하도 잘 둘러대서 불법이 합법이 되었잖아.
나는 당신의 애첩이니까 종이를 써도 된다는 그 기막힌 변명 말이야.

하지만 우리 사이가 이제 끝나는 거야?
오셀로가 말하는, 냉정해질 시간이 된 거야?
닭살 커플이라는 우리도 별수 없구나, 자기야.
그놈의 늘그막 걱정 때문에 적당히 사귀다 헤어지는 다른 커플들처럼
우리의 관계를 여기서 끝내야 하다니, 너무 섭섭해.

재무부의 대답

유부녀 영란 씨,
우리의 헤어짐은 어쩔 수 없는 일.
우리가 불장난하면서 뿌린 현찰은 악마도 예쁘게 만드는 요물이라오.
그러니 우리의 사랑엔 끝이 있어야 하오.

맬서스 경이 식량난을 걱정할 정도로 인류는 번창하지만,
자식을 귀하게 키우려면 숫자가 적어야 하는 법.
제정신인 사람들은 자식 한둘로 절제하는데, 우리는 너무했잖소?
우리 사랑의 결실들이 도대체 얼마나 되는지 아시오?

그러니 우리가 영원히 함께 살 순 없는 것이오.
파운드니, 실링이니, 펜스니 주체할 수 없이 많이 쏟아진
우리의 자식들은 남들 보기에도 창피하고 이제는 골칫덩이라오.
겉보기에는 모두가 프레더릭 총리님의 존귀한 자식들이라지만,
우리가 제정신이었다면 그렇게 많이 세상에 내놓진 말았어야 했소.

오, 생식력이 너무나 왕성한, 나의 비너스여.
우리가 불장난을 하던 시절 주고받은 수많은 연애편지를
우리는 소중한 돈이라고 부르지만
옆집 스코틀랜드에서는 휴지로 쓸 날이 머지않았구려.

다 식어가는 우리 애정을 다시 한번 불태우려면
이제부턴 사랑할 때 피임을 해야 한다오, 영란 씨.
처녀 다나에*가 제우스와 사랑을 나눌 때처럼
이제는 사랑의 결실을 종이 대신 금으로 만듭시다.

이 풍자시에서도 영란은행은 여자다. 그러나 나폴레옹전쟁 전후로 느낌이 크게 다르다. 29년 전 제임스 길레이는 '영란' 씨를 정숙

* 그리스신화에 등장하는 아크리시오스 왕의 딸. 아크리시오스는 자신이 외손자에게 살해될 것이라는 예언 때문에 고명딸인 다나에의 임신을 두려워했다. 그래서 그녀를 유폐시켜 키웠다. 하지만 바람둥이 제우스 신이 황금비로 변신해 다나에의 방으로 스며든 뒤 그녀를 임신시켰다. 그래서 태어난 아들이 전쟁 영웅 페르세우스인데, 그가 자란 뒤 외할아버지 아크리시오스를 창으로 죽이게 된다.

한 처녀로 보았던 반면 토머스 무어는 헤프고 사악한 유부녀로 보았다. 길레이는 처녀 영란은행을 치한인 재무부가 강간한다고 보았는데, 무어는 음탕녀 영란은행이 신사인 재무부를 유혹한다고 보았다. 영국인들 마음에서 이런 생각이 피어올랐다.

"재무부는 좋은 놈이고 영란은행은 나쁜 놈이다!"

빅토리아시대

영란은행에 대한 반감이 커지면서 급기야 그것을 해체하자는 의견까지 등장했다. 영란은행의 화폐 발행 독점권을 몰수하더라도 다른 은행들이 건전하게 경쟁하면, 화폐의 가치는 안정되고 버블과 금융공황이 예방된다는 것이었다. 이런 주장을 자유은행주의(free banking)라고 하는데, 이것은 그냥 해보는 말이 아니었다. 자유은행주의는 시대적 유행이었다.

이 무렵 미국에서도 중앙은행 폐지 여부가 최대 쟁점이었다. 당시 중앙은행 역할을 하던 제2차 미국은행(The Second Bank of the United States)의 영업허가 기간이 1836년 만료되는데, 이 은행의 명운을 놓고 미국 사회가 두 동강 났다. 1832년 대통령 선거 때 현직 대통령이자 민주당 후보인 앤드루 잭슨Andrew Jackson이 중앙은행 폐지를 공약으로 내걸었다. 지지층이 단단했던 잭슨 대통령의 당선이 확실해 보이는 만큼 중앙은행의 폐지도 확실해 보였다.*

미국에서 불어오는 자유은행주의 바람 앞에서 영란은행은 잔뜩 긴장했다. 마침 영란은행의 영업허가 기간도 얼마 남지 않았기 때문이다. 영란은행은 1694년 설립된 이래 영업(특허) 기간이 항상 정해져 있었다.** 영업 기간이 만료될 때마다 정부가 기간을 연장하곤 했다. 1781년 재연장할 때 정한 만기 종료 시점은 1833년이었다.

1832년 미국에서 중앙은행 폐지를 놓고 대통령 선거전이 뜨겁게 진행될 때 영국에서는 영란은행에 대한 여론이 계속 나빠지고 있었다. 그때 영란은행 총재 존 파머John Palmer 경이 의회에 영업 기간 연장을 신청하면서 한 가지 제안을 했다. 앞으로는 오로지 금의 유출입에 맞추어 은행권 발행을 철저하게 억제하겠다는 것이었다. 국민을 향한 일종의 구애이자 항복 선언이었다. 그런 쇼맨십 덕분에 영란은행의 영업 기간이 20년 더 연장되었다. 힘겹게 고비를 넘겼다.

1837년 빅토리아시대가 시작되었다. 빅토리아 여왕의 품위 있는 지도력 아래서 대영제국은 모범적인 입헌군주국으로 발전했다. 특히 빅토리아시대의 첫 번째 총리였던 로버트 필Robert Peel은 영국 사회를 여러 방면에서 크게 발전시켰다. 그는 자기가 속했던 정당부터

* 앤드루 잭슨 대통령은 1836년 제2차 미국은행의 영업 기간이 종료되자 가차 없이 이를 없앴다. 결국 미국에는 1836년부터 1913년까지 중앙은행이 없었다. 앤드루 잭슨 대통령이 중앙은행을 없애려고 했던 이유는, 금만 화폐이고 종이돈을 발행하는 중앙은행은 사기꾼 집단이라고 믿었기 때문이다. 그런데도 현재 20달러짜리 지폐에 그의 얼굴이 그려져 있는 것은 아이러니다. 참고로 2028년 이후에는 20달러짜리 지폐의 디자인이 바뀔 예정이다.

** 영업 지역도 런던 부근으로 한정되었다. 그래서 그 이름도 '영국은행(Bank of UK)'이 아닌 '잉글랜드은행(Bank of England)' 즉 '영란은행'이다.

개혁했다. 구태의연한 수구파 휘그당을 보수당으로 뜯어고쳤다. 이어서 근대국가가 갖추어야 할 여러 가지 제도를 하나씩 다듬어 갔다. 경찰 제도가 그중 하나였다. 과거에는 주민들이 돈을 모아서 자경단을 운영했지만, 필 총리는 도시 치안을 국가의 일로 격상하고 경찰 제도를 만들었다. 오늘날 런던 경찰을 '보비Bobby'라고 부르는데, 이는 필 총리의 애칭이다. 필 총리는 세계 최초로 소득세를 정착시켰고, 곡물법도 폐지했다. 자국의 농업을 보호하는 대신 자유무역을 추구한 것이다.

필 총리는 중앙은행 제도도 손봤다. 영국 경제가 계속 확대되면서 영란은행의 영업 지역을 더 이상 런던에만 못 박을 수 없었다. 그래서 1844년 영란은행의 영업 지역을 잉글랜드 전체로 확대하고 영업 기간도 없앴다. 대신 금태환 의무는 철저하게 준수토록 했다. 이로써 영란은행이 항구적이며 전국적인 기관으로 거듭났다.*

영란은행의 지위가 단단해지자 파운드화의 지위도 덩달아 단단해졌다. 르네상스 시대에는 이탈리아의 플로린화, 대항해시대에는 스페인의 레알화와 네덜란드의 플로린화가 기축통화 역할을 했었는데, 빅토리아시대에 이르러 파운드화가 그 지위를 이어받았다.

파운드화를 기반으로 하는 금본위제도가 유럽 전체의 도덕률로 자리 잡자 영란은행의 힘은 더 커졌다. 한낱 상인들이 세운 영란은행의 금리 조절이 국내 경기와 물가는 물론, 무역량과 금의 유출입

* 하지만 영란은행의 영업 지역이 스코틀랜드까지 확대되지는 않았다. 글로벌 금융위기 때까지도 스코틀랜드 지역에서는 발권 기능을 가진 상업은행들이 따로 있었다.

까지 움직이는 것이 분명해졌다. 유럽 경제가 영란은행의 결정에 좌우되는 것이 확인되면서 사람들은 영란은행을 경외하기 시작했다.

영란은행의 위력을 이론적으로 설명하는 사람도 등장했다. 오늘날에도 영향력이 큰 경제 전문지인《이코노미스트》의 초대 편집장 월터 배젓Walter Bagehot이다. 그는 1873년《롬바르드 스트리트*Lombard Street*》라는 책에서 영란은행의 막강한 힘을 강조했다. 그는 영란은행을 최종 대부자(lender of last resort)라고 치켜세웠다. 영란은행이 발권력을 통해 금융위기로부터 경제를 구원할 수 있는 유일한 해결사라면서 그 힘을 행사하는 데 겸손하지 말 것을 촉구했다. 그 책의 독자들은 영란은행이 빅토리아시대에 영국 경제를 견인하는 최고 기관임을 인정했다. 그리고 이렇게 생각했다.

"금태환 약속을 잘 지킨다면, 영란은행은 좋은 놈이다!"

격랑의 시대

금본위제도는 한동안 잘 지켜졌다. 그것은 영란은행 때문이 아니었다. 역설적인 말이지만, 금본위제도는 금이 흔해져서 잘 유지될 수 있었다. 1848년 캘리포니아, 1851년 호주, 1887년 남아연방(남아프리카공화국의 전신) 등지에서 금광이 연속적으로 발견되면서 세계적으로 화폐 공급이 충분히 늘었다. 연속된 금광 사건을 경제사학자들은 '공급 충격'이라고 부른다. 산업혁명에 맞추어 기막히게 터진 금광의 발견이 없었다면, 화폐 공급이 부족해서 불황이 찾아왔거나 금본위제도가 붕괴했을 것이다.

하지만 이렇다 할 금광이 없는 나라도 있었다. 프랑스, 벨기에, 이탈리아, 스위스가 그랬는데, 이들 4개국은 금이 충분치 않아서 금과 은을 함께 돈으로 썼다. 복본위제도다. 이들은 1865년 라틴통화동맹(Latin Monetary Union)을 결성하고 주변국을 복본위제도로 초대했다.

하지만 복본위제도는 쉽게 확산되지 않았다. 화폐제도는 규모의 경제(scale of economy)적 속성을 지니기 때문이다. 사용자가 많을수록 더 경쟁력을 갖는다는 말이다. 오늘날 구글, 아마존, 페이스북 등으로 상징되는 플랫폼 산업이 그렇다. 어쨌든 산업혁명 이후 세계 무역을 주도하는 영국을 따라 금본위제도에 동참하지 않으면, 불편한 수준을 넘어 고립될 수도 있었다. 결국 라틴통화동맹의 회원국들은 1867년 국제통화회의(International Monetary Conference)를 열고 장기적으로는 금본위제도를 채택하는 것이 바람직하다고 결의했다. 다만 단기적으로는 금과 은의 교환 비율을 고정할 필요가 있음을 강조했다. 그러면서 영국에 금과 은의 안정적 교환 비율 유지에 협조해 달라고 공개적으로 당부했다.

그것은 영국을 향한 하소연이었다. 하지만 영국은 코웃음을 쳤다. 라틴통화동맹은 프랑스와 그 조무래기들인데, 영국이 그들을 도와줄 이유가 없었다. 나폴레옹전쟁 때 프랑스는 영국의 금본위제도를 위협하던 나라 아니었던가!

1867년 국제통화회의가 아무 결실도 없이 끝났지만, 대서양 건너편에서 그 회의를 바라보던 미국이 자극을 받았다. 남북전쟁 이후 미국은 달러화 가치를 지탱하는 장치가 없었다. 중앙은행도 없고, 금태환 의무도 없었다. 아무 은행이나 지폐를 자유롭게 발행할 수 있어서 화폐제도를 선진화하는 것이 급선무였다. 그런데 미국에서는 금본위제도에 거부감이 컸다. 특히 은광이 많았던 중서부 주민과 농민은 프랑스처럼 금과 은을 함께 돈으로 쓰기를 바랐다.

그런데 율리시스 그랜트Ulysses Grant 대통령이 1873년 주조법을 개정했다. 이미 유럽에서 국제 표준으로 자리 잡은 금본위제도를 수용하는 것이 목적이었다. 그러자 야당인 민주당과 중서부 주민이 강력하게 반발했다. 여당이 통과시킨 그 법을 '범죄(Crime of 1873)'라고 불렀다. 이후 미국에서는 금본위제도를 둘러싼 정치적 공방이 20년 이상 계속되었다. 결국 미국은 1900년에 이르러서야 금본위제도에 합류했다.* 유럽보다 한참 늦었다.

그로부터 얼마 되지 않아서 1차 세계대전이 터졌다. 그러자 유럽 국가들이 앞다투어 금본위제도를 이탈했고, 금본위제도의 지각생인 미국이 오히려 금본위제도를 지켰다. 전쟁을 치르는 유럽을 상대로 미국이 큰 폭의 무역 흑자를 거둬 엄청난 금을 미국이 빨아들였기 때문이다. 전쟁은 1918년 11월 11일 독일의 휴전 선언으로 끝났다. 그러자 각국은 다시 화폐제도로 눈을 돌렸다. 1922년 34개국이

* 비슷한 무렵 일본에서는 은본위제도에서 금본위제도로 전환하는 과정이 굉장히 순탄했다. 러시아마저도 금본위제도를 준비한다는 말을 듣고 이토 히로부미伊藤博文 총리가 1897년 금본위제도를 결정할 때 크게 반대하는 세력이 없었다. 탈아입구脱亜入欧 즉, 아시아를 버리고 유럽을 좇아가는 것을 신앙처럼 여긴 탓이다.

모인 제노바회의에서는 각국이 중앙은행을 설립할 것과 금본위제도 정착에 노력할 것을 결의했다.

화폐제도와 다르게 전쟁배상금 문제는 쉽게 합의되지 않았다. 1919년 파리회의에서 합의된 것은 독일이 국제사회를 상대로 전쟁의 책임을 인정한다는 사실 하나였다. 그때부터 시작된 지루한 배상금 협상은 1924년이 되어서야 끝났다. 승전국들이 독일에 약간의 관용을 베풀어 차관을 제공하면, 독일은 열심히 수출해서 천천히 빚을 갚는다는 계획이었다. 이 계획은 미국 재무장관 찰스 도스Charles Dawes의 중재로 마련되었기 때문에 '도스 플랜Dawes Plan'이라고 부른다. 그런데 전쟁 때문에 산업 시설이 파괴된 영국의 입장에서 보면, 독일로부터 배상금을 받는 시기가 지연된다. 나아가 독일로부터 수입은 늘려야 하므로 파운드화의 가치 하락도 감수해야 한다. 이것은 물가 상승으로 이어진다.

한마디로 말해서 도스 플랜의 성공은 유럽 대륙의 평화와 금융질서 회복을 향한 큰 진전이었지만, 정작 승전국 대표 영국의 형편을 더 나쁘게 만들었다. 이러는 와중에 패전국 독일은 물론이고 스웨덴, 폴란드, 오스트리아, 헝가리가 이미 금본위제도로 복귀하고 네덜란드, 캐나다, 호주, 뉴질랜드, 남아연방 등도 금본위제도 복원을 추진했다. 이런 움직임에 영란은행은 조바심을 느꼈다.

다행히도 1924년 11월에 치러진 총선에서 보수당이 압승했다. 노동당 정부가 볼셰비키 정부와 내통했다는 사실이 들통나면서 전국적으로 반공 분위기가 확산된 덕분이었다. 보수당 정부의 경제정책은 물가 안정에 초점이 맞춰졌다. 금본위제도로 복귀하기 좋은 분위기였다.

1924년 말 취임한 스탠리 볼드윈Stanley Baldwin 총리는 40대인 윈스턴 처칠Winston Churchill을 재무장관에 임명했다. 당시 처칠은 보수당과 자유당을 오락가락했던 철새 정치인의 이미지가 강했다. 그런 그가 보수당에 재입당한 지 얼마 되지도 않아 내각에서 두 번째로 높은 자리를 제안받자 스스로 당황했다. 이미 35세의 나이에 내무장관에 올라 해군장관까지 역임했지만, 재무장관을 맡기에는 아직 경륜이 부족했다.

준비 없이 장관 자리에 오른 처칠 재무장관에게 볼드윈 총리의 절친한 친구인 몬터규 노먼Montague Norman 영란은행 총재가 접근했다. 그러고는 처칠을 이렇게 설득했다.

> "금본위제도가 신성하다고까지는 말하지 않겠지만, 인간세계를 다스릴 수 있는 최고의 총독인 것만은 틀림없습니다. 금본위제도로 복귀한다면 무식한 사람, 도박꾼, 시대에 뒤떨어진 사업가들에게 욕을 먹을 것이고, 금본위제도를 거부한다면 교육받은 사람들과 후세로부터 영원히 욕을 먹을 것입니다."

영국의 물가 상승률이 다른 나라보다 높으니까 디플레이션을 감수하고서라도 금본위제도를 복원해야 한다는 것이 노먼 총재의 주장이었다. 그런 고통을 감수하지 않는다면, 영국이 세계시장의 경쟁에서 이탈해 이류 국가로 전락할 것이라고 경고했다.

정치인에게 불황만큼 걱정스러운 것은 없다. 그러나 당장 금본위제도로 복귀하지 않으면 세계 무대에서 영국의 지위가 축소되는 것 역시 현직 장관에게는 굉장한 공포였다. 처칠은 오랜 고민 끝에 금본위제도로 복귀하기로 결심했다. 1925년 4월 28일, 처칠은 하원에서 금본위제도 복원을 선언했다.

실업과 경기 침체도 불사하겠다는 처칠의 고통스러운 결정에 식자층은 찬사를 보냈다. 하지만 분노하는 사람도 있었다. 존 메이너드 케인스John Maynard Keynes가 대표적이었다. 그는 금본위제도에 대해 굉장히 회의적이었다. 1913년 발간한《인도의 화폐와 재정(*Indian Currency and Finance*)》에서 약간의 회의적 견해를 보이더니, 10년 뒤인 1923년 발간한《화폐개혁론(*Monetary Reform*)》에서는 급기야 금본위제도를 "야만스러운 유산(barbarous relic)"이라며 혹독하게 비판했다.

어차피 땅속에 있었던 물건을 공들여 캐내어 네모난 모양으로 다듬은 다음, 다시 땅속 금고에 묻어두고 부자가 된 양 행복해하는 꼴이 얼마나 웃기느냐는 것이 그의 주장이었다. 케인스가 보기에는 금본위제도야말로 인류가 저지를 수 있는 가장 바보 같은 짓에 불과했다.

노먼이 우려하고 케인스가 예언했던 것처럼, 금본위제도 복원은 영국 경제를 상당히 휘청거리게 했다. 그것은 100년 전 리카도의 주도로 금태환을 재개했을 때와 똑같았다. 실업 문제가 심각해지자, 금본위제도 복귀 결정을 '노르만 정복(Norman Conquest)'이라고 비아냥거리는 말이 터져 나왔다. 과거 노르만족이 잉글랜드를 침공했던 것처럼 노먼 총재가 처칠 장관을 가스라이팅 또는 생각을 '정복

(Norman Conquest)'해서 금본위제도가 재개되었다는 뜻이다. 그런 말을 하는 사람들의 마음에는 한 가지 생각만 있었다.

"금태환을 고집한 영란은행은 정말 나쁜 놈이다!"

대공황

영국마저 금본위제도로 복귀하면서 글로벌 금본위제도는 거의 완성되었다. 이제 남은 것은 미국의 태도였다. 1차 세계대전에 뒤늦게 참전해 피해가 가장 적었던 미국은 풍부한 노동력과 자원을 통해 수출을 늘림으로써 당시 유럽의 금을 마구 빨아들였다. 따라서 전쟁이 끝난 뒤 금본위제도의 존속 여부는 영국이 아니라 세계의 금 3분의 1을 가진 미국의 손에 달렸다.

과거 영국의 협조 없이는 라틴통화동맹이 잘 굴러갈 수 없었듯이, 1차 세계대전 뒤에는 금을 가장 많이 가진 미국의 협조 없이 글로벌 금본위제도가 잘 굴러갈 수 없었다. 다행히도 몬터규 노먼 영란은행 총재와 벤저민 스트롱Benjamin Strong, Jr. 뉴욕 연방준비제도(연준) 총재는 호형호제하는 친구였다. 스트롱 총재의 외동딸 캐서린이 노먼 총재 집에서 영국 유학 생활을 할 정도로 가까웠다. 스트롱 총재가 영국에 출장을 가면 호텔 대신 몬터규 노먼 집에서 머물렀다. 옷장에서 몬터규 총재의 양복을 스스럼없이 꺼내 입다가 그 옷차림으로 귀국하기도 했다.

1927년 뉴욕 연준에 모인 독일, 미국, 영국, 프랑스 등 4개국 중앙은행 총재(왼쪽부터). 미국이 금을 풀어 프랑스에 금본위제도를 정착시키고 국제통화제도의 안정을 이루자고 결의한 이 중요한 모임은, 각국 정부와 상관없는 사적인 만남이었다.

한편 대서양 건너 미국으로 금이 대량 유출된 유럽에서는 중앙은행들이 이웃 나라의 화폐를 외환 보유액으로 삼았다. 영국은 프랑화를, 프랑스는 파운드화를 대외 준비자산으로 비축하는 식이다. 이런 시스템은 오늘날의 중앙은행 간 통화스와프 계약과 크게 다르지 않았다. 중요한 것은 유럽 국가들이 말로는 금본위제도를 떠들면서도 현실은 금환본위제(gold-exchange standard)였다는 점이다. 누군가의 금태환 요구에 유럽 각국의 중앙은행들이 연대책임을 지는, 살얼음 같은 시스템이었다. 국제 공조가 튼튼하지 않으면 결코 유지될 수 없는 허약한 체제였다.

아직 민간 기구였던 중앙은행끼리의 유대 관계에 의존하는 이런 불안한 시스템 아래서 1928년 10월 뉴욕 연준의 스트롱 총재가 폐결핵으로 갑자기 사망했다. 정확히 1년 뒤인 1929년 10월에는 대공황이 시작되었다. 영국은 1931년 또다시 금태환 중단을 선언했다. 명목상 금본위제도의 종주국이었던 영국의 금태환 중단은 전 세계를 패닉 상태로 빠뜨렸다. 각국은 연쇄적으로 금태환을 중단하고 평가절하를 단행했다. 2008년 글로벌 금융위기가 시작되자마자 각국이 경쟁적으로 금리를 낮춘 것과 똑같았다.

국제통화제도가 붕괴되는 혼란 속에서 세계에서 금이 제일 많았던 미국도 1933년 금본위제도를 사실상 중단했다. 프랭클린 루스벨트Franklin Roosevelt 대통령은 취임한 지 한 달 뒤인 4월 5일 금 수출금지를 선포했다. 금의 유출입을 막아 일단 달러화와 금의 관계를 끊어놓고, 달러화 가치를 낮춰 수출을 늘림으로써 경기를 회복시키겠다는 계산이었다. 미국이 이 정도이니 벨기에, 캐나다, 아르헨티나, 스위스, 프랑스, 네덜란드, 스페인, 체코, 일본, 콜롬비아 등도 잇달아 금본위제도를 중단했다. 이것이 금본위제도의 마지막이었다.

1933년 4월 5일 미국의 금본위제도 이탈을 끝으로 인류는 영원히 금본위제도로 복귀하지 않았다. 2차 세계대전이 끝나고 평화가 찾아온 뒤에도 시도되지 않았다. 글로벌 금융위기를 자초했으면서도 기축통화로서 여전히 강력한 힘을 발휘하고 있는 미국의 달러화는 현재 금과는 아무 관계가 없다.

미운
오리 새끼

이렇게 해서 이탈리아 플로린화로 시작한 이야기는 미국 달러화로 끝을 맺는다. 그 중간에 파운드화의 시대가 있었다. 파운드화를 발행하면서 중앙은행의 역사를 개척해 온 영란은행은 파란만장한 길을 걸었다. 한때는 시민의 재산권을 지키는 '좋은 놈'이었다가 한때는 경제를 파탄시킨 '나쁜 놈'으로 매도되었다.

매도당할 때는 억울한 적이 많았다. 1차 세계대전이 끝난 뒤 영란은행이 금본위제도를 갈구했던 것은 독자적 판단이 아니었다. 이미 1922년 제노바회의에서 영국의 랠프 호트리Ralph Hawtrey와 스웨덴의 구스타프 카셀Gustav Cassel과 같은 경제학자들이 이구동성으로 금본위제도를 지지했다. 호트리는 케인스의 절친한 친구이자 동료였으며, 케인스 못지않게 '세계 최고의 경제 관료'라는 찬사를 받았다. 카셀도 당대 최고의 경제학자였다.

이처럼 내로라하는 경제학자들의 든든한 지지까지 등에 업고 1925년 처칠 정부가 금본위제도를 채택했지만, 3년 뒤 영국 시민의 생각은 완전히 달라졌다. 실업이 늘어나고 경기가 하강하자 금본위제도 복귀를 주도했던 영란은행을 '나쁜 놈'을 넘어서 '죽일 놈'이라고 매도했다. 영화배우 찰리 채플린은 처칠 총리를 만났을 때 "금본위제도 복귀야말로 가장 한심한 결정이었다"고 쓴소리를 했다. 처칠마저도 자기가 결행한 금본위제도 때문에 엄청난 금전적 손실을 보게 된 것을 알고 훗날 친구에게 "금본위제도를 권고한 노먼을 지옥에 보낼 수는 없을까?" 하고 후회했다고 한다.*

굳이 1922년 제노바회의를 언급하지 않더라도 영란은행은 금본위제도의 복원에 안달하지 않을 수 없었다. 금본위제도를 이탈했던 영란은행이 나폴레옹전쟁이 끝난 뒤 받았던 비난과 저주를 잘 기억했기 때문이다. 그때는 자유은행주의의 물결 속에서 존폐마저 위협받았다. 그러므로 몬터규 노먼 총재 주도로 진행된 1925년의 금본위제도 복귀는, 역사적으로 검증된 원칙에 충실하려는 노력이었다.

돌이켜 보면 영란은행의 태도는 시대착오적 편집증이었다. 6년 만에 다시 중단할 것이었다면, 금본위제도는 일찌감치 포기하는 편이 나았다. 1925년의 금본위제도 복귀 시도는, 이미 왜소해진 영국 경제의 체격을 생각하지도 않은 채 잘나가던 시절 입었던 옛날 옷을 다시 입어보려는 헛된 몽상이었다.

2차 세계대전이 끝나고 치러진 총선에서 전쟁을 승리로 이끈 처칠이 패배하고 노동당이 집권했다. 이때 노동당은 금본위제도를 주도했던 영란은행에 경제 파탄의 모든 책임을 물었다. 그 결과는 1946년 영란은행 국유화 조치였다.

영란은행을 좋은 놈으로도 만들고 나쁜 놈으로도 만들었던 것은 금본위제도다. 그런 점에서 볼 때 금본위제도는 정말 이상한 놈이다. 영국이 국제사회의 모든 기준이 되는 '팍스 브리태니카Pax Britan-

* 미국에서도 대공황이 발발하자 금본위제도에 대한 비난이 중앙은행에 쏟아졌다. 후버 대통령은 영란은행과 손을 잡고 금본위제도 복원을 추진했던 벤저민 스트롱 뉴욕 연준 총재에게 "살인자보다도 흉악한 인간"이라고 비난하면서 모든 책임을 연준에 돌렸다.

nica' 시대에는 영국이 택한 금본위제도에 어떤 의심도 있을 수 없었다. 금본위제도에서 벗어나 있던 미국은 조바심을 느끼면서 국제적 흐름에 끼어들려고 발버둥 쳤다. 그 바람에 미국 사회가 크게 분열했다. 청나라 관리 왕마오인王茂蔭도 인플레이션 억제를 위해서 금태환제도 도입을 독촉했다가 관직에서 물러났다.*

물론 금본위제도에 대한 의심이 전혀 없었던 것은 아니다. 영국의 벤저민 디즈레일리Benjamin Distaeli 총리는 금본위제도의 한복판에 있으면서도 그것에 대해서 아주 회의적이었다.** 그는 "금본위제도는 영국 사회의 풍요에서 오는 결과이지, 원인은 아니다"라고 말했다. 하지만 금본위제도에 대한 본격적인 불신은 케인스에게서 시작한다. 금본위제도를 바라보는 인류의 태도가 확 바뀐 것은 그가 우리 인류의 정신세계에 침투해 금본위제도의 단점을 가스라이팅한 결과다.

그럼에도 불구하고 금본위제도를 그리워하는 사람들이 있다. 중국의 쑹훙빙宋鴻兵은 《화폐전쟁》이라는 책을 통해서 금을 돈으로

* 청렴한 관리로 유명했던 왕마오인은 카를 마르크스의 《자본론》(제1권 제3장 각주 34)에 소개되는 유일한 중국인이다. 왕마오인의 건의를 들은 함풍제咸豊帝는 "화폐 발행을 금속에 구속하는 것은 상인에게만 이익이 되지, 황제에게는 전혀 도움이 되지 않는다"고 판단하고 왕마오인을 질타했다. 이에 왕마오인은 낙향했다.

** 재무장관만 세 차례 역임했던 벤저민 디즈레일리는 개신교(성공회)로 개종한 영국 최초의 유태인 총리였다. 영국에서는 17세기 후반부터 유태인이 몰려들기 시작하여 마침내 1753년에는 유태인을 영국인으로 인정하는 법률이 만들어졌다. 이 법에 힘입어 데이비드 리카도 같은 경제학자가 의회에 진출할 수 있었다. 이후 사회적으로 성공한 유태인의 정계 진출이 두드러졌고, 디즈레일리는 총리까지 올랐다. 참고로 디즈레일리Disraeli라는 이름에서 앞과 뒤를 떼면 'Israel'이 된다.

써야 한다고 주장한다. 알고리즘을 통해 공급량이 제한되고 증가 속도가 일정한 비트코인류가 '디지털 금'이며, 미래의 화폐제도를 이끌 것이라고 주장하는 사람도 있다.

그래서 금을 둘러싼 그 기나긴 소동의 결론은 무엇인가?

경제사학자 피터 번스타인Peter Bernstein은 금본위제도와 영란은행을 비교적 중립적으로 평가한다. 고대부터 내려오던 금에 대한 환상이 이상한 놈이고, 그 환상이 바뀔 때마다 영란은행은 좋은 놈과 나쁜 놈 사이를 오갈 뿐이라고 설명한다. 돌이켜 볼 때 풍자만화가 제임스 길레이는 영란은행을 동정했고, 시인 토머스 무어는 조롱했으며, 언론인 월터 배젓은 찬양했고, 영화배우 찰리 채플린은 비난했다. 전부 영국 출신이다. 그들 모두 어떤 면에서는 옳았고 어떤 면에서는 틀렸다.

그렇다. 문제는 금본위제도를 바라보는 인간의 변덕에 있다. 그런 변덕스러운 피조물을 또 다른 영국 작가 조너선 스위프트Jonathan Swift는《걸리버 여행기》의 마지막에서 '야후yahoo'라고 불렀다. '인간 자신(you human)'이라는 뜻이다. 조물주가 땅속에 박아둔 황금은 태초부터 지금까지 그대로 있건만, 그것을 바라보는 인간의 마음은 자주 바뀌었다. 혼란스러운 금융의 역사 속에서 진짜 이상한 놈은 야후, 즉 인간 자신이었던 것이다.

국가와 화폐

나폴레옹을 그린 제임스 길레이의 풍자화 〈신의 계시〉로 돌아가 보자. 그림의 좌측 상단에 쓰인 문구 중에서 '메네MENE', '데겔TEKEL'은 중동 지역에서 사용되던 무게이자 돈의 단위인 '미나Mina'와 '세겔Shekel'의 복수형이다. 또한 '우바르신UPHARSIN'은 'U Pharsin', 즉 '그리고 페르시아'라는 의미다. 그러니까 성경에 기록된 "Mene, Mene, Tekel, Upharsin"은 "돈들도 나뉘고, 나라(페르시아)도 나뉘리라"라고 유추할 수 있다.

여기서 흥미로운 것은 돈과 국가의 운명을 동일시하는 점이다. 당연한 말이지만 금화와 같은 상품화폐는 그 자체가 가치를 가진다. 그러니까 상품화폐의 가치가 국가의 흥망과는 관계가 없다. 그런데도 성경에서는 상품화폐와 국가를 운명 공동체로 취급한다.

화폐가 국가와 운명을 같이한다고 보는 것은 화폐를 집, 자동차와 같은 개인의 재산이 아니라 치안, 국방과 같은 공공재로 보

하르먼스 판 레인 렘브란트의 〈벨사살의 잔치〉(1635). 본문에 소개된 제임스 길레이의 〈신의 계시〉는 렘브란트 작품을 패러디한 것이다.

기 때문이다. 지갑 안에 내 돈은 내 것이지만, 그것이 훼손되었을 때는 중앙은행이 공짜로 새 돈으로 바꿔준다. 집이나 자동차와 달리 화폐는 여러 사람이 두루 쓰는 공공재의 속성이 있기 때문이다. 이처럼 화폐는 사유재와 공공재의 성격을 함께 갖추고 있다.

주류 경제학에서는 화폐를 사유재로만 취급한다. 물물교환의 불편함, 즉 욕망의 이중적 충족 문제를 해결하기 위해서 화폐가 탄생했다고 설명하는 카를 맹거Carl Menger의 이론이 대표적이다. 반면 게오르그 크나프Georg Knapp나 카를 마르크스 등 비주류 경제학자들은 화폐가 가지는 공공재적 성격과 제도적 측면을 강조한다. 크나프의 저서《화폐국정설(*Die Staatliche Theories des Geldes*)》에 따르면 화폐제도는 조세권을 가진 국가가 국민에게 강제하는 것이다. 결혼은 지극히 개인적 일이지만, 결혼 제도 또는 혼인의 순결성은 국가가 보호하고 강제하는 것과 같다.

화폐는 사유재와 공공재의 속성을 모두 갖고 있다. 화폐가 사유재이면서 공공재라는 사실은 빛이 파동인 동시에 입자인 것에 비교할 수 있다. 빛의 한 가지 속성만 인정하는 고전물리학으로는 빛의 본질을 이해할 수 없듯이, 화폐의 한 가지 속성만 강조해서는 화폐의 본질을 이해할 수 없다.

그러므로 화폐를 정확히 이해하려면 편견 없는 설명이 필요하다. 즉 화폐를 사유재로만 파악하려는 주류 경제학을 넘어서 국가의 산물로 보는 견해를 받아들여 균형을 맞춰야 한다. 그것이 다음 이야기의 주제다. 당연한 말이겠지만, 거기서는 금이 전혀 중요하지 않다.

작전명 발키리

2장

'돈≠금'이라는 혁명가들의 야심

The Number-free Economics with Stories & Histories

프랑스판 장검의 밤

1519년 그녀가 태어날 때 집안은 이미 상당히 기울어 있었다. 그녀의 6대조 할아버지 때까지는 평범한 상인 집안이었다. 하지만 5대조 할아버지가 정치에 발을 디디면서 상상도 하지 못할 신분 상승이 시작되었다. 이탈리아 도시국가의 군주들이 앞다투어 밀사를 보내는 바람에 집안은 늘 귀빈으로 붐볐다. 각국의 왕실과 혼맥을 맺으면서 평민 계급이었던 이 집안의 신분은 슬며시 귀족으로 격상했다. 특히 '위대한 로렌조(Lorenzo de' Medici)'라고 불리던 증조할아버지는 피렌체의 통치자이자, 도시국가들끼리의 분쟁을 해결하는 중재자이자, 최고의 시인이자, 교황의 후원인이었으며 급기야 아들과 조카를 교황으로 세운, 유럽의 최고 실세였다. 여느 나라의 군주가 부럽지 않았다.

하지만 그때를 고비로 가세가 기울어 갔다. 각국의 통치자들에게 빌려준 돈은 떼이기 일쑤고 친인척들의 횡령도 비일비재했다. 게다가 머리가 나쁘기로 소문난 할아버지 피에로(일명 '어리석은 피에로')는 너무 무능했다. 고작 30세의 나이에 거대한 다국적 기업과 함께 피렌체 정부를 통째로 상속받았지만 실수를 거듭했다. 급기야 집권한 지 2년 만에 피렌체 시민들이 미숙한 통치술에 불만을 품고 민중봉기를 일으켰다. 그 바람에 가업은 끊기고 피에로는 망명길에 올랐다. 피에로는 40대의 나이에 객지에서 물에 빠져 사망했다.

아버지 로렌조에 이르러 가세가 잠깐 회복됐다. 작은할아버지인 교황 레오 10세가 즉위하더니 피렌체 공화국을 군주국으로 돌이킨 것이다. 그러고는 그녀의 아버지 로렌조를 공작으로 임명해 피렌체를 통치하도록 했다. 그것도 잠깐이었다. 24세의 나이로 피렌체의 통치자가 되었던 아버지는 3년 뒤 매독으로 사망했다.

온몸에 독이 퍼진 아버지가 신음하며 죽어가던 1519년 그녀가 태어났다. 어머니는 그녀를 낳고 보름 뒤 사망했고, 6일 뒤 아버지까지 눈을 감았다. 갓난아기도 몸이 약했다. 점성술사들은 갓난아기 역시 곧 부모 뒤를 따라갈 것이라고 했다. 이처럼 불행하게 태어난 아기는 외할머니가 거둬 키웠다.

그녀는 얼굴까지 못생겼다. 하지만 대단히 명석했다. 어린 시절 피렌체에 반란이 일어나서 폭도들이 그녀를 인질로 잡은 적이 있었는데, 당시 열 살이었던 그녀는 침착하게 폭도들과 협상해 아무 탈 없이 다른 수녀원으로 거처를 옮겼다. 니콜로 마키아벨리Niccolo Machiavelli의 《군주론》을 달달 외우며 협상과 설득 기술을 몸에 익힌 덕분이었다. 이 책은 그녀 집안의 가족사를 대필해 주던 마키아벨리가 그녀 조상들의 통치술을 정리한 책이다. 그 책을 통달한 덕분에 그녀는 외교와 정치의 속성을 꿰뚫고 있었다.

카트린 드 메디치

그렇다면 그녀는 누구인가?

그녀는 몰락한 메디치 집안에서 태어나 24세의 나이에 동갑내기 프랑스 왕 앙리 2세와 결혼함으로써 왕비가 되었으며, 앙리 2세가 죽은 뒤에는 무려 30년간 세 아들을 배경 삼아 섭정하면서 프랑스를 주무른 카트린 드 메디치Catherine de Medici다. 인고의 세월을 꾹 참고 자기 의사를 관철한 무서운 여인이다.

카트린이 프랑스 왕실에 입성한 것은 교황의 지원 때문이다. 당시 교황 클레멘스 7세는 그녀의 작은할아버지, 즉 교황 레오 10세의 사촌 동생이었으므로 카트린의 먼 친척이었다. 교황 클레멘스 7세는 부모를 잃고 성장하는 카트린의 후견인이 되어 그녀가 결혼할 때도 깊숙이 간여했다.

당시 왕실의 결혼은 외교정책의 하나였다. 프랑스의 앙리 2세는 유럽의 세력 균형을 원하는 주변국의 성화 때문에 카트린을 마지못해 아내로 맞이했다. 하지만 앙리 2세에게는 어렸을 때부터 진짜 좋아하던 여자가 따로 있었다. 이미 아홉 살 때 한눈에 반해 쫓아다니던 디안 드 푸아티에라는 절세미인이었다. 놀랍게도 앙리 2세보다

무려 스무 살이나 연상이었던 유부녀였다.*

외국인인 카트린은 미모로는 디안과 도저히 승부할 수 없었다. 그래서 요리와 번식력으로 승부했다. 결혼할 때 혼수품으로 가져온 어마어마한 주방 용품들로 음식을 만들어 프랑스 왕실 가족의 눈을 놀라게 하고 입을 즐겁게 만들었다.** 또한 왕세자비 시절 두 명의 자녀를 낳은 데 이어 왕비가 된 이후에도 부지런히 여섯 명의 자식을 더 낳아 사랑만 즐기던 디안과 자신을 차별화했다.*** 그 자식들이 훗날 프랑스의 왕과 왕비, 스페인의 왕비가 되어 카트린의 든든한 병풍이 되어 주었다.

반면 디안은 앙리 2세의 몸과 마음을 그녀의 농염함으로 완전히 녹이고 국정을 농단했다. 그녀가 착복한 세금 때문에 재정은 파탄 지경에 이르고 백성의 원성이 자자했다. 그런 모습을 묵묵히 지켜보면서 카트린은 자기의 시간이 오기를 기다렸다. 그러다가 혈기 왕성한 앙리 2세가 시합 도중 눈에 창을 맞는 사고로 사망하자 보호 세력이 없는 디안의 위세는 하루아침에 땅으로 떨어졌다. 마침내 카트

* 프랑스의 에마뉘엘 마크롱 대통령은 부인이 스물네 살이나 많았다. 전임 사르코지 대통령은 부인이 열두 살 적었다. 프랑수아 미테랑 대통령은 스물일곱 살이나 젊은 여자와 재혼했다. 프랑스 통치자들의 이런 경향은 앙리 2세에서 비롯된 것 같다.

** 카트린이 프랑스로 시집올 때 가지고 온 물건들을 '퀴진cuisine'이라고 했는데, 이탈리아 말로는 '주방'이라는 뜻이다. 이 말이 영어로 옮겨져 오늘날 '고급 요리'라는 뜻이 되었다. 카트린이 프랑스에 소개한 요리 중에는 '셔벗sherbet'도 있다. 셔벗은 과즙에 우유, 크림, 설탕 등을 넣고 얼린 빙과인데, 원래는 중동의 음식(샤르바트)이다.

*** 디안의 남편은 디안보다 서른아홉 살이나 나이가 많았다. 남편에게 성적인 만족을 느낄 수 없었던 디안은 젊은 왕 앙리 2세와 공개적으로 외도를 즐겼다. 그들 사이에 아이는 없었고, 앙리 2세가 죽자 디안은 몰락했다.

린의 시대가 도래했다. 하지만 카트린은 디안에게 복수하지 않았다. 대단히 위엄있는 모습으로 관용을 베풂으로써 디안을 오히려 더 불안하게 만들었다. '냉정해야 할 정치판에서 증오는 최악의 실책'이라는 마키아벨리즘을 간파한 결과다.

카트린의 숨겨진 공격성은 다른 쪽으로 폭발했다. 당시 프랑스는 종교적으로 분열되어 있었다. 남쪽에는 가톨릭에 저항하는 신교도, 즉 위그노Huguenot가 많았다. 상업을 통해 부를 축적한 이들이 빠르게 성장해 정치 세력화하면서 신교와 구교의 정치적 긴장이 아주 팽팽했다.

교황을 배경으로 삼았던 카트린은 자타가 공인하는 가톨릭 세력의 중심이었지만, 신교를 노골적으로 탄압하지는 않았다. 왕실에서 자기의 존재감과 권력을 유지하기 위해서는 신교와 구교 사이에 힘의 균형이 유지되어야 했으므로 신교의 성장을 못 본 척하면서 균형추 역할을 했다.

하지만 아들 샤를 9세가 자신의 섭정을 무시하고 위그노와 지나치게 가까워지자 태도를 바꿨다. 프랑스 귀족 중에서도 위그노에 대해 가장 강경했던 기즈Guise 공작을 은밀히 불러 모종의 지령을 내렸다. 그 결과는 끔찍했다. 1562년 기즈 공작은 파리 부근 창고에 모여 비밀 예배를 올리던 위그노를 습격했다. 70여 명이 죽고 100여 명이 다쳤다. 훗날 프랑스의 국력을 황폐화한 위그노전쟁(1562~1598)의 시작이었다.

1572년 8월에는 더 큰 사건이 터졌다. 카트린의 셋째 딸 마르그리트 드 발루아가 결혼하는 날이었다. 훗날 프랑스의 왕(앙리 4세)이

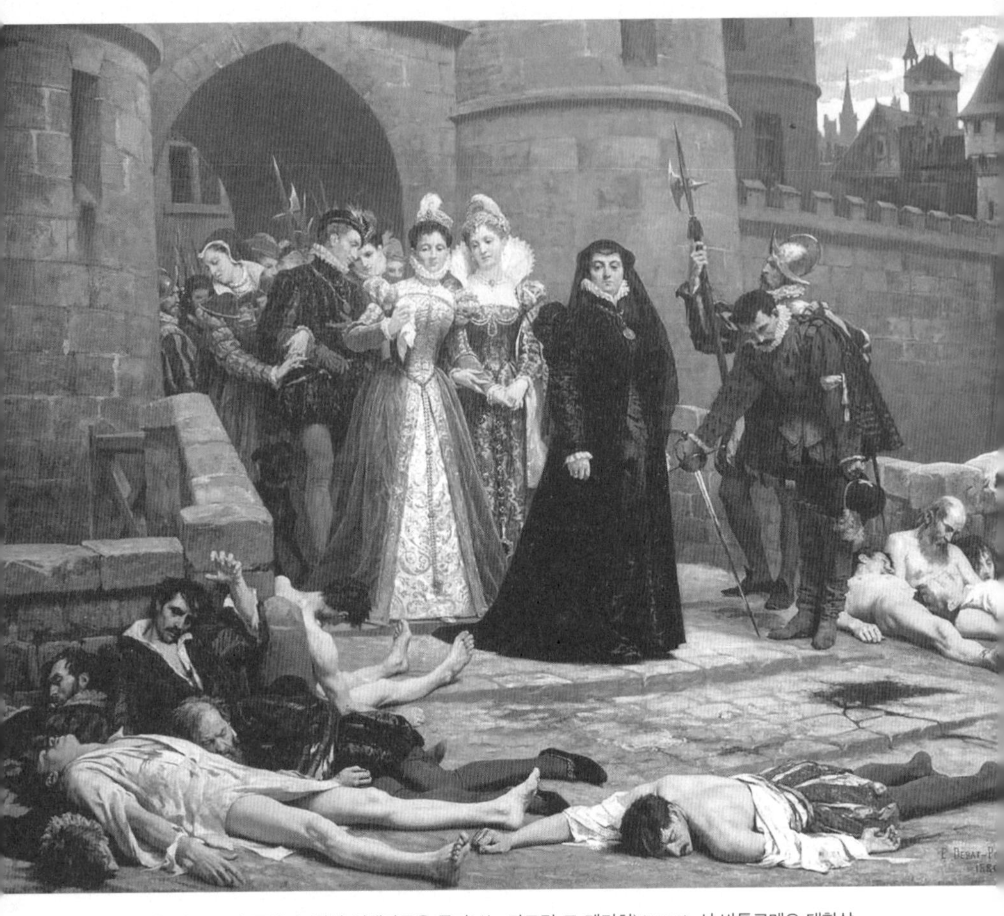

에두아르 드바 퐁상의 〈학살 희생자들을 둘러보는 카트린 드 메디치〉(1572). 성 바톨로메오 대학살 다음 날 현장을 방문한 카트린 드 메디치 일행의 모습이 담겨 있다.

되는 마르그리트의 남편은 이웃 나라인 나바라 왕국(오늘날 스페인 북부) 왕자였는데, 어머니의 영향으로 신교도였다. 이 때문에 위그노들이 결혼식을 축하하려고 파리로 몰려왔다. 마침 성 바톨로메오 축제 기간이라서 다른 도시에서도 축제 분위기가 무르익었다. 카트린은 그날을 위그노 타도의 날로 잡고, 이틀 동안 전국에 걸쳐 위그노들을 참혹하게 학살했다. 이를 '성 바톨로메오 대학살'이라 부른다(영화 〈여왕 마고〉가 이 사건을 잘 다루고 있다).

이제 신교와 구교의 화합은 절대 기대할 수 없는 지경에 이르렀다. 돈 많은 위그노들은 신교 국가인 네덜란드로 탈출했다. 그러면서 프랑스의 국력이 크게 쇠진했다. 신구 교도의 갈등은 1598년에 이르러서야 겨우 실마리가 잡혔다. 카트린의 사위 앙리 4세가 신교에서 가톨릭으로 개종하는 대신 신교에 종교의 자유를 허락한 것이다. 이를 낭트칙령이라고 한다. 36년을 끌어오던 종교전쟁이 끝나면서 프랑스는 다시 도약하는 계기를 마련했다(그래서 앙리 4세는 루이 14세와 함께 '대왕'이라 칭송된다).

한편 성 바톨로메오 대학살 이후 카트린은 엄청난 원성을 샀다. 어린 아들 샤를 9세 뒤에서 수렴청정하는 일이 불가능해졌다. 섭정의 빈도를 점점 줄이다가 결국 정치에서 손을 뗐다. 그리고 예술가를 후원하면서 여생을 마쳤다. 그 옛날 피렌체의 친정 어른들이 하던 일로 돌아간 것이다. 남편을 잃은 뒤 평생을 검은 상복을 입고 살았던 그녀는 1589년 70세의 나이로 세상을 떠났다.

카트린은 인고의 세월을 버틴 인내심과 지략으로 유명하지만, 성 바톨로메오 대학살에 대해서는 준엄한 심판이 따른다. 성 바톨로메오 대학살의 밤에 도대체 몇 명이나 죽었는지 아무도 모른다. 파리 근교에서만 1만 명 이상이 죽었을 것이라는 설이 있다.

카트린 드 메디치가 대학살 명령을 내린 그날 밤을 '장검의 밤(Night of Long Knives)'이라고 부른다. 이 말은 20세기에 들어오면서 아돌프 히틀러가 일으킨 다른 사건을 일컫는 이름이 되었다.

바이마르 공화국

1918년 6월까지만 해도 독일은 파리 인근 50마일까지 진격해 1차 세계대전의 승리를 눈앞에 두고 있는 듯했다. 하지만 연합군의 반격이 시작되자 독일의 전력은 급격히 위축되고, 사기가 떨어진 병사들이 떼를 지어 탈영했다. 국내에서는 생활고에 못 이긴 일반 시민이 폭동을 일으켰다. 11월에 이르러 황제 빌헬름 2세는 네덜란드로 망명하고, 군부는 권력을 민간에 이양했다. 전쟁은 그렇게 갑자기 끝났다. 종전과 함께 지방 토호 세력인 융커Junker가 지배계급으로 군림하던 신분 사회 독일제국도 붕괴했다.

전쟁 뒤에 남은 것은 연합국에 대한 배상금 문제였다. 독일의 사상자가 가장 많았지만, 이웃 나라의 피해도 컸다. 1918년 12월 영국 총선에서는 모든 정당이 독일에 대한 가혹한 배상 요구를 앞다투어 경쟁했다. 그 바람에 영국이 이끄는 파리 배상위원회는 독일이 도저히 갚을 수 없는 징벌적 배상을 승전국들이 아무 근거도 없이 들이밀며 흥분하는 코미디 무대로 전락했다.

승전국 지식인들은 그런 사태가 걱정스러웠다. 승전국들의 광기 어린 징벌로 독일이 공산화되면 더 큰 문제였기 때문이다. 케임브리지대학교 교수 케인스는 1차 세계대전이 끝난 지 1년 되는 1919년

11월《평화의 경제적 귀결(*The Economic Consequences of the Peace*)》이라는 책을 통해 "독일을 우려먹으려면, 일단 죽여서는 안 된다"는 점을 강조했다. 단숨에 베스트셀러가 된 이 책을 통해 그는 동시대인에게 깊은 인상을 남겼다. 그의 나이 36세 때였다.

한편 신분 사회가 무너진 독일 내부에서는 파업과 시위가 계속되는 가운데 정치 이념이 난무하고 민족주의자, 민주주의자, 사회주의자가 제각기 정당을 결성했다. 1919년 1월에 치러진 총선거에서 사회민주당, 민주당, 중앙당 등이 연립내각을 구성하고 새로운 헌법을 통과시켰다. 독일 최초의 민주공화국 체제인 바이마르공화국은 이런 혼란 속에서 탄생했다.

바이마르공화국의 앞날은 불안했다. 1차 세계대전을 일으킨 독일에 대한 징벌이 너무나 가혹했기 때문이다. 알자스와 로렌은 프랑스로 반환되고, 자르 광산도 프랑스로 양도되었다. 북부 영토의 일부는 덴마크와 폴란드로 귀속되었다. 독일은 영토의 8분의 1을 잃었다. 아울러 라인강 양안은 영구 비무장 지대가 되고 해군은 해체되었다. 민간 상선도 연합국에 징발되어 배분되었다. 가장 끔찍한 것은 배상금 협정문 제231항이었는데, "독일은 전쟁에 대해 유일하게 책임져야 할 국가"라는 것이었다. 모든 책임을 혼자 떠맡는 것이 억울했던 독일인들은 "치욕의 조항"이라고 분개했다.

이런 가운데 중앙은행인 라이히스방크Reichsbank의 총재 루돌프 하펜슈타인Rudolf Havenstein은 딜레마에 빠졌다. 자신이 따라야 할 좌표와 지령을 완전히 잃었기 때문이다. 그는 황제의 심복이었다. 황제가 전쟁에 대비하라는 밀명을 내리자 오랜 기간에 걸쳐 차곡차

곡 금을 비축했다.[*] 3년 전 모로코 아가디르항에서 벌어진 프랑스와의 군사 충돌 때 금이 부족해서 후퇴했던 것을 교훈 삼았다.

하펜슈타인은 중앙은행의 임무가 황제에게 절대복종하는 것이라고 믿었다. 하지만 공화국으로 전환된 뒤 정신을 차릴 수 없을 정도로 정권이 자주 바뀌면서 자신이 도대체 누구에게 충성해야 하는지 혼란에 빠졌다. 독일 국민의 고혈을 짜서 조달한 배상금을 승전국에 차질 없이 상환해야 하는 자신의 처지가 수치스럽기까지 했다. 민주공화국에 대한 기대와 호감을 느꼈던 국민은 무기력한 정부에 등을 돌리고 선거 때마다 정권을 바꿨다. 5년간 여섯 번이나 정부가 교체되었다.

그런 혼란기에 책임감을 가진 공직자라면, 조금 더 능동적이고 애국적인 일을 찾아야 했다. 당시 독일의 산업 시설은 상당히 파괴되어 물가가 불안했다. 그런 상황에서 중앙은행이 물가 안정만 고집하다 보면 실업난이 가중되고 사회적으로는 폭동이 일어날 우려가 있었다. 하펜슈타인 총재는 독일이 공산화되는 것보다는 차라리 인플레이션이 낫다고 생각했다. 물가가 올라서 모든 거래 단위가 커지는 상황에서는 중앙은행의 대출도 늘어나야 한다고 믿었다.

150년 전 영국에서 나온 진성어음주의(real-bills doctrine)에 따르면, 그의 생각이 틀린 것도 아니다. 실물경제 활동에 따라 발행된 (진성)어음을 토대로 중앙은행이 수동적으로 자금을 공급하면 물가는

* 오늘날 엘비나 나비울리나 러시아 연방중앙은행 총재가 우크라이나 전쟁 전에 앞서 상당한 금을 비축했던 것과 똑같다.

걱정할 필요가 없다는 것이 그 이론의 결론이다. 물가가 올라서 모든 거래 단위가 커지면, 중앙은행의 대출과 통화 공급도 늘어나는 것이 자연스럽다.

라이히스방크 총재 루돌프 폰 하펜슈타인. 인플레이션에 실패한 최악의 중앙은행 총재로 알려져 있지만, 당대에는 최고의 화폐금융이론가였다.

진성어음주의 이론의 아킬레스건은 금리다. 금리 수준이 지나치게 낮으면, 실물경제 상황과 관계없이 항상 자금의 초과수요가 생겨서 중앙은행이 할인해야 하는 어음이 계속 늘어난다. 실제로 하펜슈타인 총재가 정한 명목금리 수준은 너무 낮았다. 돈이 무제한으로 풀리고 물가는 천문학적으로 뛰었다. 그것이 바로 1921~1923년의 초인플레이션(hyperinflation)이었다.

그것은 몇 년 전 케인스가《평화의 경제적 귀결》이라는 책자를 통해 이미 예고한 사태였다. 국민은 휴지가 되어버린 돈을 기피하고 독일은 물물교환 시대로 복귀했다. 국민의 아비규환 속에 정부가 화폐개혁을 서둘렀다. 1914년 1차 세계대전 개시와 함께 발행했던 파피에르마르크Papiemark(종이돈)를 폐기하고 1조(10^{12}) 대 1의 교환 비율로 새로운 화폐 렌텐마르크Rentenmark를 발행하기로 결정했다.

하지만 독일의 금이 충분치 않아서 그 화폐개혁마저 실패할 가능성이 높았다. 독일 정부의 마지막 승부수인 화폐개혁을 무거운 마음으로 지휘하던 하펜슈타인 총재는 극심한 스트레스로 인해 화폐개혁을 실시하기 전날인 1923년 11월 15일 새벽 심장마비로 사망했다.*

그 바람에 화폐개혁 작업은 후임 총재인 햘마르 샤흐트Hjalmar Schacht에게 넘겨졌다. 샤흐트는 인플레이션 기대 심리를 낮추기 위해서 화폐개혁 당일 화폐 발행 상한선을 선포했다. 일종의 배수진이었다. 그러자 고질적이었던 초인플레이션이 거짓말처럼 사라졌다. 자그마한 민간은행장 출신의 샤흐트가 공직에 진출해서 거둔 첫 번째 성공이었다.

하지만 독일 정치판은 여전히 불안했다. 거듭되는 정치 혼란 속에서 지역감정이 확대되면서 남부 바이에른 지역은 바이마르공화국을 이탈해 군주국으로 회귀하려는 왕당파들의 움직임이 강했다. 파리강화조약 파기와 독일의 재무장을 주장하는 정당도 등장했다. 히틀러가 이끄는 나치당(국가사회주의독일노동자당)이었다. 왕당파와 나치당은 물과 기름 같은 사이였지만, 적어도 공화국을 전복한다는 목표에서는 의기투합했다.

1923년 11월 8일 두 세력은 뮌헨의 한 술집에 모여 쿠데타를 일으켰다. 소위 '뮌헨 반란' 또는 '맥주 홀 폭동(Beer Hall Putsch)'이라는 사건이다. 초인플레이션 때문에 여론이 너무 나빠서 정부를 전복하는 일은 쉬울 것 같았다. 이탈리아의 무솔리니가 1년 전 그랬던 것처

* 하펜슈타인은 독일 최고의 화폐금융이론가이자 은행가였다. 그의 저서 《화폐》는 독일 내에서 6판까지 인쇄되었으며 널리 일본어로도 번역되어 수출될 정도로 유명했다. 하지만 사상 최악의 초인플레이션을 일으킨, 실패한 중앙은행 총재로 기록된다. 너무 낮은 금리를 고집했기 때문이다.

럼, 현역 군인들이 정부 청사로 행진만 해도 민생고에 지친 국민이 쿠데타 세력에 호응해서 정부가 스스로 붕괴한다고 확신했다. 하지만 준비가 너무 엉성했다. 어설프게 시작한 쿠데타는 다음 날 오후 가볍게 진압되었고 히틀러는 체포되었다.

바이마르공화국에서 쿠데타는 흔했다. 그래서 처벌도 가벼웠다. 맥주 홀 폭동의 주동자들은 대부분 무죄로 방면되고 히틀러는 겨우 5년 형만 선고받았다. 히틀러에 대한 재판은 오히려 그의 극우 사상을 전국에 광고하는 계기가 되었다. 1924년 5월 히틀러가 옥중에 있을 때 치러진 선거에서 나치당은 득표율 6.5퍼센트를 얻어 의회 의석수를 32석이나 확보했다. 원외 정당으로 머물던 나치당이 의회에 진출하자 그해 12월 히틀러도 감형을 받아 석방되었다.

독일판
장검의 밤

히틀러는 감옥에 있던 1년 동안 집필했던《나의 투쟁》을 출옥한 뒤에 발간했다. 이 책은 1,000만 부 이상 팔렸다. 독일이 현저하게 우경화된다고 느낀 승전국들은 그제야 이성을 찾기 시작했다. 1919년 파리강화회의 이후 전혀 진전이 없었던 독일 배상금 문제에 돌파구를 찾았다. 1924년 8월 미국 재무장관 찰스 도스의 중재로 독일의 배상 규모를 대폭 축소하고 독일에 대한 차관을 재개하는 '도스 플랜'이 타결되었다. 1929년 8월에는 배상 규모가 더 낮아졌다. 미국 사업가 오언 영Owen Young이 주도한 그 협약은 '영 플랜'이라고 불렸다.* 두 협약 모두 패전국 독일의 숨통을 터주는 것이 목적이었다. 하지만 두 달 뒤 대공황이 시작되면서 모든 일이 허사가 되었다. 독일이 다시 엎어진 것이다. 독일 기업들이 줄도산하고 실업자는 600만 명을 넘어섰다.

경제난 속에서 나치당의 인기가 하늘 높은 줄 모르고 치솟았다. 1930년 9월 선거에서는 부국강병의 꿈을 자극하는 나치당이 107석이나 얻어 일약 제1야당이 되었다. 깜짝 놀란 다수당이 연립정부 구성을 제의했지만, 히틀러는 그 제의를 거부했다. 유권자들에게 더 많은 표를 몰아달라는 제스처였다. 그 결과 1932년 7월 선거에서는 나치당이 230석을 획득해 마침내 제1당으로 부상했다. 쿠데타 실패 후 10년 만이었다.

하지만 나치당 의석은 여전히 과반수에 미달했다. 그런 가운데 다른 당들은 극우를 추구하는 나치당과 손잡기를 거부했다. 단독으로 국정을 운영하는 것이 힘에 부치자 1933년 3월 히틀러는 의회를 해산하고 다시 선거를 치렀다. 이번에는 288석을 얻었으나 여전히 과반수에 미달했다. 그러자 국가인민당과 연립정권을 세우고, 전권위임법을 밀어붙였다. 행정부가 만든 법이 헌법을 능가할 수 있도록 한, 기상천외한 법률이었다.

* 오늘날 금융기관 자기자본규제를 통해 전 세계적으로 유명해진 국제결제은행(BIS)은 바로 1929년 영 플랜의 일환으로 설립되었다. BIS는 1차 세계대전의 전승국들이 독일의 자본 유출입을 감시하기 위해 설립한 기구다. BIS는 스위스, 독일, 프랑스 세 나라 사이의 국경 지대인 바젤에 본부를 두고 있다.

히틀러 정권의 기괴함은 그때부터 시작되었다. 나치당기를 국기로 채택하고, 강제수용소를 건설하는가 하면, 공산당을 불법화하고 정당 신설 금지법을 통해 일당독재 체제를 구축했다. 이로써 민주공화제를 지향하던 바이마르공화국은 폐기되었다. 히틀러는 새로운 정치체제를 '제3제국'이라고 불렀다. 과거 로마제국과 신성로마제국의 영광을 독일이 승계해서 세계를 지배하겠다는 엄포였다.

아울러 1933년 9월부터 아우토반 건설을 시작으로 재무장을 시작했다. 1934년에는 폴란드와 불가침 협약을 체결하고 국가개조법을 통해 지방의회까지 해산했다. 같은 해 8월 파울 폰 힌덴부르크 Paul von Hindenburg 대통령이 사망하자 히틀러는 대통령직까지 겸하면서 스스로를 '총통(Führer)'이라고 불렀다. 총통은 총리와 대통령을 합했다는 뜻이다. 민주주의 장치들이 일제히 작동을 멈춘 가운데 히틀러의 전횡을 저지할 세력은 보이지 않았다. 완벽하게 권력을 구축한 히틀러에게는 이제 내부의 적을 다스리는 일, 즉 토사구팽이 필요했다. 자신의 껄끄러운 정치 선배들이 목표물이었다.

1919년 바이마르공화국이 출범할 때 나치당은 수많은 군소정당의 하나였다. 이 정당의 정강은 두 가지였다. 독일의 배상을 결정한 베르사유조약에 반대하고, 1년 전 러시아에서 탄생한 볼셰비키 정부의 공산주의를 배격하는 것이었다. 하지만 민족주의적 성향이 지나치게 강해서 바이마르공화국이 지향하는 온건한 이념 노선과 충돌했다. 그래서 당국이 나치당을 몰래 내사했다.

그 내사 임무를 맡은 사람이 히틀러였다. 당시 30세였던 히틀러는 바이마르공화국 정보부대 하사관이었는데, 오히려 포섭되어 55번째 당원이 되었다. 히틀러보다 먼저 나치당에 발을 들여놓은 사람들은 히틀러를 가볍게 여겼다. 그가 총통이 되자 자기들이 정권에 상당한 지분이 있다고 생각했다. 그중 하나가 나치당 사설 조직인 돌격대(SA)의 대장 에른스트 룀Ernst Röhm이었다.

에른스트 룀은 맥주 홀 폭동 때 히틀러와 함께 유죄 혐의를 받고 구속되었으나 준법서약서를 쓰고 출옥했다. 그리고 아직 감옥에 있는 히틀러를 대신해서 1924년 5월의 선거를 지휘해 나치당의 원내 진출을 이끌었다. 나치당이 제1야당으로 부상한 뒤에는 군 출신답게 돌격대(SA) 대장을 맡아 유태인과 자본가에 대한 테러를 지휘했다.

그런데 룀은 히틀러를 부를 때 총통 대신 '아돌프'나 '당신(du)'이라고 불렀다. 히틀러는 룀의 건방진 태도가 마음에 들지 않았다. 게다가 룀은 지나치게 과격해서 나치당의 인기를 떨어뜨리고 있었다. 늘 갈색 제복을 입고 다니며 툭하면 '제2의 혁명'을 주장하면서 거들먹거리는 룀은 자본가들의 이맛살을 찌푸리게 했다. 게다가 룀은 SS(히틀러 개인경호단)와도 마찰을 빚었다. SS를 이끄는 군 수뇌부는 룀에게 반감을 품었다.

고민하던 히틀러는 룀 일당을 제거하기로 마음먹었다. 1934년 6월 30일 히틀러는 베를린에서 뮌헨으로 비행기를 타고 가 SS 부대를 전격 방문했다. 그 자리에서 명단을 넘겨주면서 반란 음모 주동자들을 체포하라고 명령했다. 그날 밤 바이마르공화국 당시 고위 관료들과 더불어 룀을 따르던 돌격대 간부들이 줄줄이 체포되었다. 영장도 없이 체포된 그들은 영문도 모르는 채 권총이 지급되어 자살을 강요받았다. 자살을 거부하던 룀은 SS 부대의 부대원들에게 총살당했다. 다

'장검의 밤'을 풍자한 만화. 이 만화는 히틀러에게 인사할 때는 반드시 양손을 써야 한다는 점을 군부에 가르쳐 준 사건이었다고 꼬집었다. 히틀러의 실체를 모르던 자본가는 히틀러 뒤에 납작 엎드려 있다.

음 날 히틀러는 각종 부정부패와 동성애 혐의를 씌워 룀 일당을 처형했다고 발표했다.

이날 밤을 독일의 역사가들은 '장검의 밤(Nacht der langen Messer)'이라고 부른다. 칼이 아닌 총이 동원된 그 사건을 장검의 밤이라고 부르는 것은, 정적을 무참히 그리고 무수히 살해했다는 점에서 위그노전쟁 당시 카트린 드 메디치의 수법과 똑같았기 때문이다.

이 사건을 계기로 히틀러와 맞먹으려던 사람, 나치에 빌붙어 입신출세하려던 사람, 히틀러에게 불만을 퍼붓던 사람들은 머리끝이 곤두섰다. 독일 국민은 히틀러 정권에 목숨을 걸고 투쟁하거나 목숨을 바쳐 충성해야 하는 두 가지 선택만 남았다. 히틀러 측근 중에는 지레 겁을 먹고 정권에서 조용히 하차하는 사람들도 있었다. 경제부 차관보 자리가 내심 성에 차지 않아서 불만을 떠벌리고 다니던 고트프리트 페더Gottfried Feder가 그중 하나였다.

화폐국정론

위그노를 숙청한 카트린이 항상 손에 쥐고 있었던 것이 《군주론》이었다면, 룀 일당을 제거한 히틀러가 항상 손에 쥐고 있었던 것은 《이자라는 족쇄에서 벗어나는 법(*Brechung der Zinsknechtschaft*)》이라는 책이다. 저자는 고트프리트 페더다.

페더는 원래 토목공학을 전공하고 건설 회사를 운영하던 사업가였다. 1차 세계대전이 발발하던 무렵 극심한 경영난으로 고민하던 페더는, 독일의 발목을 잡고 있는 경제문제에 관심을 갖기 시작했다. 경제학을 독학한 페더는 1919년 《이자라는 족쇄에서 벗어나는 법》을 발간했다. 그 책에서 페더는 유태인이 지배하고 있는 독일 금융계를 전복하는 것이 독일 사회가 번영할 수 있는 길이라고 주장했다. 그러면서 은행의 국유화와 이자 철폐를 제안했다.

페더는 자기 저서에 공감하는 서너 명의 사상적 동지들을 규합해서 국가사회주의독일노동자당, 즉 나치당을 창당했다. 그리고 자기 사상을 전파하고 다니다가 히틀러를 만났다. 어느 날 저녁 비밀 모임에서 강의하는데, 히틀러가 신분을 속이고 참석해서 그 강의를

히틀러의 정신적 멘토였던 화폐금융이론가 고트프리트 페더

들었다. 히틀러는 《나의 투쟁》에서 영국이나 프랑스의 금융 제도를 흉내 내지 않더라도 독일이 독자적으로 경제를 부흥시킬 수 있다는 페더의 말에 전율을 느껴 나치당에 입당했다고 밝혔다. 페더는 반유태적이며 반자본주의적인 금융관을 히틀러에게 주입하고 그의 정신적 멘토가 되었다.

페더의 주장이 아주 독창적인 것은 아니었다. 화폐제도와 금융이 워낙 후진적이었던 독일에는 페더와 비슷한 주장을 하는 사람이 많았다. 1871년 오토 비스마르크Otto Bismarck가 독일통일의 위업을 달성했지만, 20개 자치주와 각 주가 승인한 33개의 민간 발권은행이 제각기 돈을 찍어내어 총 53종류의 화폐가 유통되었다. 화폐제도에서 중앙 정부는 전혀 존재감이 없었다.*

이런 화폐제도의 무정부 상태에서 화폐가치를 유지하는 관건은 영국이나 프랑스에서 금을 빌려오는 것이었다. 경쟁 관계에 있던 각 자치주들은 대금업을 통해 세계적인 네트워크를 가지고 있는 유태인들을 영입하기에 바빴다. 황제를 귀족계급인 융커가 떠받들고, 융

* 비스마르크 총리는 1873년 중앙은행인 라이히스방크(제국은행이라는 뜻)를 설립한 뒤 직접 이 은행의 이사회 의장을 맡았지만, 이 은행의 발권 독점권은 1909년에서야 비로소 확보되었다.

커 계급을 유태인이 정치자금으로 떠받들고, 유태인에게서 돈을 빌린 일반 서민이 높은 이자로 유태인을 떠받드는 것이 독일제국의 먹이사슬 구조였다. 따라서 일반 국민의 마음속에는 '금(돈) 문제만 해결되면, 유태인을 몰아내고 위대한 아리안족만의 순수 혈통 사회를 건설할 수 있으리라'는 의식이 자리 잡고 있었다.

'돈=금'이라는 불문율이 깨지기를 바라는 독일 국민에게 1905년 놀라운 복음이 전해졌다. 게오르크 크나프라는 학자가 《화폐국정설(*Staatliche Theorie des Geldes*)》이라는 파격적 저서를 발표한 것이다. 이 책은 다음과 같은 충격적인 문장으로 시작했다.

"화폐는 법의 산물이다(Geld ist ein Geschöpf der Rechtsordnung)."

그리고 '법정화폐(Fiatgeld)'라는 개념을 제시했다. 내재 가치와 관계없이 명목 가치로 유통하는 것을 국가가 강제하는 화폐라는 뜻인데, 오늘날에는 너무나 당연하게 받아들여진다. 하지만 당시에는 듣지도 보지도 못했던 생뚱맞은 개념이었다. 크나프의 주장대로 금과 상관없이 국가가 강제로 화폐를 유통할 수만 있다면, 사방에 흩어져 있는 발권 특허를 정부가 회수해서 한 은행에 몰아 줄 수도 있다. 국가가 발권은행을 직접 소유하는 것도 이상한 일이 아니다. 크나프의 제안에 따라 독일 정부는 1909년 라이히스방크에 항구적인 발권 독점권을 허용했다.*

크나프 이전에는 돈은 스스로 가치가 있어야 하고, 정부는 가치 문제에 간여할 수 없다는 것이 상식이었다. 영국과 이탈리아가 파운드나 리라 같은 무게 단위를 화폐 이름으로 쓴 것은, 화폐에 관해서 국가가 할 수 있는 일이 재료로 쓰이는 금속의 품질과 기본 단위를 정하는 정도라고 생각했기 때문이다. 반면 화폐로 쓰일 금속의 종류와 외국 화폐와의 교환 비율은 시장이 결정한다는 견해가 지배적이었다. 금과 은의 교환 비율을 법률로 정하더라도 그 비율이 거의 지켜지지 않았던 복본위제도의 경험이 그런 생각을 굳혔다.

한마디로 '화폐제도는 개인적 선택의 결과'라는 생각이 19세기의 상식이었다. 그런 주장을 하는 대표적인 사람은 오스트리아의 카를 멩거였다. 멩거는 빈에서 활동했는데, 당시 빈이 위치한 오스트리아-헝거리제국은 독일과는 상대가 되지 않을 정도로 부유했다. 외국과의 교류에서도 대단히 개방적이었다. 이런 사회적 환경 속에서 멩거는 영국의 경제학자 앨프리드 마셜Alfred Marshall과 함께 근대경제학 이론의 한 기둥인 한계효용과 비용 함수라는 개념을 정립했다.

카를 멩거는 화폐 금융 분야에서도 여론을 선도했다. 그는《화폐의 기원(*The Origin of Money*)》이라는 책을 통해 "화폐는 물물교환의 단점을 극복하기 위해 탄생한 발명품"이라고 주장했다. 그의 이론에

* 20세기 초까지도 특정 기관이 항구적 발권 독점권을 갖는다는 개념이 없었다. 영국의 경우 1844년 영란은행이 잉글랜드와 웨일즈 지역에서 발권 독점력을 획득하기 이전에 발권 면허를 가졌던 은행들이 독자적인 은행권을 발행했다. 잉글랜드 지역에서는 버클레이즈 은행이 1960년까지 은행권을 발행했으며, 스코틀랜드와 북아일랜드에서는 지금도 7개 민간 상업은행이 화폐를 발행한다. 프랑스는 2차 세계대전이 끝날 때까지, 스위스는 2007년까지 중앙은행의 발권 독점권에 유효기간을 설정하고 주기적으로 연장했다.

따르면, 화폐의 출현은 개인적 선택의 결과이기 때문에 화폐 문제에 정부나 법률이 끼어들 공간이 없다. 금본위제도의 기원과 작동 원리를 잘 설명해 주는 이론이었다. 참고로 멩거는 부유한 변호사의 아들로 태어나 원래 법학을 전공했다.* 법률적 지식을 가진 그가 화폐는 법률로 정하는 것이 아니라고 보았다.

저명한 주류 경제학자 카를 멩거에게 무명의 비주류 경제학자 크나프가 도전장을 던졌다. "화폐는 법의 산물이다"는 크나프의 주장은 그냥 나온 것이 아니었다. 감히 누구도 흉내 낼 수 없는 엄청난 고증을 통해 내려진 결론이었다. 예를 들어 화폐가 물물교환의 불편을 해소하기 위해 탄생했다고 하지만, 화폐가 처음 등장했을 때는 시장도, 사유재산 제도도 없었다. 크나프는 "멩거는 역사에 근거하지 않고 순전히 머릿속으로 화폐의 탄생을 상상했다"고 비판했다.

크나프와 같이 역사적 사실을 중시하는 학자들을 역사학파(Historische Schule)라고 한다. 역사학파의 주장대로 법률의 힘으로 화폐가 탄생했다면, 금이 많다는 것은 화폐제도 유지의 필요조건도 충분조건도 아니다. 그런 주장은 유태인의 도움 없이 자력갱생과 부국강병을 희구하는 독일 국민에게 한 줄기 빛이었다.

나치당을 만든 페더는 크나프의 이론에서 한 걸음 더 나갔다. 유태인이 지배하는 금융계를 전복하고 은행을 국유화하며, 이자를 철

* 카를 멩거의 동생 안톤 멩거Anton Menger도 뚜렷한 발자국을 남긴 법학자이다. 그런데 빈 대학 총장을 지낸 안톤 멩거는 형 카를과 달리 사회주의에 상당히 우호적이었다. 자본가가 제공한 생산수단에 상관없이 모든 수익은 노동자에게 분배되어야 한다는 노동전수설을 주창했다.

폐하자는 주장을 덧붙였다. 히틀러는 그 주장에 빨려 들어갔지만, 집권한 뒤에는 쉽게 정책으로 채택하기 어려웠다. '이자 없는 사회'를 줄곧 주장하는 페더는, 돌격대장 룀과 마찬가지로 경제계의 기피인물이었다. 따라서 히틀러는 집권 직후 자기의 정신적 멘토였던 페더에게 비교적 낮은 자리를 맡겼다. 경제부 차관보 자리였다.

히틀러와 함께 시찰하는 햘마르 샤흐트 라이히스방크 총재(오른쪽)

페더의 상관은 햘마르 샤흐트였다. 당시 샤흐트는 슈퍼스타였다. 바이마르공화국 시절 초인플레이션을 수습한 데다가 승전국들과 담판을 벌여 전쟁배상금을 줄이고, 상환 기한은 늦췄다. 그것이 '영 플랜'이다. 그래서 일반 국민은 물론 보수 성향의 경제계와 국제금융계가 샤흐트에게 전폭적인 신뢰를 보냈다. 히틀러는 집권 직후 국민 영웅 샤흐트에게 중앙은행과 경제부를 동시에 맡겼다. 한국으로 치자면, 경제부총리 겸 한국은행 총재로 임명한 것이다.

샤흐트는 히틀러 정권이 명운을 걸고 추진하는 아우토반 건설을 위해 드러내 놓고 돈을 풀지는 않았다. 그 대신 각종 대출 프로그램을 통해 특정 전략산업과 기업에 금융 자원을 선별적으로 투여하는,

영악한 방법을 동원했다. 그런 지략 덕분에 히틀러는 상당 기간 주변국의 주목을 받지 않고 군수산업을 일으킬 수 있었다. 군대도 다녀오지 않고 나치당원도 아니었던 샤흐트는 오성장군 헤르만 괴링Hermann Göing과 함께 바야흐로 히틀러의 신임을 놓고 경쟁하는 위치까지 올랐다.

반면 히틀러를 가르쳤던 페더는 점점 소외되었다. 경제부 장관 샤흐트 밑에서 차관보로 일하다가 장검의 밤 이후 조용히 사퇴했다. 그리고 지방대학 교수가 되었다. 히틀러는 페더의 낙향을 의심했다. 체제에 불만을 품고 엉뚱한 행동을 할 수도 있기 때문이었다. 하지만 등잔 밑이 어두웠다. 히틀러 정권에 대한 전복 음모는 히틀러에게서 멀어진 사람이 아니라 최측근에서 시작되었다.

작전명 발키리

군비 팽창을 바라는 군부가 보기에 군 경험이 전혀 없는 샤흐트가 히틀러의 전폭적인 신임을 받는 모습이 불편했다. 샤흐트는 쌀쌀맞고 도도해서 싫어하는 사람이 많았다. 히틀러의 최측근인 헤르만 괴링도 샤흐트를 미워했다. 1936년 베를린 올림픽이 끝나자마자 괴링은 "버터 대신 대포(Guns over Butter)"라는 구호 아래 히틀러에게 '4개년 계획'을 보고했다. 4년 안에 전쟁 준비를 완료한다는 내용이었다. 이 계획의 일환으로 중앙은행법을 바꾸고 라이히스방크에 대한 정부의 통제권을 강화하려고 했다.

샤흐트는 중앙은행의 자율성을 없애겠다는 괴링의 계획에 즉각 반대 의사를 보였다. 그 무렵 히틀러 정권 안에서 샤흐트의 용도는 거의 끝났지만, 그대로 쫓아낼 수는 없었다. 국제사회에서 두툼한 인맥을 쌓고 있는 할마르 샤흐트는 히틀러 정권의 보증수표 역할을 했다. 히틀러는 경제부 장관직만 사표를 받아들이고 라이히스방크 총재직은 유지시켰다. 그런데 샤흐트의 반발 때문에 한발 물러났던 괴링이 1939년 초 다시 도전했다. 중앙은행법에 "라이히스방크의 모든 업무는 국가정책을 지원하기 위해 실시된다"는 '노예 조항'을 추가하려고 했다.* 그러자 샤흐트는 다시 사표를 썼다. 이번에는 히틀러가 만류하지 않았다. 전쟁 준비가 끝났기 때문이다.

그해 9월 독일의 폴란드 침공을 시작으로 2차 세계대전의 막이 올랐다. 이듬해인 1940년에는 노르웨이, 덴마크, 네덜란드, 벨기에, 프랑스가 차례로 함락되었다. 1941년에는 아프리카에서 에르빈 로멜Erwin Rommel 군단의 작전이 개시되고 유고슬라비아와 그리스도 함락되었다. 일본이 진주만을 공격하고, 독일과 이탈리아도 미국에 선전포고했다.

하지만 기세등등하던 독일도 그때를 고비로 꺾이기 시작했다. 소련 침공은 생각보다 순탄하지 못해 독일의 손실도 적지 않았다. 모로코와 알제리 등에서 영국의 반격도 매서웠다. 1943년에는 이탈

* 이 조항은 볼셰비키 혁명 이후 러시아가 채택한 중앙은행법에서 유래하며 훗날 일본에도 영향을 미쳤다. 1942년 일본 군국주의 정권은 일본은행법과 조선은행법을 바꾸어 중앙은행의 임무를 정부 정책을 보좌하는 것으로 규정했다.

리아의 무솔리니 정권이 무너지면서 이탈리아마저 독일에 선전포고를 했다. 1944년 6월에는 연합군이 노르망디상륙작전에 성공하면서 독일의 패전이 눈에 보이기 시작했다. 상황이 이렇게 전개되자 독일 사람들의 마음속 깊숙이 눌려 있던 히틀러 정권에 대한 저항 의식이 조금씩 수면 위로 올라왔다. 클라우스 폰 슈타우펜베르크 Claus von Stauffenberg 대령이 그중 한 사람이었다.

슈타우펜베르크는 프로이센 귀족 집안 출신으로서 명예를 중시하는 군인이었다. 그는 한때 히틀러를 독일 민족을 구할 위대한 지도자로 보고 존경심을 품고 충성을 다했다. 그러나 히틀러의 잔인함과 군사적 무능함을 눈으로 확인한 뒤 크게 실망했다. 북아프리카 전투에서 왼쪽 눈과 오른쪽 손가락 3개를 잃고 병원에서 재활 치료를 받으면서 마음을 굳혔다. 자기 손으로 히틀러를 제거하는 것만이 세계적인 비극을 빨리 끝내는 일이라고 확신하기에 이르렀다.

그의 계획은 간단했다. 히틀러 정권이 비상시에 대비해서 가지고 있는 극비 전략 '발키리 작전'을 역으로 이용하는 것이었다. 스칸디나비아 신화에서 발키리는 전사자를 고르는 일을 하는 살벌한 여신이다. 그 이름에서 풍기는 것처럼 발키리 작전은, 비상 상황이 닥치면 각 지역 예비군을 총동원하고 즉각 계엄 사태로 돌입한다는, 나치 정권 최후의 비상 계획이다.

그런데 히틀러가 없는 상태에서 계엄령이 떨어진다면 어떻게 될까? 계엄령에 따라 전국의 예비군에게 장전된 총기가 지급된다면, 엄청난 세력이 된다. 그때 한 줌도 안 되는 히틀러 친위 부대를 반란 세력으로 간주하고 총부리를 들이대면, 히틀러 체제는 모래성처럼 무너진다. 그러므로 일단 히틀러를 암살한 뒤 발키리 작전을 즉각 발동해서 나치 잔당을 박멸한다는 것이 슈타우펜베르크 대령의 새로운 '발키리 작전'이었다.

하지만 이 기발한 이이제이 전략은 실패로 돌아갔다. 히틀러의 회의 탁자 바로 아래서 폭탄이 터졌지만, 근처의 심복 4명만 즉사했다. 죽었어야 할 히틀러가 기적적으로, 그리고 불행하게도 살아났다. 폭파 현장을 빠져나온 히틀러는 극도의 흥분 속에서 반역자들을 남김없이 죽이라고 명령했다. 계획이 실패한 것을 안 뒤 일부는 자살하기도 했지만, 나머지는 저항하다가 체포되었다. 암살 계획의 주모자 슈타우펜베르크 대령을 포함한 다수의 군 장성, 그리고 정치인들이 즉결심판을 받고 그날 밤 잔인하게 처형되었다.

1944년 7월 20일의 암살 미수 사건을 계기로 독일 내부에서는 대대적인 검거 선풍이 불었다. 전쟁이 소강상태에 빠지면서 사회 기강이 흔들린다고 판단한 히틀러 정권은 이 사건을 빌미로 수많은 지식인과 정적을 반역 혐의로 체포해서 구금했다. 할마르 샤흐트도 구금 대상에 포함되었다.

샤흐트는 원래 중도 보수 성격의 자유민주당(FDP)을 창당했던 사람으로서 극우적인 나치당과는 체질적으로 맞지 않았다. 라이히스방크 총재직에서 물러난 뒤 히틀러의 강권으로 잠시 무임소 장관을 맡았지만, 그것마저 마다하고 나치 정권과 손을 끊었다. 발키리 작전에 참여했던 반체제 인사들은 히틀러 제거 후 거국 내각을 구성할 때 샤흐트를 경제부 장관에 복귀시킬 계획을 가지고 있었다. 그것을 안 히틀러는 샤흐트를 수용소에 가뒀다.

그러나 닭 모가지를 비틀어도 새벽은 오는 법. 10개월 뒤 나치는 결국 패망하고 히틀러는 권총 자살로 생을 마감했다. 이어서 치러진 뉘른베르크 전범 재판에서는 헤르만 괴링 공군 원수(교수형), 루돌프 헤스 부총통(종신형), 빌헬름 카이텔 최고사령부 총장(종신형), 빌헬름 프리크 내무장관(교수형), 요하킴 폰 리벤트로프 외무장관(종신형), 알프레드 로젠베르크 라디오 선전관(교수형), 한스 프랑크 폴란드 총독(교수형), 율리우스 스트라이허 신문편집인(교수형) 등이 응분의 벌을 받았다. 이 재판에서는 샤흐트도 나치 부역죄로 기소되었다. 히틀러 밑에서 한때 장관으로 일했다는 이유였다. 하지만 곧 증거불충분으로 풀려나왔다. 그는 히틀러를 제거하는 혐의로 패전할 때까지 수용소에 억류되어 있지 않았던가!

한편 히틀러가 사망한 후 베를린을 점령한 연합군은 휴지 조각이 되어 버린 독일 화폐 라이히스마르크Reichsmark의 처리 문제에 당면했다. 미군과 소련군은 구 라이히스마르크를 환수하고 각자의 양해 아래 발행 부대를 표시한 군표를 독일 내에서 화폐로 유통했다. 몇 달 뒤 일본이 패망하면 극동의 조선 땅 남조선과 북조선에서도 적용하게 될 방법이었다. 독일에 진주한 연합군은 새로운 화폐 이름을 '도이치마르크Deutsche Mark'라고 작명했다.*

* 당시 독일의 화폐개혁은 독일학자 게르하르트 콜름Gerhard Colm과 레이먼드 골드스미스Raymond Goldsmith의 자문을 거쳐 미군정청 재정 고문인 조지프 도지Joseph Dodge가 주도했다. 그런데 과거 독일 화폐의 이름인 골트마르크Goldmark, 파피에르마르크Papiermark, 렌텐마르크Rentenmark, 라이히스마르크Reichsmark는 모두 한 단어다. 국가명인 독일(Deutschland)도 한 단어다. 독일어의 특징이다. 그런데 미군정청이 작명

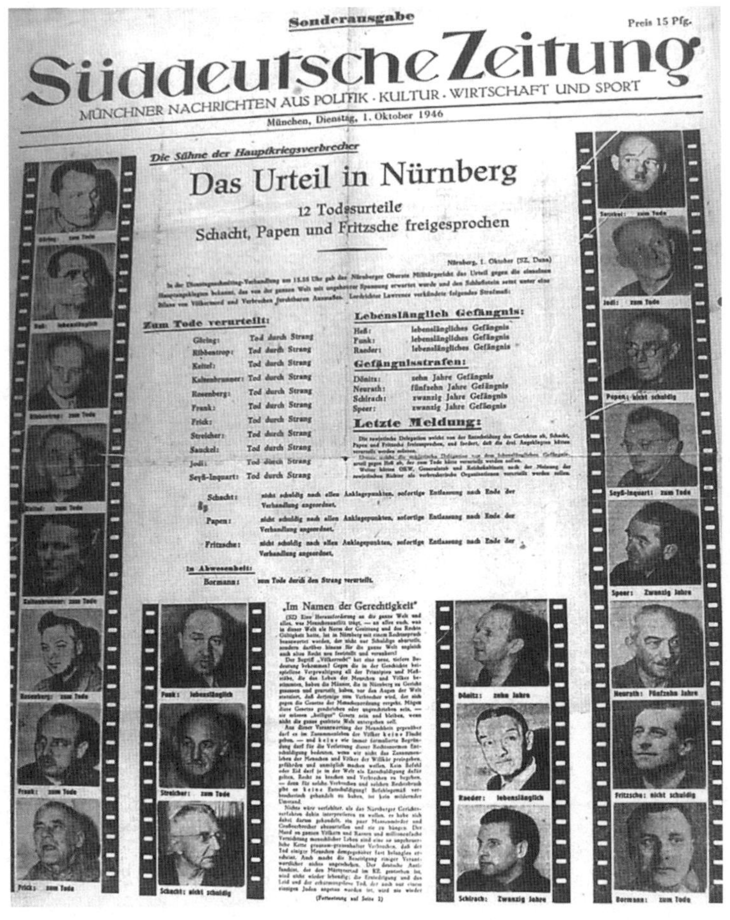

Sonderausgabe

Preis 15 Pfg.

Süddeutsche Zeitung

MÜNCHNER NACHRICHTEN AUS POLITIK · KULTUR · WIRTSCHAFT UND SPORT

München, Dienstag, 1. Oktober 1946

Die Sühne der Hauptkriegsverbrecher

Das Urteil in Nürnberg

12 Todesurteile

Schacht, Papen und Fritzsche freigesprochen

Nürnberg, 1. Oktober (SZ. Dana)

Zum Tode verurteilt:

Göring:	Tod durch Strang
Ribbentrop:	Tod durch Strang
Keitel:	Tod durch Strang
Kaltenbrunner:	Tod durch Strang
Rosenberg:	Tod durch Strang
Frank:	Tod durch Strang
Frick:	Tod durch Strang
Streicher:	Tod durch Strang
Sauckel:	Tod durch Strang
Jodl:	Tod durch Strang
Seyß-Inquart:	Tod durch Strang

Lebenslänglich Gefängnis:

Heß:	lebenslängliches Gefängnis
Funk:	lebenslängliches Gefängnis
Raeder:	lebenslängliches Gefängnis

Gefängnisstrafen:

Dönitz:	zehn Jahre Gefängnis
Neurath:	fünfzehn Jahre Gefängnis
Schirach:	zwanzig Jahre Gefängnis
Speer:	zwanzig Jahre Gefängnis

Letzte Meldung:

Schacht:	nicht schuldig nach allen Anklagepunkten, sofortige Entlassung nach Ende der Verhandlung angeordnet.
Papen:	nicht schuldig nach allen Anklagepunkten, sofortige Entlassung nach Ende der Verhandlung angeordnet.
Fritzsche:	nicht schuldig nach allen Anklagepunkten, sofortige Entlassung nach Ende der Verhandlung angeordnet.

In Abwesenheit:

Bormann: zum Tode durch den Strang verurteilt.

„Im Namen der Gerechtigkeit"

뉘른베르그 국제 전범 재판 결과를 알리는 1946년 10월 1일 자 호외

이어서 미군이 점령한 서독 지역에서는 1948년 3월 미국의 연방 준비제도를 그대로 모방한 새로운 중앙은행 '랜더방크Bank Deutscher

한 도이치마르크Deutsche Mark는 두 단어인데, 이는 미국식 문법이 적용된 결과다.

Länder'를 설립했다. 지방자치제도가 작동했던 히틀러 이전의 시대로 돌아가서 각 주에 중앙은행을 세우고 주 중앙은행들이 주주로 참가하는 중앙은행을 설립한 것이다. 렌더방크 이사회는 총재, 이사회 의장, 그리고 각 주 중앙은행 총재들로 구성되고 여기서 결정한 정책을 각 주 중앙은행들이 집행했다. 이는 오늘날 유럽중앙은행(ECB)의 모델이 되었다.

미국이 독일의 중앙은행 제도를 바꾸려고 노력한 이유는 바야흐로 소련과 패권 경쟁이 시작되었기 때문이다. 히틀러 시대 마지막에 다듬어진 중앙은행법은 소련 중앙은행법을 본받아 철저하게 정부가 중앙은행을 지배했다. 그리고 중앙은행을 전쟁의 도구로 이용했다. 미국은 소련 시스템을 뿌리 뽑아야 평화가 지속될 수 있다고 판단하고 지방분권적 요소가 강한 미국식 모델을 독일에 주입했다.

1949년이 되자 마침내 패전국 독일에 민주헌법이 제정되었다. 이 헌법은 중앙은행을 헌법 기구로 격상했다. 하지만 약간의 문제가 생겼다. 일찍이 국가 주도형 경제성장 모델을 이론화한 관방학파(Cameralism)의 고향 독일에서는 지방분권적 요소가 지나치게 강한 랜더방크에 이의를 제기하는 사람이 많았다. 결국 헌법이 제정된 지 8년이 지난 1957년이 되어서야 랜더방크가 해체되고 새로운 중앙은행인 분데스방크Bundesbank가 세워졌다.

분데스방크를 출범시킨 대통령은 테오도어 호이스Theodor Heuss였다. 그는 언론인 출신으로 학교에서는 역사를 전공했다. 박사과정 중 지도 교수의 딸과 사랑에 빠져 결혼했고, 부인과 사별한 뒤에는 독신을 고집했다. 그의 부인은 다름 아닌, 게오르그 크나프의 외

1920년대 초 국제회의에 참석한 할마르 샤흐트 총재와 카를 블레싱 비서실장(가운데). 두 사람이 오늘날 분데스방크의 정신적 지주다.

동딸 엘리 크나프였다. 호이스 부부는 독일민주당(DDP)을 함께 이끄는 정치적 동반자이기도 했다. 그들은 히틀러가 독일민주당을 해산하자 반나치 운동에 투신했다. 히틀러에게 '국가가 주무르는 화폐제도'의 영감을 심어준 크나프의 외동딸과 그 남편이 반나치 운동을 했다는 것은 아이러니다. 호이스는 반나치 운동 경력에 힘입어 서독의 초대 대통령이 되었다.

한편 1957년 7월 분데스방크가 세워지자 과거 주정부 중앙은행들은 분데스방크의 지점이 되었다. 막강한 힘을 갖게 된 분데스방크의 초대 총재로 카를 블레싱Karl Blessing이 임명되었다. 그는 1939년 히틀러가 라이히스방크법을 고쳐 중앙은행을 나치 정권의 시녀로 만들 때 그것을 비판하며 이사 자리를 박차고 나왔다. 블레싱은 호이스 대통령과도 인연이 있었다. 라이히스방크를 뛰쳐나오기 전에 블레싱은 할마르 샤흐트 총재의 비서실장이었고, 샤흐트는 호이스와 함께 독일민주당을 창당했었다. 그러므로 블레싱과 호이스도 가까웠다.

블레싱은 분데스방크가 히틀러 시대의 라이히스방크와는 달라야 한다고 믿었다. 물가 안정에 매진하면서 히틀러 시대의 흔적을 깔끔이 지웠다. 그것은 그 옛날 실패로 끝난 발키리 작전을 완성하는 일이요, 그의 이름처럼 독일경제의 앞날을 축복(blessing)하는 일이었다.

블레싱의 지휘 아래서 분데스방크는 전후 독일 경제의 부흥과 물가 안정을 견인해 '라인강의 기적'을 이루었다. "나중된 자가 먼저 된다"는 성경의 구절처럼, 오랜 기간 금융 후진국에 머물러 있었던 독일의 중앙은행 분데스방크가 물가 관리에서 가장 모범적인 중앙은행의 자리에 올랐다. 모든 중앙은행의 형님뻘인 영란은행이 2차 세계대전 이후 재무부의 강한 통제를 받으면서 만성적인 인플레이션의 주역이 된 것과 대비되었다. 1970년대에는 심지어 미 연준조차 리처드 닉슨Richard Nixon 대통령의 비위를 맞추느라 물가 관리에 실패했다. 분데스방크는 그렇지 않았다.

권력자와 화폐

화폐는 인간의 발명품이다. 화폐란 집이나 유가증권

과 같은 가치 있는 것들을 헐어서 소비나 투자를 하거나 다른 재산으로 바꾸기 위해 부(wealth)가 잠시 거쳐 가는 과정이다. 즉 자기가 원래 가지고 있던 부를 다른 쪽으로 옮기는 동안 다른 사람들에게 그 사실을 알리는 상징물, 기호, 기억장치가 곧 화폐다. 그렇다면 상징물, 기호, 기억장치는 누가 만드는가?

생명 유지에 필수적인 물질 H_2O에 'water'나 '물'이라는 언어적 기호를 붙인 것은 국가가 아닌 개인이다. 이런 점에서 본다면, 화폐라는 기호도 개인이 결정하는 것이 자연스럽다. 그런 의미에서 카를 멩거와 오스트리아학파는 옳았다.

반면 도로표지판이나 교통신호등과 같은 시각적 기호들은 국가가 관리한다. 그렇다면 화폐라는 기호는 국가가 관리하는 것이 당연하다. 즉 크나프와 역사학파의 주장도 옳다. 이처럼 화폐는 이중성을 갖추고 있어서 미스테리한 것이다.

화폐에 관한 사상은 환경의 영향을 받는다. 크나프는 독일의 경험을 바탕으로 화폐국정설을 주장했지만, 가만히 살펴보면 다른 후진국에서도 비슷한 증거가 발견된다. 영국이 이집트를 통치하던 시절 이집트 재무 담당 차관으로 일하던 영국 외교관 미첼 이네스 Alfred Mitchell-Innes는 이집트의 역사와 관습들을 주의 깊게 관찰했다. 그 경험을 바탕으로 〈화폐란 무엇인가?(*What is Money*)〉와 〈신용화폐론(*Credit Theory of Money*)〉이라는 논문을 작성했다. 흥미롭게도 두 논문을 실은 매체는 경제학이 아닌 법학을 다루는 금융법 학술지(Banking Law Journal)였다.

미첼 이네스가 이집트 사례를 소개한 논문은 크나프가 1905년 독일어로 출판한 《화폐국정설》의 결론과 놀라울 정도로 똑같았다. 오로지 금속화폐만이 돈이라고 생각하던 시절 "화폐는 국가 주권의 산물"이라는 외교관의 주장은 경제학자들의 코웃음을 샀다. 하지만 인도청에서 근무하던 케인스는 미첼 이네스의 글들을 읽고 무릎을 쳤다. 인도 경제를 연구하면서 자신도 똑같이 느꼈기 때문이다. 미첼 이네스의 생각은 케인스가 《화폐개혁론(*A Tract on Monetary Reform*)》(1923)과 《화폐론(*Treatise on Money*)》(1930)을 쓰는 데 결정적인 힌트를 제공했다.

크나프, 이네스, 케인스는 금본위제도 밖에 있는 주변부 국가들의 열악한 화폐제도를 통해 화폐국정론이라는 결론에 이르렀다. 반면 카를 멩거, 루트비히 폰 미제스Ludwig von Mises 등 유복한 가정에서 태어난 사람들은 영국과 프랑스 등 중심국의 금본위제도만 봤다. 국가는 빠진 채 개인과 시장이 지배하는 화폐제도다. 이런 점을 돌이켜 볼 때 화폐제도에 대한 견해는 환경의 지배를 받는다.*

경제학계에서는 화폐국정론을 지지하는 사람이 절반에 불과하지만, 권력자들은 그 이론을 절대적으로 신봉한다. 화폐제도를 장악하고 싶기 때문이다. 쿠데타나 혁명을 통해 힘들게 권력을 잡은 사람일수록 그러하다. 메디치, 레닌, 히틀러, 이성계는 화폐 발행의 족

* 폰 미제스는 오스트리아-헝거리제국의 대단히 부유한 가문 출신으로서 철학자 비트겐슈타인Ludwig Wittgenstein은 그의 육촌 동생이다. 한편 비트겐슈타인은 히틀러와 중학교 동창이다. 부자 집안의 미제스는 국가가 완전히 배제된 화폐제도를 옹호한 반면, 평범 이하의 가문 출신이었던 히틀러는 국가가 지배하는 화폐제도를 꿈꾸었다. 이런 점을 볼 때도 화폐 사상은 확실히 환경의 지배를 받는다.

쇄를 풀어서 자기가 꿈꾸는 세상을 빨리 완성하려고 했다.

화폐제도를 장악하려는 혁명가들의 발상과 노력은 가히 혁명적이다. 초반부에 소개했던 메디치가의 '위대한 로렌조'는 히틀러와 마찬가지로 절대권력을 휘두르다가 1479년 암살 음모를 간신히 피한 사람이다. 그때 동생이 대신 죽었다.* 암살을 모면한 뒤에는 검거 선풍을 통해 정적들을 무참히 죽였다. '위대한 로렌조'는 정적들을 잔인하게 복수할 때 '당대 최고의 시인'이나 '최고의 르네상스 운동 후원자'니 하는 점잖은 가면을 벗었다. 유럽에서 그림을 제일 잘 그리는 레오나르도 다빈치를 불러와서는 광장에 전시된 시체들의 모습을 '가급적 창의적인 포즈로' 그리도록 하고 그 그림을 순회 전시함으로써 시민들에게 공포감을 심어주었다.

그런 일이 있고 나서 자기가 만든 새 동전 '콰트리노 비앙코Quattrino Bianco'만으로 세금을 걷겠다고 했다. '위대한 로렌조'의 경호 비용이 갑자기 늘어났기 때문이다. 그러자 피렌체 시민은 새 동전을 구하려고 법석을 피우면서 프리미엄을 지불했다. 덕분에 실질적인 세금 부담이 25퍼센트나 늘었다. 정권 유지 비용을 충당하기 위해 화폐제도를 손본 것은 히틀러가 군비 확장을 위해 중앙은행법을 바꾼 것과 같았다.

똑같은 독재자지만, 레닌은 혁명으로 권력을 잡았고 히틀러는 선거를 통해 권력을 잡았다. 그런데 레닌과 히틀러가 중앙은행법에 대

* 죽은 동생 줄리아노의 유복자가 나중에 교황이 되었는데, 그가 바로 카트린 드 메디치를 프랑스 왕실로 시집보낸 클레멘스 7세다.

해서는 거의 똑같은 방향으로 고쳤다. 정부가 요구하는 대로 중앙은행이 순순히 돈을 풀게 만드는 것이 목표였다. 그렇게 하려고 일단 금본위제도부터 폐기했다. 1936년 쿠데타를 계기로 군국주의의 길로 돌아선 일본도 똑같은 길을 걸었다.

'위대한 로렌조'가 발행한 콰트리노 비앙코를 들고 있는 청년. 르네상스 시대의 대표적 화가 중 한 사람인 산드로 보티첼리가 그린 작품(1465)이다.

한국도 예외가 아니다. 위화도회군 이후 권력을 장악한 이성계는 닥나무로 만든 종이돈, 즉 저화楮貨 발행을 시도했다. 이때 이성계는 화권재상貨權在上을 주장했다. "돈을 만드는 권력은 지극히 높은 곳의 한 사람이 쥔다"는 뜻이다. 조선이 건국된 뒤 왕자의난을 통해 왕위에 오른 태종도 화권재상을 앞세우면서 저화 발행을 여러 차례 시도했다.

그리고 중앙은행

하지만 독재자들과 혁명가들의 시도는 그리 오래가지 않았다. 메디치 가문이 퍼뜨린 흉측한 동전 '콰트리노 비앙코'는 시민 봉기로 메디치 정권이 무너지던 날 세상에서 자취를 감췄다. 히틀러가 만든 라이히스마르크도 연합군이 베를린에 입성하는 날 연합군의 군표로 바뀌었다. 태종이 뿌리려던 저화도 그리 오래가지 못하고 사라졌다. 쌀과 삼베가 저화를 대신했다. 혁명에 성공한 사람들조차 화폐제도를 자기 손에 쥐고 있던 기간은 그리 길지 않았다.

1923년 햘마르 샤흐트가 라이히스방크 총재로 임명되었을 때 그는 당장 영국으로 달려갔다. 크리스마스 휴가를 즐기고 있던 영란은행 몬터규 노먼 총재의 집으로 찾아가서 금을 빌려달라고 애원했다. 금이 확보되어야 독일 화폐의 가치가 신뢰받기 때문이다. 런던 금융시장의 위력을 존중하며 금을 중시하는 그의 자세를 보고 독일 국민과 국제금융시장이 안심했다. 그것이 화폐개혁의 성공 요인이었다. 히틀러는 1933년 집권했을 때 그 사실을 똑똑히 기억했다. 그래서 보수파인 샤흐트를 중앙은행 총재 겸 경제부 장관으로 임명했다. 히틀러 같은 독재자마저도 속으로는 화폐가치를 권력으로 좌지우지 못 한다는 점을 인정했다는 것을 의미한다.

화폐는 그런 것이다. 화폐제도의 주도권이 국가에 있다고 하더라도 통치자가 마음대로 할 수 있다는 생각은 위험하다. 임기가 정해진 통치자가 만기가 없는 화폐를 마음대로 주무르는 것은 논리적으로도 부당하다. 그렇다면 통치자와 국민, 정부와 시장 사이를 연결해 주는 제3의 존재가 필요하다.

그에 대한 근원적인 해답은 아무도 모른다. 다만 경험을 통해 얻은 귀납적 지혜가 있을 뿐이다. 바로 통치자로부터 독립된 중앙은행이다. 2차 세계대전 직후 승전국과 패전국이라는 다른 출발선에서 시작해 계속 다른 길을 걸어 온 영란은행과 분데스방크의 행로가 중앙은행 독립성의 중요성을 일깨워준다. 정부에 예속된 영란은행은 물가 관리에 실패했고, 독립된 분데스방크는 성공했다.

케인스를 계기로 인류는 황금 족쇄에서 벗어났다. '돈=금'이라는 야만적 불문율을 깨고 좀 더 세련된 방법을 찾았다. 돈에 대한 약속만으로도 새로운 세상을 만들 수 있다는 케인스의 생각은 1944년 국제통화기금(IMF)의 탄생으로 실현되었다. 모든 나라가 달러화와의 교환을 약속하고, 미국은 금 1온스당 35달러를 약속함으로써 돈이 잘 도는 평화로운 문명사회를 만들었다. 개인이 아닌 국가 간의 협약을 통해 국제통화제도를 만드는 것은 화폐제도가 국가주권의 산물이라는 크나프와 미첼 이네스의 주장, 바로 그것이었다.

물론 케인스가 고안한 제도도 완전하지는 않다. 오늘날 IMF 체제는 도전받고 있다. 앞으로 어떤 시스템이 이를 대체할지는 아무도 모른다. 금과 결별한 문명사회가 다시 야만의 나락으로 떨어지지 않으려면, 그리고 민주적 통치자가 폭력적 독재자로 타락하지 않으려면, 온갖 유혹을 이겨내고 화폐가치를 지킬 수 있는 안전장치가 필요하다.

그 안전장치가 바로 독립된 중앙은행이다. 이것이 유구한 화폐의 역사에서 인류가 마침내 금이라는 안전장치를 포기하면서 새로 찾은 해답이다. 화폐국정론이라는 진화된 생각은 독립된 중앙은행이라는 보조 장치가 있어야 안전하게 작동하는 것이다.

방법논쟁

이번 장에서는 20세기 초의 독일을 다뤘다. 그 이전의 독일은 영국을 좇아가기 바쁜, 산업혁명의 후발주자였다. 그때 독일이 선택해야 하는 길을 두고 두 가지 견해가 대립했다.

어떤 이들은 영국과 독일이 엄연히 달라서 영국의 자본주의와 경제 이론들을 독일이 그대로 수입할 수 없다고 주장했다. 애덤 스미스가 뭐라고 떠들었건, 독일의 역사적, 제도적 특수성 때문에 완전경쟁과 자유무역보다는 수입을 제한하고 유치산업을 보호하는 것이 바람직하다는 것이다. 이렇게 독일의 독자노선을 주장하는 사람들을 역사학파라고 한다.

하지만 같은 독일 문화권에서도 상대적으로 부유했던 오스트리아 지역에서는 역사학파 주장에 동의하지 않았다. 영국의 고전학파와 마찬가지로 정부의 개입을 최소화하고 무역을 자유화해서 부국강병해야 한다고 믿었다. 그런 주장을 하는 사람들은 주로 빈 대학에 운집했기 때문에 오스트리아학파라고 한다. 카

방법논쟁의 두 주인공. 구스타프 슈몰러(왼쪽)는 역사학파를, 카를 멩거(오른쪽)은 오스트리아학파를 이끌었다.

를 멩거가 오스트리아학파의 리더였다.

역사학파와 오스트리아학파는 처음에 독일의 유치산업 보호 정책을 두고 격돌했다. 논쟁이 치열해지다 보니 나중에는 경제학의 정체성과 경제 연구의 목적에 관한 논쟁으로 번졌다. 이것을 '방법논쟁(Methodenstreit, 영어로는 Debate over Methods)'이라고 한다.

오스트리아학파는 경제 현상에 관한 일반적 법칙을 발견하고 예측하는 것이 경제학의 본질이라고 보았다. 그래서 선험적(a priori)인 이론을 세우고 이를 통계적인 방법으로 검정하는 방법이 옳다고 보았다. 또한 연구의 대상은 집단이 아닌 개인의 합리적 행동이어야 한다고 믿었다. 이런 방법에 따르자면, 특정한 사건을 통해 진실에 접근하려는 태도는 올바른 방법론이 될 수 없다.

역사학파는 정반대였다. 경제 이론은 구체적인 역사적 사실들을 종합해 사후적(a posteriori)으로 세워지는 것이라고 보았다. 따라서 구체적 사실들을 설명하지 못하는, 막연한 일반화는 '비과학적인 허구'라고 보았다. 또한 경제학의 목표는 개인의 행동을 분석하는 것을 넘어서 경제 시스템의 적절성과 정당성을 평가하는 데 있다고 보았다. 즉 개인보다 집단, 가치중립적인 분석보다는 가치지향적(규범적)인 평가를 중시했다.

유럽에서 방법논쟁이 뜨겁게 진행될 무렵 산업혁명의 후발국가였던 미국에서도 비슷한 논쟁이 벌어졌다. 존스홉킨스대학교의 사이먼 뉴컴Simon Newcomb은 오스트리아학파의 주장을 따랐고, 같은 대학의 동료 리처드 일라이Richard Ely는 역사학파의 주장을 따랐다.

흥미롭게도 뉴컴과 일라이는 경제사상뿐만 아니라 인간적인 면모에서도 크게 대비된다. 원래 천문학자였던 뉴컴은 경제학보다도 물리학에 기여한 바가 더 크다. 제자인 앨버트 마이컬슨Albert Michelson과 함께 빛의 속도를 측정하는 방법을 연구했는데, 이들의 연구가 훗날 아인슈타인의 특수상대성이론에 밑거름이 되었다.* 경제학 분야에서 뉴컴이 이룬 업적은 화폐수량설을 세운 것이다. 뉴컴이 제시한 화폐수량설은, 당시 지배적인 이론이었던 진성어음주의와 배치된다. 진성어음주의는 통화량이 실물경제를 추종한다고 보는 데 비해서 화폐수량설은 통화량이 실

* 1905년 발표된 특수상대성이론은 빛의 속도가 항상 일정하다는 마이컬슨-몰리의 실험 결과를 해석하는 과정에서 나온 것이다.

물경제를 움직인다고 본다. 한편 뉴컴은 경제사상 면에서는 다소 진보적이었지만, 현실 참여에 대해서는 무척 소극적이었다.

다방면에서 재주가 있었던 뉴컴과 달리 일라이는 경제학 하나에 천착했다. 일라이는 정부 개입을 통해 경제가 발전하는 것을 지지하면서 의무교육, 독과점 금지, 노동조합 보장, 환경보존과 같은 중요한 가치를 큰 정부를 통해 실현해야 한다고 보았다. 그는 현실 참여에도 적극적이었다. 1885년 미국경제학회(AEA)를 세우고 초대 회장이 되었다.

그때 대다수 회원은 일라이의 생각에 동조했다. 독일의 역사학파처럼 경제학은 가치지향적인 학문이라고 믿는 학자들이 많았다. 하지만 지금의 미국 경제학계는 그때와 정반대다. 다른 나라들에 비해서 실증분석에서는 엄청나게 강하지만, 가치판단에는 소극적이다. 미국인 최초로 노벨 경제학상을 수상한 폴 새뮤얼슨Paul A. Samuelson의 영향이다. 새뮤얼슨은 수리적 분석에 집중했다.

방법논쟁에서의 고민은 오늘날에도 유효하다. 글로벌 금융위기 이후 폴 크루그먼Paul Krugman과 니알 퍼거슨Niall Ferguson 교수가 논쟁을 벌였다. 불황을 극복하기 위해서 재정 적자를 늘려야 하느냐가 논쟁의 주제였다.

재정지출 확대를 지지하는 프린스턴대학교의 크루그먼 교수는 "퍼거슨 교수는 역사만 알고 경제학을 모른다"고 비판했다. 이것은 오스트리아학파인 폰 미제스가 역사학파인 크나프를 향해 "경제문제의 해답을 역사책에서 찾을 수 있다고 착각한다"고 비판한 것과 똑같다. 반면 재정 적자 확대에 우려감을 갖는 하버드대학교의 퍼거슨 교수는 크루그먼에게 "케인스만 알고 역사를 모른다"고 비판한다. 이것 역시 역사학파의 한 사람이었던 미국의 알렉산더 델 마르Alexander Del Mar가 "역사에서 답을 찾는 것이 가장 쉽고 확실한 길"이라고 말한 것과 같은 맥락이다.

경제학은 위기 때마다 정체성과 방법론을 의심받는다. 경제학은 철학이나 수학과 같은 연역적 학문인가, 의학이나 생물학 같은 귀납적 학문인가? 경제학 연구는 종이와 연필만 있으면 가능한가, 통계자료와 컴퓨터가 있어야 하는가? 각종 경제 이론은 불변의 진리인가, 잠정적 가설인가? 선진국에서 발전한 이론이 신흥 시장국에 그대로 적용될 수 있는 일반이론인가, 아닌가? 경제학에서 역사적 경험이란 무엇인가?

이런 고민을 하다 보면, 경제학은 어느새 철학의 인식론과 비슷해진다. 이 책의 서문에서 "훌륭한 경제학자는 이미 절반의 철학자"라고 한 것도 바로 이런 점 때문이다.

밀리언
달러
베이비

3장

금융 혁신을 향한 촌놈의 좌충우돌

The Number-free Economics with Stories & Histories

20세기에 사라진 음모론

아주 먼 옛날부터 금융업은 경멸과 저주의 대상이었다. 특히 국민 대다수가 이민 올 때 뱃삯이 없어 계약 노예로 새 삶을 시작한 미국에서는 자본가를 서민의 적으로 봤다. 그런 적개심은 1791년 중앙은행을 세울 때 위헌론으로 나타났다. "종이는 돈의 유령일 뿐, 돈이 아니다(Paper is only the ghost of money, and not money itself)"라고 토머스 제퍼슨Thomas Jefferson 대통령이 일갈한 뒤 지폐를 발행하는 기관은 국민을 현혹하는 조직이라는 것이 중서부 지역 주민과 농민, 그리고 서민의 생각이었다. 그 바람에 첫 중앙은행은 20년 만에 문을 닫았다.

1816년 중앙은행을 다시 세운 것은 경제가 더 이상 뒤로 물러설 수 없을 정도로 크게 망가진 다음이었다. 하지만 그것도 20년밖에 가지 못했다. 오늘날의 연방준비제도(연준)는 미국에서 세 번째 중앙은행인데, 그것은 70년간 중앙은행 없이 견뎌 온 미국 경제가 1907년 사상 최악의 금융공황을 겪고 금융 시스템에 대한 자성론이 대두되면서 설립되었다.

지금도 완전히 사라지진 않았지만, 금융업을 향한 미국인의 저주, 혐오감, 경계심은 오늘날 놀랍도록 줄어들었다. 그리고 샌프란시스코를 중심으로 한 서부나, 시카고를 중심으로 한 중부의 금융업이 뉴욕의 월가에 비해 크게 뒤지지도 않는다. 그렇다면 건국 이래 대공황 때까지도 엄연히 존재했던 지역감정, 즉 뉴욕 월가를 향한 중서부 사람들의 혐오감은 언제 사라진 것일까? 미국 서부가 금융업이 잘 될 수 없다는 패배 의식을 극복한 계기는 무엇이었나? 누가 그런 변화를 이끌었는가?

지금부터 시작되는 이야기는 이 질문에 관한 대답이다.

가난한 이탈리아 이민자

불안한 정치 상황과 생활고에 시달리던 이탈리아 사람들에게 남북전쟁이 끝난 미국은 기회의 땅이었다. 대서양을 건너온 상당수 이탈리아 사람들은 동부 대도시에서 그들만의 터전을 만들었다. 뉴욕과 필라델피아 시내 한쪽 구석에 야채상과 작은 식당들이 몰려있는 '리틀이탤리Little Italy' 지역이 그것이었다. 그곳에 사는 사람들은 도시의 밑바닥 인생을 헤매면서 범죄자로 전락하기도 했다. 희대의 사기꾼 찰스 폰지와 마피아 두목 알 카포네, 그리고 마피아의 큰 형님뻘 되는 살인범 이그나치오 루포*같은 사람들이 그 예다.

그런 이유로 미국 사람에게 이탈리아 출신은 하류 인생으로 각인되었다. 권투선수의 이야기를 다룬 영화 〈록키〉의 주인공 록키 발보아가 그 예다. 경영인 리 아이어코카, 뉴욕시장 루돌프 줄리아니, 영화배우 로버트 드 니로, 가수 마돈나, 대법관 앤터닌 스캘리아 등 이탈리아계 사람이 떳떳하게 허리를 펴고 각 분야에서 두각을 나타낸 것은 20세기 후반에 이르러서다.

어떤 이탈리아 이민자는 앵글로색슨계가 텃세를 부리는 동부 대도시를 피해 멀찍이 서부로 향했다. 이탈리아 제노바 출신의 루이기 지아니니Luigi Giannini도 그랬다. 가톨릭교도였던 루이기는 아내 비르기니아와 함께 미국 캘리포니아 산호세에서 새 삶을 시작했다. 집이 없었던 그들은 1870년 봄 허름한 모텔방에서 큰아들 아마데오 Amadeo P.를 얻었다.

경제적으로 어려웠던 루이기는 미국에서 허리를 펴고 살아보기도 전에 갑자기 병으로 세상을 떠났다. 과부가 된 비르기니아는 열 살 난 아들 아마데오를 혼자 키우기 힘들었다. 과일 장수와 재혼하면서 그를 좇아 샌프란시스코로 거처를 옮겼다. 새 남편은 사업 수완이 좋은 사람이었다. 경기가 별로 좋지 않았는데도 샌프란시스코

* 살인을 밥 먹듯이 저지른 뉴욕 경찰의 골칫덩이 루포의 별명은 늑대(Lupo the Wolf)였다. 영화 〈펄프 픽션〉에서 존 트라볼타의 살인을 뒷수습해 주는 '늑대 윈스턴(Winston the Wolf)'의 모델이 루포다.

의 리틀 이탤리에서 과일과 야채 도매상을 하면서 꽤 짭짤한 수입을 거뒀다.

새아버지 밑에서 자란 아마데오 지아니니는 공부보다 장사하는 데 더 재미를 붙였다. 고등학교를 졸업하자마자 농부들에게 새로운 농약이나 농기구를 팔면서 구매 자금을 빌려주는 사업에 뛰어들었다. 오늘날의 리스업에 해당한다. 그 사업을 하려면 어느 정도 회계 지식이 필요한데, 지아니니는 이미 초등학교 때 새아버지한테 그것을 배워 통달했다. 새아버지 밑에서 지아니니는 부지런히 장사 수완을 배웠다.

지아니니는 열아홉 살이 되던 해 부동산 중개업자 코네오의 딸과 결혼했다. 결혼한 뒤에도 새아버지와 한동안 리스업을 동업했지만, 결혼한 지 10년이 되던 해 중단했다. 대신 장인을 도와 부동산 개발업에 발을 들여놓았다. 그런데 새로운 일을 채 익히기도 전에 장인이 세상을 떠났다. 지아니니가 서른한 살이 되던 해였다.

장인은 60만 달러를 남겼다. 지아니니는 장인에게 받은 회사 주식 대부분을 종업원들에게 넘겼다. 그런데 콜럼버스대부조합(Columbus S&L, 한국의 저축은행에 해당)은 포기하지 않았다. 영세자영업자를 상대하는 자그마한 금융기관인데, 오늘날로 치자면 미소금융微小金融 취급 기관에 해당한다. 그 일만큼은 제대로 키워보고 싶었다. 하지만 다른 동업자들은 담보 위주의 대출을 고집했다. 그런 방법으로는 한계가 있다고 판단한 지아니니는 콜럼버스대부조합을 정리하고 자기 업체를 따로 차렸다.

지아니니는 자기가 세운 금융기관 이름을 '뱅크오브이탤리Bank

1906년 대지진으로 폐허가 된 샌프란시스코 일대

of Italy'라고 지었다. 샌프란시스코 리틀이탤리 지역에 거주하거나 거기서 사업하는 영세자영업자가 목표 고객층이었다. 그들 대부분은 과거에 한 번도 은행거래를 해보지 않은 촌뜨기들이었다. 요즘 말로 하면 신용 정보 부족자(thin-filer)에 해당한다. 지아니니는 술집을 개조해서 사무실을 세운 자기 은행을 '꼬마 은행'이라고 불렀다. 꼬마 은행은 누가 봐도 미덥지 않았다. 그 은행에 예금하기를 주저하는 사람이 많았다. 그래서 지아니니는 자기 전 재산을 예금하면서 안전하다는 것을 보여주었다.

그렇게 조금씩 신용을 쌓아가고 있는데, 큰일이 닥쳤다. 은행을 세운 지 2년째인 1906년 샌프란시스코에 대지진이 일어난 것이다. 다행히 뱅크오브이탤리의 피해는 적었다. 지진을 경고하는 뉴스를 들자마자 샌프란시스코 교외에 살고 있던 지아니니가 트럭을 빌려 타고 사무실로 달려갔다. 직원들과 함께 돈과 장부들을 두 대의 트럭에 가득 싣고 돌아오는 길에 지진이 시작되었다.

도로는 엉망이 되고 도시는 폐허가 되었다. 지진이 지나간 뒤에는 곳곳에서 화재가 발생했다. 샌프란시스코 시내 대부분의 금융기관이 녹아버린 금고와 함께 사라졌다. 경쟁자는 줄었지만 새로운 고민거리가 생겼다. 무일푼이 된 고객에게 과연 대출을 할지 말지가 판단하기 어려웠다.

가까스로 지진 피해를 모면한 금융기관들은 의례 담보나 보증보험을 요구했다. 대출 서류는 복잡해지고 심사 기간은 길어졌다. 관공서 같은 뻣뻣함과 형식주의가 만연하면서 이탈리아 출신의 영세 자영업자들은 발을 동동 굴렀다. 이런 모습을 본 지아니니는 경쟁자들과 차별화하기로 결심했다. 우선 폐허가 된 길거리에 천막을 치고 사람들을 만났다. 사업 내용이 확실하다면 구입 물품을 담보로 선뜻 대출해 주었다. 얼굴 한 번 보고 서류에 사인만 하면 쉽게 돈을 빌려준다는 소문이 나자 사정이 어려운 영세 자영업자들과 중소기업 사장들이 구름같이 몰려왔다. 경쟁 은행들은 겁이 나서 감히 흉내 내지 못했다.

결국 대지진은 지아니니가 도약하는 발판이 되었다. 사람들이 몰려오는 바람에 술집을 개조해서 쓰던 사무실로는 감당하기 힘들었다. 그래서 큰 빌딩으로 옮겼다. 오늘날에도 샌프란시스코의 대표적인 건축물로 손꼽히는 콜럼버스타워였다.

사업이 제법 커지니 이제는 동부 은행가들에게서 선진 은행 경영

샌프란시스코 리틀이탤리 지역에 있는 콜럼버스타워. 한때 지아니니가 소유했으나, 지금은 영화 〈대부〉로 유명한 영화감독 프란시스 포드 코폴라 감독이 소유하고 있다. 고급스러운 레스토랑과 와인바로 유명하다.

기법을 배울 필요가 생겼다. 하지만 지아니니가 뉴욕에 가서 유수한 금융기관들을 만나보니 실망스럽기만 했다. 하나같이 주식에 투기하기에 바빴고 유동성은 늘 부족했다. 뉴욕에서 배울 것이 없다고 판단한 지아니니는 돌아와서 현장 밀착형 대출을 계속했다. 남들은 대손 위험이 크다고 하지만, 유동성만 충분히 확보하면 괜찮다고 생각했다.

지아니니의 생각은 정확했다. 1907년 10월 뉴욕에서 시작된 금융공황은 동부의 탐욕스러운 은행가들을 한꺼번에 날려 보냈다. 그때까지 뉴욕의 금융기관들은 규제의 허점을 이용해서 몸집을 부풀리기 바빴다. 주식을 담보로 받아 개인에게 대출해 주고, 다시 그 주식을 담보로 콜시장에서 서부 소형 은행들의 자금을 빨아들였다. 주식을 매개로 개인, 은행, 금융시장이 줄줄이 엮여 있었다.* 그런 방식이 유행했던 것은, 주식은 유동성이 높으니 유사시 그것을 팔면 쉽게 자금을 회수할 수 있으리라는 착각 때문이었다. 2008년 글로벌 금융위기 이전 미국의 주택저당채권담보부 신용증권(MBS), 2011년 저축은행 사태 이전 한국의 부동산 프로젝트파이낸싱(PF)이 안전하다고 여겨졌던 것과 똑같았다.

당시 니커보커신탁회사(Knickerbocker Trust)는 맨해튼에서 세 번째로 큰 신탁회사였지만, 속은 썩을 대로 썩은 투기꾼들의 집합소였다. 지금도 세계적으로 유명한 월도프 아스토리아 호텔 바로 옆에

* 오늘날 한국에서 부동산 PF를 매개로 부동산 개발업자, 금융기관, 금융시장이 줄줄이 엮인 모습과 비슷하다.

번듯한 사무실을 두고 있던 이 회사가 주가 하락으로 큰 손해를 봐 파산할 위험이 있다는 소문이 퍼지자 예금주들이 몰려들어 경쟁적으로 돈을 빼냈다.* 자금 인출 사태는 곧 맨해튼의 다른 신탁회사들로 번졌다. 자금 인출이 가속화되면서 담보물로 받았던 주식을 매각하는 것도 급격히 늘어났다. 금융공황이었다. 미국 역사에서 금융공황은 여러 번 반복되었지만 20세기 들어 처음 터진 1907년의 금융공황은, 가장 황당한 이유에서 터져서 가장 빠르게 번졌다.

그 금융공황은 많은 것을 바꾸었다. 70년 만에 중앙은행이 다시 만들어지고 지급준비제도가 도입되었으며, 과거 증권회사와 신탁회사까지 참가했던 콜시장은 페더럴펀드시장으로 전환되었다. 단기 급전을 주고받는 페더럴펀드시장에는 상업은행만 참가할 수 있도록 했다. 그 대신 담보가 필요 없게 되었다.**

금융공황의 첫 6개월은 참 고통스러웠다. 뉴욕의 신탁회사에 여

* 당시 상황은 2023년 3월 금리 상승에 따라 채권 투자 손실이 커진 미국 실리콘밸리은행에서 예금 인출 사태가 벌어진 것과 놀라울 정도로 똑같다. 한편 2023년 7월 한국에서도 비슷한 일이 벌어졌다. 미국 실리콘밸리은행 파산 이후 새마을금고 재무건전성을 의심하는 사람들이 예수금을 대량 인출했다. 그 바람에 새마을금고중앙회가 자금을 마련하기 위해서 금융시장에서 유가증권을 대량으로 팔았더니 시장 금리가 들썩였다. 다행히도 정책 당국의 주선으로 대형 은행들이 새마을금고중앙회에 환매조건부채권매매(RP) 방식으로 대출해서 사태는 금방 진정되었다. 이처럼 적절한 정부 개입은 매우 중요하다. 20세기 초 미국은 자유방임주의 때문에 그렇게 하지 못했다.

** 이후 증권회사들은 초단기 자금과부족을 조절할 때 주식이 아닌 국채를 담보로 활용한다. 그 시장을 환매조건부채권매매(RP) 시장이라고 한다. 페더럴펀드시장은 상업은행(정부투자 기관 포함)만 참가하고, RP시장은 증권회사와 상업은행이 함께 참가한다.

웃돈을 빌려주었던 서부 은행과 그 고객들은 함께 고통을 겪으면서 동부 사람들의 탐욕을 원망했다. 다행히도 지아니니만 이 사태에서 멀찍이 벗어나 있었다. 뉴욕 은행들과 돈거래를 하지 않았을 뿐만 아니라 유동성도 충분하게 확보하고 있었기 때문이다. 뱅크오브이탤리의 주주와 고객들은 다른 사람들이 고생하는 것을 보면서 지아니니에게 고마움을 느꼈다.

확장

지아니니는 이 사건을 통해 배운 것이 있었다. 지역마다 실물경제와 자금 사정이 다를 수 있기 때문에 여러 지역으로 지점을 분산해 놓으면 자금 관리가 쉬워지고 대출의 위험성은 낮아진다는 것이었다. 거래 규모가 큰 동부의 은행들과 상대하기 위해서라도 지점망 확장을 통해 몸집을 키울 필요가 있었다.

남북전쟁이 한창이던 1863년 에이브러햄 링컨 대통령이 국법은행법(National Bank Act)을 만들 때는 지점이라는 개념조차 없었다. 은행업을 허가하는 것은 연방정부가 아닌 주정부의 일이었고, 주정부는 은행의 지점 영업에 대해 각기 생각이 달랐다. 지점 영업을 인정하는 주와 인정하지 않는 주가 반으로 갈렸다. 은행 지점 간 자금 흐름을 종합해서 감시하는 능력이 없는 지역에서는 주정부가 지점 설립을 엄하게 금지했다. 어떤 주에서는 은행 간 과열 경쟁을 막는 취지에서 지점 설립을 제한하되, 주 은행연합회가 지점 설립을 자율적으로 규제토록 했다.

당시 중서부에서는 지폐를 남발하고 야반도주하는 부실 은행들이 흔했다. 그런 은행을 '들고양이 은행(wildcat bank)'이라고 불렀다. 들고양이 은행이라는 오해를 없애는 가장 좋은 방법은 지점을 여러 곳에 두고 영업하는 것이다. 그래서 캘리포니아주는 서부에 있으면서도 지점 영업에 대해서는 굉장히 관대했다. "본점과 이름이 같을 것"이라는 규정만 두고, 지점망 확장에 대해서는 일절 개입하지 않았다.

그런 배경에서 20세기의 첫 10년간 캘리포니아주에서는 은행의 지점망 확장이 두드러졌다. 캘리포니아 인구도 10년간 60퍼센트나 늘었다. 인구는 늘고 자본은 부족하니, 은행을 새로 설립하는 것보다 기존 은행들이 지점망을 늘리는 방법이 유행했다.

지아니니도 지점 영업에 눈을 떴다. 85년 뒤 우피 골드버그 주연의 코미디 영화 〈시스터 액트〉의 무대가 된 샌프란시스코 사도바울 성당 바로 옆에 첫 지점을 세웠다. 이후 로스엔젤레스에도 진출했다. 그러면서 고객층도 다양해졌다. 가난한 이탈리아 이민자뿐만 아니라 돈 많은 영국계 이민자까지 고객으로 맞았다.

미소금융을 넘어서 여러 도시에 지점을 둔 어엿한 상업은행으로 부상하자 주정부가 슬슬 경계하기 시작했다. 로스엔젤레스 출신의 조너선 도지Jonathan Dodge가 주정부 금융감독관으로 임명되자 뱅크오브이탤리를 노골적으로 압박했다. 로스엔젤레스 쪽으로는 더 이상 사업을 확장하지 말라는 메시지를 보냈다. 그러자 지아니니는 새로운 전략을 짰다. 주정부보다 힘이 센, 연준의 회원이 되는 것이다.

1914년 출범한 연준은 회원제로 운영되었다. 연준에서 대출받는 것만 포기하면, 연준 클럽에 가입을 거부하고 지급준비의무도 피할 수 있었다. 그래서 1917년 샌프란시스코 연준이 회원 가입을 권유했을 때 지아니니는 응하지 않았다. 하지만 캘리포니아 주정부가 "회계장부 관리가 엉성하고, 부실 자산이 많으며, 자산이 과대 평가된 것 같다"는 대단히 주관적인 이유로 지점망 확장을 가로막자 태도를 바꿨다. 연방준비제도의 회원이 되어 주정부 따위의 감독과 간섭을 벗어나겠다고 생각했다. "우리 은행의 지점망 확대를 방해하지 않는다면, 기꺼이 연준의 회원이 되겠다"는 편지를 워싱턴 D.C.에 있는 윌리엄 하딩William Harding 연준 의장에게 보냈다.

연방준비제도가 확장되기를 바라던 하딩 의장은 그 요구 조건을 흔쾌히 받아들였다. 뱅크오브이탤리는 1919년 연준에 가입한 뒤 지점망 확대를 이어갔다. 1921년 말 24개 도시에 61개 지점을 거느린, 서부의 최대 은행으로 커졌다.

그러나 그것 때문에 잃는 것도 있었다. 대지진 직후 영세 자영업자에게 흔쾌히 대출해 주던 '서민의 친구'라는 이미지가 사라졌다. 그 대신 경쟁 금융회사를 집어삼키며 몸집을 불리는, 동부 은행가의 아류라는 평판이 따랐다. 경쟁 은행들이 잔뜩 겁을 먹고 적개심을 키우자, 지아니니는 난감했다. 생각 끝에 로비스트를 고용했다.

윌리엄 맥아두William Mcadoo 전 재무장관이 로비스트로 고용되었다. 맥아두는 5년 6개월간 재무장관으로 일하는 동안 연준법을 만들고, 12개 지역 연준을 일일이 세웠으며, 그 법에 따라 초대 연준 의장으로도 활동했다. 한마디로 말해 맥아두는 연준의 산 증인이었다. 캘리포니아 출신의 맥아두를 앞세운 덕분에 지아니니는 지점망을 넓힐 때마다 연준의 승인을 어려움 없이 받아냈다. 캘리포니아주 은행예금의 4분의 3이 뱅크오브이탤리로 몰렸다.

시장점유율이 이렇게 높아지자 경쟁 은행은 물론이고, 주정부와 연방정부까지 견제하려는 움직임이 커졌다. 이제는 완전히 새로운 영업 전략이 필요했다. 우선 캘리포니아에만 머물지 않고 다른 주까지 진출하기로 했다. 그리고 뱅크오브이탤리를 쪼개서 여러 은행으로 나누었다. 물적 분할을 통해 뱅크이탤리Bankitaly, 리버티뱅크Liberty Bank와 함께 뱅크오브아메리카Bank of America라는 새 은행들을 만들었다.

그것은 지점 신설에 대한 연방정부와 주정부의 입장 차이를 고려한, 영리한 전략이었다. 지금도 그렇지만 남북전쟁 이래 미국에는 은행의 골품제도가 있다. 국법은행(national bank)과 주법은행(state bank)이다. 국법은행은 연방정부 차원에서 감독을 받고, 주법은행은 주정부의 감독을 받는다.* 그런데 팔은 안으로 굽기 마련이므로 주정부는 주법은행 편에 서서 국법은행의 진입을 견제했다. 다른 주에 본점을 둔 국법은행이 자기 주에서 영업할 때는 지점 대신 출장소를 세우고, 입출금 업무만 하도록 제한하는 경우가 많았다. 따라서 지아니니가 다른 주에 진출하려면 해당 주에 주법은행을 따로 세울 필요가 있었다. 그런 것을 계산한 지아니니는 레그테크RegTech**의 귀

* 1980년 통화관리법이 제정된 이후에는 주법은행도 연방정부(연방준비위원회)의 감독을 받는다.

** 금융 규제(regulation)를 잘 이용해서 영업을 유리하게 만드는 기술(technology)이라는 신조어다.

재였다.

국법은행의 지점 확대에 대한 주정부의 견제는 상업은행들이 연준을 탈퇴하여 다시 주법은행으로 전환케 하는 원인이었다. 그런 일이 심심치 않게 벌어지자 힘들게 도입한 연방준비제도가 와해될 수도 있다는 경각심이 일어났다. 5년간의 긴 논의 끝에 1927년 맥패든법(McFadden Act)이 제정되었다. 국법은행과 주법은행이 지점 설치에서 동등한 대우를 받는다는 내용이었다. 그 법을 만들 때 타협안으로서 주법은행과 국법은행 간의 합병이 금지되었다. 즉 대형 국법은행이 기존 소형 주법은행을 인수 합병하는 방식으로 다른 주에 진출하지 못하도록 했다. 다분히 지아니니를 견제하는 데 목적이 있었다. 그 때까지 지아니니는 소소한 주법은행들을 인수 합병하는 식으로 영업을 확장해 왔다.

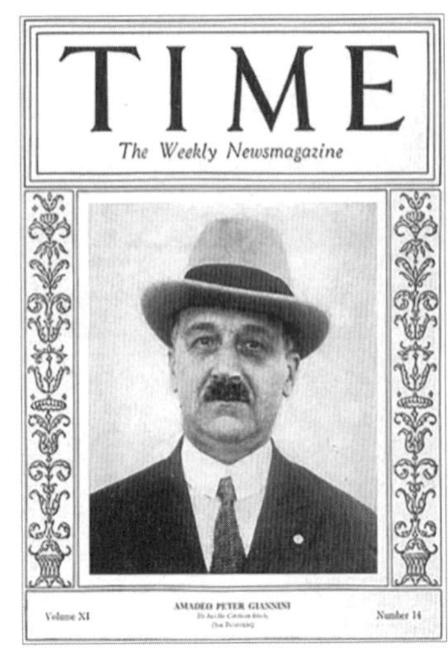

1928년 타임지 표지를 장식한 아마데오 지아니니

자신을 겨냥한 맥패든법이 제정되자 지아니니는 영업 전략을 또 바꿨다. 지점 설립에 관한 연방정부와 주정부의 규제 차이가 사라졌으므로 더 이상 은행을 여러 개로 나눌 필요가 없어졌다. 1927년 3월 지아니니는 자기 소유의 은행들을 몽땅 하나로 묶어서 뱅크오브아메리카로 합병했다.* 138개 지점망과 3억 6,000만 달러의 예금액을 가진, 미국에서 두 번째로 큰 은행의 탄생이었다. 가난한 이탈리아 이민자만을 상대하던 '꼬마 은행'이 이름 그대로 미국의 은행으로 변신한 것이다.

지아니니는 집 없는 부모 밑 싸구려 모텔방에서 태어났다. 그는 미소금융으로 금융계에 발을 들여놓았다. 그런데 초대형 은행을 움직이는 은행가가 되었으니 지아니니가 스스로 생각해도 대견한 일이었다. 지아니니는 더 이상 자신을 우습게 아는 사람은 없을 것이라고 믿었다. 착각이었다.

충돌

뱅크오브이탤리 시절에는 주정부가 견제를 하더니, 뱅크오브아메리카로 합병하니까 이번에는 연방정부, 즉 워싱턴 D.C.의 연준이 제동을 걸었다. 지아니니 한 사람의 지분 비율이 너무 높아서 사금고에 가깝다고 판단하고, 대주주 지분율을 낮추기 전에는 영업망 확대를 더 이상 승인하지 않겠다고 통보했다. 그러자

* 지아니니가 세운 뱅크오브아메리카의 정식 이름은 Bank of America N.T.&S.A.다. 여기서 N.T.&S.A.는 'National Trust and Savings Association'의 약자로서 그 뿌리가 서민금융에 있음을 강조하는 표현이다. 하지만 1998년 러시아 모라토리엄 사태로 내이션스뱅크Nations Bank와 합병할 때 S.A.는 삭제되고 뱅크오브아메리카 N.T.로 변경되었다.

J.P.모건의 아들 잭 모건. 아버지에 이어서 미국 금융계의 대부였다.

지아니니가 다른 수를 생각했다. 동부의 은행들과 지분을 맞교환하여 뱅크오브아메리카에서 자신의 지분율은 낮추는 것이다.

지아니니는 잭 모건J.P. Morgan, Jr.을 전략적 제휴 대상으로 생각했다. 금융계에서 잭 모건의 영향력은 아버지인 J.P. 모건에 못지않았다. 잭의 인맥은 미 연준 안에도 쫙 깔려 있어서 은행 감독 정책에 충분히 입김을 넣을 정도였다. 따라서 뱅크오브아메리카가 계속 지점을 확대하고, 여러 가지 인수 합병 계획을 연준에 허락받으려면 잭의 도움이 절실했다.

잭 모건이 보기에 서부의 은행들은 하릅강아지에 불과했다. 잭 모건은 지분 맞교환을 제안하려고 찾아온 지아니니에게 "나와 면담하는 것만으로도 영광으로 알라"는 태도를 보였다. 그리고 지분 맞교환을 통해 뱅크오브아메리카 경영을 돌보는 데 대한 수고비, 즉 특혜를 요구했다.

잭 모건은 유명한 인종차별주의자였다. 1차 세계대전이 끝난 직후 연방정부가 독일 투자를 권유하자 "독일 놈들은 2등 국민이니까 투자할 가치가 없다"면서 거절했다. 하버드대학교 운영위원회에 출석해서는 유태인이나 가톨릭 신자는 입학시키지 말 것을 공공연히 요구하기도 했다. 잭은 지아니니 앞에서도 자기 생각을 거침없이 털어놓았다.

> "유태인들은 항상 자기들이 먼저고 미국인들은 뒷전에 놓습니다. 가톨릭 신도도 마찬가지지요. 교황이 최우선이고 미국은 그다음 아닙니까?"

지아니니는 가톨릭 신자였으므로 모건이 내뱉는 가톨릭 혐오 발언이 몹시 불편했다. 하지만 참았다. "회장께서 허락만 해주신다면, 감사히 동업하겠습니다"라고 말하며 전략적 제휴를 요청했다.

그리하여 모건이 뱅크오브아메리카에 100만 달러를 투자했다. 그런데 주당 100달러를 넘을 것으로 생각했던 뱅크오브아메리카의 주가는 25달러 수준에서 더 오르지 않았다. 잭 모건이 이의를 제기했다. 자기가 투자했는데도 주가가 안 오르는 것은, 뱅크오브아메리카의 경영진에 문제가 있기 때문이라면서 하면서 임원진을 제멋대로 교체했다.

그것은 인사 문제를 넘어, 소액 주주가 경영권에 도전하는 중대한 사태다. 지아니니는 모건의 영향력을 이용하려고 했었는데, 오히려 모건이 자기 경영권을 흔들게 생겼다. 지아니니는 어릴 때 들었던 말을 떠올렸다. 새아버지는 장사의 기본을 가르쳐주면서 "동부 사람들은 믿을 수 없으니 절대로 돈거래를 하지 말라"고 했었다. 그때 유럽에 머물고 있던 지아니니는 경영진 교체 소식을 듣고 급히 귀국했다. 그리고 1929년 1월 전격적으로 지주회사인 트랜스아메리카Transamerica Corp.를 세우고, 뱅크오브아메리카의 지분율을 63퍼센트까지 높였다. 그리고 잭 모건이 임명한 경영진을 전격적으로 갈아치웠다. 모건과의 결별이었다.

미국을 대표하는 금융계의 대부와 노골적으로 적대 관계에 이른 지아니니는 계속 사업하기가 어려워졌다. 나이를 생각하면 은퇴할 때도 되었으니 지주회사를 관리할 사람을 찾았다. 그런 생각으로 고른 사람이 엘리샤 워커Elisha Walker였다. 맨해튼 출신이라는 점이 마음에 걸렸지만, 잘난 척하지 않고 고분고분하다는 평판을 믿고 회장 자리를 맡겼다. 자기 아들 마리오에게는 그 아래 사장직을 맡아서 좀 더 경영 수업을 받도록 했다. 그리고 다시 유럽으로 떠났다.

변신

동부 금융계에서 잔뼈가 굵은 워커 회장은 원래 변호사였다. 취임한 지 몇 달 뒤 대공황이 시작되자 뱅크오브아메리카를 자기가 운영하던 변호사 사무실처럼 운영했다. 대출금을 서둘러 회수하는 데 매달렸다. 그의 밑에서 일하는 마리오는 아버지의 경영 방침과 워커의 경영 방침이 너무 달라서 기가 막혔다. 뱅크오브이탤리 시절 아버지는 "위기가 기회"라며 금융시장이 경색될 때 오히려 공격적으로 영업을 넓혔다. 그래서 워커 회장의 결정을 인정하기 어려웠다. 어느 날 회의하던 도중에 마리오가 워커에게 사표를 던졌다. 감정에 흔들린 나머지 엄청난 실수를 저지른 것이다. 뱅크오브아메리카 지주회사의 경영권이 통째로 워커 손으로 넘어가게 생겼다.

지아니니는 부랴부랴 유럽에서 돌아와 판세를 돌이키려 했으나 쉽지 않았다. 얼굴마담으로 영입했던 워커가 주인 행세를 하자 지아니니는 '더러운 싸움'으로 맞섰다. 우선 워커의 천문학적 월급 명세표를 언론사에 뿌려 평판을 떨어뜨렸다. 20만 명의 주주들에게 '굴러들어 온 동부 깍쟁이냐, 터줏대감이냐?'를 묻는 편지를 돌리면서 지역감정을 건드렸다. 추잡한 폭로전과 인신공격이 이어지던 끝에 승기를 잡은 것은 마당발 지아니니였다. 지아니니는 우호적 주주를 더 많이 확보한 뒤 워커를 해임했다. 지아니니가 잭 모건에 이어서 월가 출신과 싸워서 거둔 두 번째 승리였으며, 금융계 복귀의 신호탄이었다.

하지만 손실도 컸다. 대공황의 와중에 워커와 경영권을 다투느라 예금이 빠지고 부실 자산도 크게 늘었다. 1931년에는 마침내 배당마저 중단해야 했다. 파산 가능성도 염두에 두어야 할 상황이었다. 다행히도 허버트 후버Herbert Hoover 대통령이 재건금융공사를 설립해서 위기에 처한 금융기관에 대출을 시작했다.* 지아니니는 재건금융공사의 대출 창구를 두드렸다.

하지만 재건금융공사의 일처리는 너무 한심했다. 6개월마다 사장이 교체되는 가운데 직원들은 답답할 정도로 소극적이었다. 대출 심사는 더디고, 담보 조건은 엄청나게 까다로웠다. 존폐의 기로에 섰을 때 정부에 아무 도움을 받지 못한 지아니니는 공화당 정부에 대한 지지를 접었다. 지아니니는 원래 공화당원이었다. 상공부 장관을 7년 반이나 했던 후버 대통령이 경제문제만큼은 잘 처리하리라 기대했다. 그런데 대공황 앞에서 후버는 무기력했고, 위기 대응 능력은 초라했다.

무엇보다도 참을 수 없는 일은, 후버 대통령이 샌프란시스코 연준 총재인 존 캘킨스John Calkins를 해임하지 않은 것이었다. 캘킨스는 지아니니와 경영권을 다투다가 물러난 워커와 아주 가까운 사이였다. 그래서 캘킨스는 뱅크오브아메리카의 모든 영업 활동에 대해 사사건건 시비를 걸었다. 참다못한 지아니니가 후버 대통령에게 캘킨스를 해임할 것을 건의했지만, 대통령은 듣지 않았다. 후버 대통령도 샌프란시스코 출신이어서 캘킨스와 상당히 친했다. 대학교를 다닌 적이 없는 지아니니는, 같은 샌프란시스코 출신이기는 하지만

* 재건금융공사(Reconstruction Finance Corporation)는 대공황 당시 금융기관 지원을 위해 설립된 정책금융 기관이다. 1차 세계대전 때 군수업체 지원을 목적으로 설립된 전쟁금융공사(War Finance Corporation, 1918~1939)를 모델로 1932년 설립되었다가 1957년 해체되었다. 일본과 한국은 정책금융 기관을 항구적으로 운영하지만, 미국은 한시적으로 운영하는 경향이 있다.

스탠퍼드대학교 우등생이었던 후버에게 큰 거리감을 느꼈다.

이때 조지프 케네디가 접근했다. 조지프 케네디는 원래 보스턴 출신의 사업가인데, 뉴욕주 브롱크스 빌로 이사한 뒤 프랭클린 루스벨트 주지사와 가까워졌다. 그러다가 루스벨트 주지사가 대통령 후보로 나서자 그의 재정 후원자가 되었다. 조지프 케네디는 루스벨트 후보 지지 운동을 위해 전국을 돌아다니다가 캘리포니아에서 지아니니를 만났다. 그리고 그를 뉴욕주의 자기 집으로 초대했다.

6에이커나 되는 케네디의 저택에는 방만 21개였다. 이 집에 갔더니 새로 전학한 학교에서 보이스카우트가 되었다고 폴짝폴짝 뛰어놀던 초등학생 아들이 마중을 나왔다.* 훗날 35대 대통령이 되는 존 F. 케네디John F. Kennedy였다. 그날 지아니니는 동부 사람에 관한 생각을 바꿨다. 그가 아는 동부 사람들은 잭 모건처럼 거만하거나, 엘리샤 워커처럼 음흉했다. 그런데 케네디 집안사람들은 사교적인 데다가 교양도 넘쳤다. 거칠게 자수성가했던 자기와 자기 집안의 분위기와는 사뭇 달랐다. 기분이 좋아진 지아니니는 "후버와는 손을 끊고 앞으로 민주당 대선 캠프에 합류하시죠"라는 조지프 케네디의 제안을 흔쾌히 받아들였다.

예상대로 루스벨트 후보가 압승했다. 당선인 루스벨트는 지아니니를 불렀다. 두 가지 목적 때문이었다. 첫째는 자기를 지지해 준 것에 고맙다는 뜻을 전하는 것이고, 둘째는 뉴욕주 출신인 루스벨트가

* 존 F. 케네디 대통령은 보이스카우트 출신의 첫 대통령이다. 이밖에 조지 부시 부자, 빌 클린턴, 버락 오바마, 조 바이든 대통령이 10대 시절 보이스카우트 활동을 했다. 한국에서는 윤석열 대통령이 유일하다.

1933년 1월 프랭클린 루스벨트 대통령 취임식장으로 향하는 차량에 동승한 신구 대통령의 냉랭한 표정. 후버 대통령(왼쪽)은 건설사 사장과 상공부 장관(7년 반)을 역임했기 때문에 경제정책에 대한 자부심이 컸다. 따라서 대통령 당선인 루스벨트(오른쪽)가 후버의 면담 요구를 거절하면서 경제정책에 관한 전임 대통령의 충고를 일절 듣지 않겠다고 발표했을 때 자존심이 엄청나게 상했다.

서부의 금융계를 끌어안았다는 사실을 언론에 과시하기 위해서였다. 참고로 루스벨트 대통령은 대공황의 주범으로 지탄받던 동부 금융계에 대해서는 임기 내내 쌀쌀맞게 대했다.

루스벨트 행정부의 첫 내각은 지아니니에게 환상적이었다. 은행 감독 업무를 수행하는 통화청장에는 캘리포니아주 판사 제임스 오코너James O'Connor가 임명되었다. 오코너는 지아니니가 로비스트로 고용했던 맥아두 전 재무장관의 친구였다.* 대통령 비서실장에는 지아니니의 친구 마빈 매킨타이어Marvin H. McIntyre가 임명되었다.

* 1932년 선거에서 맥아두는 캘리포니아주 상원의원으로 당선되었다. 지아니니는 천군만마를 얻은 셈이다.

그리고 그토록 비협조적이던 재건금융공사의 사장에는 지아니니의 또 다른 친구 제시 존스가 임명되었다. 존스는 취임하자마자 8,000만 달러를 뱅크오브아메리카에 대출했다. 뱅크오브아메리카는 그 돈을 1년 만에 갚고 경영을 정상화했다.

승승장구

1933년 3월 4일 대통령 취임식이 끝나자마자 루스벨트는 5일간 은행 영업정지를 선언했다. 악화일로에 있었던 예금 인출 사태를 진정시키기 위해서였다. 그 조치가 종료되기 전날인 3월 8일 의회는 백악관에서 넘어온 긴급은행법(Emergency Banking Act of 1933)을 한 시간 만에 통과시켰다. 그 법에 따라 은행 영업정지가 3월 13일까지 연장되었다. 그동안 연준은 은행들을 전수조사해서 재무건전성을 확인하고 건전한 은행만 영업을 재개하기로 했다. 또한 연방예금보험공사(FDIC)를 세워 예금자를 보호키로 했다.

루스벨트 행정부에 자기 인맥이 포진하고 있으므로 지아니니는 월요일인 3월 13일 당연히 뱅크오브아메리카도 정상 영업을 시작하리라 기대했다. 그런데 방해꾼이 나타났다. 자기가 그토록 미워했던 샌프란시스코 연준 총재 캘킨스가 "뱅크오브아메리카의 방만한 대출과 지나친 배당정책 때문에 영업 재개를 허가해서는 안 된다"는 건의서를 연방준비위원회에 제출한 것이다. 일요일인 3월 12일 오후 3시까지도 뱅크오브아메리카의 영업 재개 여부가 결정되지 않았다. 견원지간인 샌프란시스코 연준 총재 캘킨스의 몽니가 분명했다.

우드로 윌슨 대통령의 사위이자 재무장관이었던 윌리엄 맥아두. 재무장관 시절, 대통령을 꿈꾸며 현직 대통령 윌슨의 막내딸(26세 연하)과 백악관에서 결혼했으나, 윌슨 사망 후 이혼하고 71세의 나이에 45세나 어린 간호사와 재혼했다.

정보망을 통해서 이 소식을 전해 듣자 지아니니가 재빨리 움직였다. 일요일 오후 내내 수십 명의 거물에게 전화를 돌렸다. 그날 윌리엄 우딘William Woodin 재무장관은 맥아두 상원의원과 대통령 비서실장 등 굵직한 사람들의 전화 공세에 시달렸다. 가뜩이나 할 일이 많은데 뱅크오브아메리카의 영업 재개를 촉구하는 전화에 짜증이 났다. 그래서 캘킨스에게 전화를 걸어 화를 냈다.* "캘킨스 씨, 뱅크오브아메리카 같은 대형 은행이 문을 못 열게 되면 어떤 일이 생길지 생각이나 해봤소? 혹시라도 문제가 생긴다면 다 당신이 책임지시오!"라고 엄포를 놓았다. 그러자 캘킨스는 기어들어 가는 목소리로 다시 생각해 보겠다고 대답했다. 일요일 저녁 늦게 뱅크오브아메리카의 영업 재개 허가가 떨어졌다. 지아니니의 승리였다.

고비를 넘긴 뱅크오브아메리카에 더 큰 영업 확장 기회가 찾아왔

* 당시 연준위원회는 재무부 건물 안에 있었고 재무부의 산하기관 정도로 취급되었다. 그러니 우딘 재무장관이 연준 의장을 제치고 민간인인 지역 연준 총재에게 업무를 지시하는 것은 이상한 일이 아니었다.

다. 1933년 12월 제21차 개헌을 통해 금주법이 폐지되면서 캘리포니아의 포도밭과 포도주 양조장은 전국 어느 기업보다도 유망한 대출처가 되었다. 지아니니는 포도주 양조장에 즉각 600만 달러를 대출했다. 그의 친구 제시 존스가 사장으로 있는 재건금융공사가 보증까지 해주어서 그야말로 땅 짚고 헤엄치는 사업이었다.

이제 지아니니는 자기 사업을 방해하던 캘킨스를 손보기로 했다. 캘킨스의 업무 능력이 형편없다는 내용의 편지, 전화, 공문을 워싱턴 D.C.로 끊임없이 보냈다. 실제로 캘킨스는 초저금리인 대공황 상황에서 자금을 더 풀면 위험하다면서 돈줄을 조여 기업들의 파산을 부추겼다. 1936년 연방준비위원회는 캘킨스의 임기가 끝나자 새 인물로 교체했다. 신임 윌리엄 데이 총재는 지아니니와 가까웠다. 그럼으로써 지아니니는 워싱턴의 연방준비위원회와 정계, 그리고 샌프란시스코 연준을 몽땅 자기편으로 만들었다. 더 이상 장애물은 없었다. 루스벨트 대통령의 후광까지 받은 지아니니는 크고 작은 일에 관해 워싱턴 D.C.와 연락을 주고받으면서 자기 사업 계획을 관철했다.

그는 맥아두 상원의원을 동원해서 더욱 공격적으로 지점망을 확장했다. 맥아두 상원의원의 언질을 받은 연방준비위원회는 뱅크오브아메리카가 캘리포니아주 255개 타운에서 423개 지점을 세우는 것, 지주회사인 트랜스아메리카가 네바다에 작은 은행들을 인수하는 것, 나아가 트랜스아메리카가 뉴욕의 시티은행 주식을 10퍼센트나 보유하는 것까지도 모두 허가했다.

이것은 실로 동부 금융계에 대한 지아니니의 통쾌한 보복이었다.

1919년 지아니니는 소형 은행인 이스트리버은행을 인수하면서 기분 좋게 동부로 진출했었다. 그러나 1928년 잭 모건이 뱅크오브아메리카의 경영진을 교체하면서 월가와 싸우는 관계로 바뀌었다. 이후 맨해튼 출신의 엘리샤 워커도 지아니니의 경영권을 위협했다. 그 모든 도전을 넘기고 이제는 지아니니가 동부 사람들을 압도하는 위치에 섰다.

더욱 기분이 좋았던 것은 연방준비제도의 최정상에 자기와 뜻이 맞는 사람이 있다는 사실이었다. 지아니니는 원래 연방준비제도에 대해 회의적이었다. J.P. 모건이 탄생 과정에 개입했을 뿐만 아니라 그의 아들 잭 모건이 영향력을 행사해서 연방준비제도는 '동부 금융계의 이익을 대변하는 사조직'에 불과하다고 의심했다. 그런데 월가가 아닌 서부 유타주 출신의 매리너 에클스Marriner Eccles가 연준의 새로운 의장에 올랐다. 그가 연방준비제도법(연준법)을 개정하려고 할 때 뉴욕 금융계는 "대통령이 임명한 사람들이 통화정책과 은행 감독의 주도권을 잡는다면 월가의 힘이 줄어든다"면서 반대했지만, 지아니니는 열렬히 지지했다. 미국 은행계의 DNA를 바꾸는 계기라고 믿었기 때문이다. 법안이 통과되자 지아니니는 에클스 의장에게 "개정된 연준법은, 통제받지 않는 권력 맨해튼에 서부 금융계가 재갈을 물리는 쾌거이자 기념비"라며 축하 서한을 보냈다.

정치적 배경이 든든했던 지아니니는 누구도 따라오지 못할 만큼 과감하고 혁신적으로 영업을 밀어붙였다. 대부분의 은행은 부동산 담보대출의 만기를 1년 정도로 제한했지만, 뱅크오브아메리카는 최장 5년까지 기간을 늘렸다. 그리고 담보대출만 늘린 것이 아니라 사업성을 보고 벤처 투자도 늘렸다.

연준법 개정안이 통과된 지 넉 달 뒤 루스벨트 대통령이 캘리포니아로 찾아와서 지아니니를 만났다. 그리고 연방준비위원회 위원이 될 생각이 없느냐고 물었다. 그 소식이 알려지자 소형 은행들이 반기를 들었다. 뱅크오브아메리카는 캘리포니아의 매머드 은행이었기 때문에 지아니니가 통화정책과 은행 감독에 참여하는 것은 소형 은행들에 엄청난 위협이었다. 벤 두보아Ben Dubois 소형 은행 연합회장이 지아니니의 임명을 반대한다는 편지를 백악관으로 보냈다. 편지를 받은 대통령은 지아니니의 연준 위원 지명을 철회했다. 그런데도 루스벨트 행정부를 향한 지아니니의 지지는 변함이 없었다. 뉴딜 정책이 계속되면서 개혁 피로감이 커졌을 때도 지아니니는 주변 사람들에게 "대공황을 잊지 말라"면서 1936년 대선에서 루스벨트를 지지했다.

하지만 4년 뒤 1940년 대통령 선거 때는 달랐다. 지아니니는 3선에 도전하는 루스벨트 대통령 대신 공화당의 웬델 윌키Wendel Willkie 후보를 공개적으로 지지했다. 1936년부터 4년 동안 지아니니와 루스벨트 행정부 사이에 도대체 무슨 일이 있었던 것일까?

악연

루스벨트 행정부 출범 초기에는 민주당 내에서도 뉴딜 정책을 곱게 보지 않는 사람들이 많았다. 당대 최고의 금융통이라고 알려진 카터 글라스Carter Glass 상원의원은 연방정부의 권한이 너무 확대된다는 생각에 재무장관 제의를 거절했다. 우여곡절 끝에 임명된 윌리엄 우딘은 중병에 걸려 곧 사퇴했다. 딘 애치슨Dean Acheson 차관이 장관직을 대행했다. 그는 골수 민주당원이었지만, 금태환을 중단하고 달러화 약세를 유도하려는 루스벨트 대통령의 방침에 공개적으로 반대했다. 애치슨 역시 6개월 만에 사임했다.*

그런 우여곡절 끝에 헨리 모겐소Henry Morgenthau Jr.가 재무장관에 올랐다. 모겐소는 최초의 유태계 재무장관인데, 뉴욕주 출신이라서 루스벨트 부부와는 오래전부터 잘 알았다. 그런 인연으로 루스벨트가 사망할 때까지 무려 11년 6개월을 재무장관으로 지냈다.

부유한 실업가 출신인 모겐소는 보수 성향이 강했다. 따라서 처음에는 뉴딜 정책에도 그다지 적극적이지 않았다.** 뱅크오브아메리카의 문어발식 영업 확장 전략도 비정상이라고 보았다. 민주당이 전통적으로 지지해 온 반독점 정책에 저촉된다고 보았기 때문이다. 뱅크오브아메리카가 배당을 후하게 주는 것도 주주에게 인기를 끌

* 애치슨은 루스벨트 행정부를 떠난 뒤 트루먼 행정부에서 다시 국무부 차관과 장관을 지냈다. 그는 1950년 1월 기자협회 연설에서 "유사시 한국을 미국의 극동 방위선에서 제외할 수 있다"는 취지의 연설을 해서 소련과 북조선의 전쟁 도발 야욕을 자극했다. 그래서 한국인에게 애치슨은 잊을 수 없는 인물이다.

** 루스벨트 행정부에서 확장적 재정정책에 가장 적극적인 사람은 모겐소 장관의 보좌관이었던 에클스였다. 에클스는 모겐소의 추천으로 연준 의장에 임명되는데, 그 이후 모겐소와 에클스는 경제정책 전반에 걸쳐 사사건건 충돌한다. 이점은 다음 장에서 소개한다.

기 위한 포퓰리즘일 뿐이라고 생각했다.* 그것은 이탈리아계 사람들을 바라보는 유태계 사람들의 일반적 시선이었다.

1936년 1월 지아니니가 트랜스아메리카 지주회사의 이사회 의장으로 물러나고 아들 로렌스 마리오가 회장 자리를 물려받았다. 젊은 마리오가 지휘봉을 잡으면서 그 자회사인 뱅크오브아메리카는 한층 더 공격적으로 영업을 확장했다. 한동안 집중했던 부동산 대출 비중은 낮추고 자동차 구매 자금 대출 업무를 확대했다. 자동차 대출은 주로 보험사가 취급하던 업무인데, 이자가 연13퍼센트를 넘었다. 자동차 보급이 빠르게 확산되기 때문에 자동차를 담보로 한 대출은 비교적 안전할 뿐만 아니라 성장성과 수익성이 높았다고 판단한 뱅크오브아메리카는 매년 자동차 구입 대금의 15~30퍼센트만 갚도록 하는 '타임플랜Timeplan'이라는 대출 상품을 대대적으로 선전했다.

타임플랜의 대출금리는 보험사보다 낮았다. 소비자들이 구름같이 몰려들었다. 대출 취급 1년 만에 GM사의 뒤를 이어 자동차 구매 자금 대출 시장에서 두 번째로 높은 시장점유율이 차지했다. 나중에는 일반 보험사들이 뱅크오브아메리카에 수수료를 내면서 타임플랜을 취급할 정도였다.

모겐소는 뱅크오브아메리카의 공격적인 영업 확장이 반드시 문제를 일으킬 것이라고 믿었다. 게다가 지아니니 측은 맥아두, 글라

* 고물가와 고금리로 경제가 어려울 때 배당을 많이 하는 상업은행들을 윤석열 정부가 곱지 않게 보는 것과 비슷하다. 일반적으로 은행 수익은 경기가 나쁠 때 두드러지므로 은행은 미움을 받기 쉽다.

스, 스티걸 등 의회에 깔아놓은 인맥을 통해서 의회의 입법 활동까지 개입했기 때문에 견제가 필요하다고 생각했다. 당시 지아니니는 12개 지역 연준의 관할구역을 벗어나지 않는 이상 지점망 확대를 완전히 자유화하는 법을 만들려고 로비 활동을 벌였다. 나아가 은행 지주회사가 연준 회원 은행 주식의 10퍼센트 이상을 보유할 수 없도록 하는 법안도 로비했다. 영업을 급속도로 확장하는 과정에서 은행 지주회사인 트랜스아메리카에서 지아니니 가문의 지분율이 낮아졌는데, 혹시라도 다른 투자자가 트랜스아메리카 지분을 늘려 뱅크오브아메리카를 장악하는 가능성을 원천 봉쇄하겠다는 의도였다. 모겐소 재무장관이 두 법안 모두 반대했다. 결국 그 법률안들은 성공하지 못했다.

루스벨트 대통령 시절의 재무장관 헨리 모겐소

모겐소의 견제는 거기서 그치지 않았다. 자기 심복 마셜 디그스Marshall Diggs를 통화청장으로 앉힌 뒤 뱅크오브아메리카의 지점 개설 승인안을 번번이 취소시켰다. 나아가 통화청의 은행검사권을 이용해서 뱅크오브아메리카를 샅샅이 뒤졌다. 이 은행의 배당정책이 과도하고, 부실 대출이 상당히 많다는 검사 결과를 디그스를 통해 언론에 흘렸다.

아마데오 지아니니는 교육을 많이 받지 못해서 입이 무척 거칠었다. 모겐소가 전방위적으로 압박해 오자 "극악무도한 음모"라며 투덜거렸다. 언론을 통해 흘러나오는 부실 대출 가능성 보도의 배후가 모겐소 재무장관이라는 사실을 확인하고 펄펄 뛰었다. "당신, 너무한 거 아니요? 그만큼 근거 없이 우리한테 똥칠했으면 충분하지 않소?"라는, 짧고 직설적인 전보를 모겐소 집무실로 보냈다.

장관 집무실에서 지아니니의 무례한 전보를 받아 본 모겐소는 더욱 화가 났다. 뱅크오브아메리카에 예치된 700만 달러의 국고금을 몽땅 인출했다. 이 소식을 들은 지아니니는 임원회의 도중에 "모건소, 이 개자식 두고 보자. 좌우지간 유태인 잡놈들은 빌어먹을 놈들이라니까!"라고 고래고래 소리를 지르며 흥분을 삭이지 못했다. 그것은 분명 인종차별적 발언이었다. 그날 그 자리에 있던 두 명의 유태계 간부들이 즉각 사직했다. 그 사실이 알려지자 지아니니에 대한 비난이 빗발쳤다.

서부 굴지의 은행이 재무부와 평행선을 달리며 대립을 계속하자 싸움을 중재하지 못한 디그스 통화청장이 물러났다. 그 후임은 루스벨트 대통령의 먼 친척인 프레스턴 델라노Preston Delano였다. 델라노는 조용한 사태 해결을 위해서 지아니니 회장을 워싱턴 D.C.로 불렀다. 예금보험공사(FDIC)와 재건금융공사(RFC)를 대동하고 지아니니를 만난 자리에서 타협안을 제시했다. 뱅크오브아메리카가 과도한 배당정책과 지점 확대를 자제한다면, 재건금융공사가 트랜스아메리카에 대출해서 뱅크오브아메리카의 증자를 돕겠다는 제안을 흘렸다.

뱅크오브아메리카 간부들과 격의 없이 대화하면서 일하는 A.P. 지아니니. 그는 형식을 아주 싫어한 반면 입이 거칠었다.

이야기가 잘 풀리는 듯했지만, 마지막 관문인 모겐소 재무장관이 동의하지 않았다. 오히려 증권거래위원회(SEC)를 통해서 은행 지주회사인 트랜스아메리카에 대해 강도 높게 검사하도록 지시했다. 검사를 마친 증권거래위원회는 트랜스아메리카가 1937년 증자할 때 순이익을 부풀렸다고 발표하고, 이 회사를 고소했다. 이 재판은 1947년까지 10년간 계속되면서 트랜스아메리카와 뱅크오브아메리카의 발목을 잡았다.

한편 이 무렵 에클스 연준 의장은 모겐소와 생각이 달랐다. 자기 자신이 서부에서 은행을 소유하고 경영해 봐서 잘 아는데, 은행의 지점망 확대를 그렇게 부정적으로 볼 이유가 없다고 생각했다. 그래서 뱅크오브아메리카에 상당히 온정적이었다. 굳이 뱅크오브아메리카의 영업 행태가 문제가 된다면, 모든 은행에 동일한 수준의 규제가 적용되도록 은행법을 고치는 것이 우선이라는 견해를 대통령과 의회에 전달했다.

모겐소 재무장관은 그 은행법 개정안에도 극구 반대했다. 1935년 연준법을 통해 연준의 권한이 충분히 강해졌는데, 만일 은행법을 또 고치면 연준의 힘이 더 강해지고, 그만큼 재무부 산하 통화청장의 감독 권한은 위축될 것이기 때문이었다.

모겐소의 견제가 날로 심해지자 뱅크오브아메리카는 차라리 연준을 탈퇴해서 다시 주법은행이 되겠다고 으름장을 놓았다. 그러면서 다른 한편으로는 연준에 매달렸다. 워싱턴 정계에서 의지할 수 있는 사람은 에클스 연준 의장밖에 없었기 때문이다. 에클스를 만난 자리에서 지아니니는 "과거 통화청의 은행 검사는 편파적이고 악의적인 검사관 때문에 개선 명령 사항이 지나치게 많았다"고 호소하면서 다시 검사받겠다는 뜻을 밝혔다. 지아니니로서는 엄청나게 양보한 타협안이었다.

그런데 사태가 악화되었다. 에클스의 중재로 다시 실시된 검사에서는 뱅크오브아메리카의 부실 규모가 오히려 1,000만 달러나 더 늘어났다. 통화청은 이 은행의 배당과 지점 신설을 일절 금지하고 경영진도 중징계하겠다는 방침을 통보했다. 이제 뱅크오브아메리카는 영업정지까지 각오해야 할 상황이 되었다. 지아니니 측은 에클스에게 실망하면서 루스벨트 행정부와 완전히 갈라섰다.

파국

수세에 몰린 뱅크오브아메리카는 루스벨트 행정부가 차별적인 대우를 하고 있다면서 소송을 제기했다. 1939년 1월의 판결은 상당히 고무적이었다. 이 재판에서 판사는 통화청과 증권거래위원회 측의 검사관들을 소환해 증언을 들었다. 그리고는 "뱅크오브아메리카의 회계 기록의 적정성과 징계 수위를 판단하는 것은 통화청장의 권한이다. 그런데 현장 검사를 나간 직원들이 적정성 여부를 예단하고 그 검사 결과를 언론에 미리 흘린 것은 부당하다"고 판결했다.

그것으로 모든 문제가 풀린 것은 아니었다. 행정부의 증자 요구와 개선 명령은 그 후로도 계속되었다. 뱅크오브아메리카는 그 명령을 따르지 않은 채 영업을 계속 확장했다. 루스벨트 행정부가 정책자금을 푸는 한, 그것을 취급하는 뱅크오브아메리카의 대출은 늘어날 수밖에 없었다. 무조건 영업망을 늘리지 말라는 모겐소 재무장관의 요구는, 동부 출신인 그가 서부 사정을 너무 모르는 데서 오는 억지라는 것이 지아니니의 생각이었다.

실제로 2차 세계대전을 계기로 캘리포니아 경제는 완전히 딴판이 되었다. 군사기지나 군수공장으로 인구가 계속 유입되고 군인들도 크게 늘었다. 거기에 맞추어 주택, 공장, 군사시설도 새로 지어졌다. 고용의 중심도 농업에서 제조업으로 바뀌었다.

나아가 당시 연준의 통화정책은 정부의 재정 활동 지원에 초점이 맞춰져 있었다. 행정부에 설치된 '전시생산위원회'와 군납 계약을 맺은 기업에 은행이 대출하면, 연준이 해당 은행에 연 1.5~5.5퍼센트의 저리 자금을 지원했다.* 넓은 고객층을 가지고 있었던 뱅크오브아메리카는 연준에서 저리의 정책 자금을 받아 군납업체에 열심히 대출했다. 록히드 항공사에 대출해 준 2억 달러가 그 예였는데, 이런 대출은 돈을 떼일 일이 없었다. 정부가 원리금 지급을 전액 보증했기 때문이다. 그런 식으로 항공모함이나 구축함을 만드는 조선소에도 대출을 확대했다. 한마디로 말해서 연준의 대출 제도가 뱅크오브아메리카의 성장을 부추긴 것이다.

뱅크오브아메리카는 군수업체뿐만 아니라 가계 대출도 늘렸다. 뱅크오브아메리카가 연방정부로부터 받아서 저소득층에 지급하는 식권이 매월 6만 장이었다. 이런 일을 하려면 지점망이 많아야 했다. 그런데 지점 신설 허가가 잘 나지 않으니, 한 군데를 폐쇄하고 다른 데를 신설하는 일이 허다했다. 그래서 편법을 동원했다. 1935년 개정된 은행법에는 피서지에서 파라솔을 펴고 장사하는 임시 영업소는 지점으로 보지 않았다. 별도의 영업 승인이 필요 없다는 뜻이다. 뱅크오브아메리카는 1주일에 단 이틀만 문을 여는 임시 영업소를 세우고 이리저리 옮겨 다니며 군부대 앞에서 영업을 했다.

그런 꾀를 낼수록 뱅크오브아메리카에 대한 모겐소 재무장관의 미움은 커졌다. 군부대를 세울 때 뱅크오브아메리카와는 거래하지 않겠다는 조건을 받아내는가 하면, 그 부대 근처에는 다른 은행들만

* 이것이 소위 Regulation V 대출인데, 전쟁이 끝난 1946년까지 계속되었다. 한국에서도 이와 비슷한 한국은행의 자동 재할인 제도가 1994년까지 운용되었다.

지점 설립을 허가했다.

이런 일은 누가 봐도 옹졸하고 편파적인 일이었다. 보다 못한 에클스 연준 의장이 직접 나서서 모겐소와 지아니니 간의 화해를 주선하려고 했다. 연준은 은행 지주회사에 대한 감독 권한이 있으므로 1943년 2월 18일 트랜스아메리카의 경영진을 불렀다. 그리고 장장 4시간에 걸친 회의 끝에 트랜스아메리카의 추가적인 인수 합병 행위를 자제한다는 합의를 이끌어 냈다. 대신 자회사인 뱅크오브아메리카의 지점망 확대는 연준이 어느 정도 인정하기로 했다.

하지만 한 달도 안 지나서 트랜스아메리카는 30개 지점을 가진 시티즌즈내셔널Citizens National Bank이라는 은행을 또 인수했다. 약속 위반이었다. 에클스는 지아니니 측에 전화를 걸어 약속 위반이라고 엄중히 항의했지만, 지아니니는 딴청을 부렸다. 에클스 연준 의장도 유타주에서 은행과 은행 지주회사를 소유하고 있는 대재벌이라서 뱅크오브아메리카의 영업망 확장에 공연히 트집을 잡는다고 의심했다. 에클스의 항의 전화를 끊은 뒤 지아니니는 화를 냈다.

> "에클스는 두 얼굴을 가진 모르몬교 개자식이야. 사기꾼에다가 위선자야."

화가 난 것은 에클스도 마찬가지였다. 지아니니와 뱅크오브아메리카에 대한 우호적인 생각을 버렸다. 지주회사인 트랜스아메리카가 독점행위를 규제하는 클레이턴법Clayton Act을 위반했는지 검토해 보라고 지시했다. 법률을 검토한 결과 클레이턴법 위반에 대한 증거는 충분치 않았다. 하지만 에클스는 그냥 물러서지 않았다. 그때부터 몇 년에 걸쳐 공정 경쟁 위반 사례에 관한 첩보들을 하나둘씩 수집했다. 그리고 1947년 11월 트랜스아메리카에 대한 정밀 검사에 착수했다.

지아니니 측은 연준의 그런 태도에도 아랑곳하지 않았다. 어차피 대통령이 바뀌고 모겐소가 물러났으니 더 이상 영업 확장의 장애물은 없다는 태도로 2개 은행을 또 합병하려고 했다. 그런데 1948년 6월 연준이 클레이턴법에 어긋난다는 이유로 은행 합병 신청을 기각했다. 트랜스아메리카는 즉각 연준을 상대로 소송했다. 1948년 12월 시작된 그 소송은 무려 5년이나 계속되었다. 1953년 7월 결심 공판에서 판사는 다음과 같이 판결했다.

> "클레이턴법은 경쟁을 제한하는 행위를 금지하고 있지만, 투자 목적으로 타 기업의 주식을 매입하는 것이 경쟁 제한은 아니다. 동 법에서 금융기관 임원의 교차 임명을 금지하는 조항이 있다는 사실은 거꾸로 말해서 단순 주식 교환만으로는 경쟁을 제한하는 행위로 보기 어렵다는 것을 말한다."*

독점 금지를 목적으로 하는 클레이턴법을 빌미로 연준이 지주회사의 합병을 간섭할 권한이 없다는 것이 요지였다. 트랜스아메리카

* 트랜스아메리카사 대 연방준비위원회 간 재판 판결(206 F.2d 163, 1953년 7월 16일).

측에게는 크나큰 희소식이었다. 하지만 기뻐할 사람이 없었다.

트랜스아메리카와 뱅크오브아메리카의 설립자 아마데오 지아니니는 1949년 6월 3일 79세의 나이로 사망했다. 소송이 시작된 지 6개월이 되었을 때다. 3년 뒤에는 그 아들 로렌스 마리오도 세상을 떠났다. 마리오는 어려서 소아마비를 앓았으며, 평생 혈우병으로 고생했던 약골이었다. 결국 57세의 나이에 심장마비로 사망했다.

프런티어 정신

뱅크오브아메리카는 2008년 글로벌 금융위기를 맞아 메릴린치Merrill Lynch & Co., Inc.를 인수함으로써 세계 최대 은행이 되었다(지금은 세계 4위다). 이 은행이 걸어온 발자취를 뒤돌아보면, 어두운 면이 많아 '서민의 적'이라는 비판이 나올 만하다. 1906년 시카고 대지진 때 집을 잃은 서민들을 상대로 돈을 벌어 번듯한 건물을 사고, 1930년대 대공황 당시에는 역시 집 없는 사람들을 대상으로 한 주택담보대출로 크게 성장했으며, 2차 세계대전이 끝난 뒤에는 전쟁터에서 돌아온 제대군인들에게 생활 자금과 자동차 할부 구입 자금을 공급하면서 영업망을 확대했다. 이 과정에서 자기 능력으로 성장하기보다는 연준, 재건금융공사(RFC), 연방주택공사(FHA), 전시생산위원회(WPB), 재무부 등이 공급하는 정책 자금을 받아 성장한 측면이 있다.

설립자 아마데오 지아니니도 골치 아픈 존재였다. 정치인들이나 권력 실세들을 동원하는 로비 활동은 충분히 혐오스러웠다. 현직 재무장관과 연준 의장을 향해 노골적인 욕설을 퍼부을 정도로 교양이 없었다. 그러니 연방정부의 미움을 받기에 충분했다.

그러다 보니 뱅크오브아메리카를 표적 삼아 만든 법들이 많다. 1927년 제정된 맥패든법도 뱅크오브아메리카의 영업망 확대 때문에 제정되었다. 오늘날 미국 금융 제도의 한 축을 이루는 1956년 은행지주회사법(Bank Holding Company Act of 1956)도 트랜스아메리카를 정조준하고 이 회사를 분할하려고 제정된 것이다. 그만큼 뱅크오브아메리카는 공공의 적이었다.

그러나 아마데오 지아니니라는 걸출한 창업자의 프런티어 정신이 흐르는 뱅크오브아메리카는 기존 은행들에서는 찾아보기 어려운 선구적인 면모가 있다. 그는 시대가 요구하는 금융 서비스를 남들보다 빨리 개발해 과감하게 제공하는 금융 혁신의 선도자였다.

예를 들어 월트 디즈니가 스튜디오를 세울 때, 그에게 대출하려는 은행은 한 곳도 없었다. 누구나 뻔히 아는 동화로 만화영화를 만들면 결코 흥행에 성공할 수 없다고 생각했기 때문이다. 하지만 뱅크오브아메리카는 디즈니를 미친 사람으로 보지 않았다. 영화 몇 컷을 본 뒤 영화 필름을 담보로 선뜻 대출했다. 이렇게 해서 탄생한 것이 불후의 명작 〈백설공주와 일곱 난쟁이〉다. 전위적 예술가와 전위적 금융인의 만남은 백설공주와 일곱 난쟁이의 만남처럼 행복한 결과를 가져다주었다.

뱅크오브아메리카의 고객은 월트 디즈니뿐만 아니라 찰리 채플

린도 있었다. 20세기 폭스사, 컬럼비아 영화사, MGM사, 그리고 유나이티드 아티스트사 등도 뱅크오브아메리카에서 대출을 받아 수백 편의 영화를 만들었다. 그 바람에 지아니니는 영화사 대표들과 연예계 인사들에게서 "영화 산업의 프리마돈나"라는 칭송을 들었다.

뱅크오브아메리카의 대출금으로 제작되어 1937년 개봉된 〈백설공주와 일곱 난쟁이〉. 백설공주보다도 일곱 난쟁이가 더 인기가 있었던 것은 의외였다.

유가증권 투자에서도 뱅크오브아메리카의 프런티어 정신이 돋보인다. 오늘날 샌프란시스코의 명물 금문교는 1933년 착공되었다. 대공황이 한창이던 시절이라서 3,000만 달러가 훨씬 넘는 공사비를 조달하는 것은 불가능에 가까웠다. 샌프란시스코 주민들도 경제성에 의문을 품는 바람에 건설 계획은 주민투표에서 거의 부결될 뻔했다. 건설 계획이 확정된 후에도 2년 동안은 투자자를 찾지 못해서 전혀 진척이 없었다. 이때 지아니니가 지역사회 발전과 경제 활성화를 위해 발행 채권 전액을 인수하기로 결심함으로써 1933년 1월 비로소 건설이 시작되었다. 지아니니의 용단이 아니었다면, 오늘날의 금문교는 건설되지 않았거나 규모가 축소되었거나 다른 곳에 세워졌거나 훨씬 나중에 지어졌을 것이다.

이후 지아니니는 '좋았던 시절로 돌아가자(Back to Good Times)'라는 캐치프레이즈를 내걸고 학교나 고속도로, 댐 등 공공시설 건설을 위해 발행되는 지방채 시장을 혈혈단신으로 개척했다. 또한 1934년 제정된 연방주택법(National Housing Act)에 따라 은행의 주택구매자금 대출에 대해 연방정부가 일정 부분 보증을 하기로 했을 때는 뱅크오브아메리카가 이 제도를 가장 적극적으로 활용해 주택 대출 시장에서 선두가 되었다. 2차 세계대전 직후 퇴역군인법을 통해 연방정부가 퇴역 군인의 생활 안정 자금과 학자금을 지원하기로 했을 때도 뱅크오브아메리카는 해당 정책 자금을 가장 많이 취급하는 은행이 되었다. 이 당시 유서 깊은 동부의 은행들은 연방정부와 일정한 거리를 두려고 하는 바람에 뱅크오브아메리카의 성장세를 따라갈 수 없었다.

뱅크오브아메리카의 진취적 태도는 IT 기술을 은행 업무에 접목한 데에서도 드러난다. 미국의 어떤 은행보다도 방대한 지점망을 갖고 있던 뱅크오브아메리카는 수표 때문에 고민이 많았다. 개인 수표 발행이 일반화되어 있는 미국에서 수많은 은행 고객이 발행하는 엄청난 양의 수표를 체계적으로 수집하고 분류하는 것은 은행 경쟁력의 필수 요소였다.

그래서 스탠퍼드대학교에 의뢰해 컴퓨터를 통해 개인 수표의 분류와 기록 업무를 처리할 수 있는 시스템을 개발했다. 이렇게 해서 1954년 세상에 선보인 것이 자기잉크문자판독기(MICR)와 자기잉크로 번호를 인쇄한 수표 용지였다. 당연히 세계 최초였다. 나중에 다른 은행들이 이것을 보고 도입해서 전 세계적으로 일반화되었다.

오늘날 전 세계에 널리 보급된 신용카드도 마찬가지다. 신용카드

JOHN BROWN
123 MAIN ST
ALLENTOWN, PA 01234
215-555-1212
5432
01/26/00
PAY TO THE ORDER OF COUNTY HOME SECURITY $ ***10.99
TEN AND 99/100 DOLLARS
WORLD SAVINGS BANK, FSB
LAGUNA NIGUEL 92677 (714)362-1057
Charge to:
For customer service call: (732)-636-9496
MEMO MONITORING PAYMENT
JOHN BROWN
This check has been authorized by your depositor
⑆121181866⑆ 123456789⑈ 5432

은행 번호, 계좌 번호, 수표 번호를 체계화해 자기잉크로 인쇄함으로써 컴퓨터가 빠르게 읽고 분류할 수 있도록 한 MICR 수표 번호 시스템. 이 시스템은 컴퓨터 역사에서 중요하게 취급된다. 독일의 암호체계 에니그마를 해독하기 위해 영국의 앨런 튜링이 1943년 군사용 컴퓨터 콜로서스를 개발한 이래 컴퓨터가 10년 만에 사회의 필수적인 도구로 진화했다는 것을 의미하기 때문이다.

에 결제 기능을 부여한 것은 J.P. 모건 소유의 지급결제 전문회사 웨스턴유니언Western Union이다.* 하지만 1914년 이 신용카드가 처음 등장했을 때는 관리 비용이 너무 크고 연체나 부도로 인한 손실액이 너무 높았다. 결국 40여 년간 신용카드는 실용화되지 못했다.

뱅크오브아메리카는 당시로서는 최첨단 장비인 IBM702 시스템을 도입해 고객의 금융거래 정보를 데이터베이스로 구축했다. 그럼으로써 신용대출에 대한 부도율을 낮추고 물품 구매와 결제일 사이의 간격을 줄였다. 당시 일반은행들은 생각하기 힘든 파격적인 시도

* 신용카드의 가능성을 금융기관이 아닌 일반 기업이 발견하고 시도했다는 점은 주목할 필요가 있다. 한국에서도 신용카드 사업은 은행이 아닌 신세계백화점이 1969년 시작했다. 은행계 신용카드는 1978년 외환은행이 미국 비자카드 사와 제휴하면서 비로소 시작되었다. 이런 점에서 삼성그룹 고 이병철 회장의 프런티어 정신과 사업적 후각을 되새겨 볼 필요가 있다.

였다. 이렇게 해서 1959년 지급 결제 기능을 갖춘 신용카드가 상용화되었다. 이것을 보고 동부의 은행들도 신용카드 사업을 시작함으로써 오늘날의 신용카드 산업이 시작되었다.

샌프란시스코 금융 타운의 구 뱅크오브아메리카 본사 건물 앞에 있는 조각물 〈은행가의 심장〉. 지아니니를 기리는 작품이다.

이쯤 되면 뱅크오브아메리카가 대출이건, 유가증권 투자건, 신사업 개척이건, 전산망 투자건 미국 금융계를 선도하는 위치에 있다는 말이 전혀 어색하지 않다. 누가 이런 은행을 서민의 적이라고 돌을 던질 수 있으랴!

뱅크오브아메리카가 동부의 금융기관들과는 달랐던 것처럼 설립자 아마데오 지아니니도 동부의 '강도 귀족(rubber baron)'과는 크게 달랐다. 지아니니는 자수성가한 사람이었지만 개인 재산을 늘리는 데에는 전혀 적극적이지 않았다. 살아 있을 때도 재산을 계산해 보다가 "자칫하면, 백만장자 되겠네!" 하고 놀라면서 자선사업 등을 통해 재산을 줄이느라고 소동을 피웠다. 주변 사람들에게는 이렇게 말했다.

"나는 더 부자가 되고 싶지는 않아. 사람들은 돈을 갖고 싶어 하지만, 사실 돈을 갖는 사람은 아무도 없어. 돈이 그 사람을 가질 뿐이지."

이것이 정규교육도 제대로 받지 않은 지아니니의 숭고한 경제철학이었다. 지아니니가 죽을 때 남긴 개인 재산은 정확히 48만 9,278달러였다. 장인한테서 상속받았던 규모보다도 적었다. 지아니니의 아들 로렌스 마리오가 남긴 재산도 46만 1,331달러였다. '밀리언 달러 베이비'가 되지 않으려고 노력했던 그들을 두고 누가 인정사정없는 대금업자들이라고 돌을 던지겠는가?

그 옛날 서부는 동부 금융인에게 일방적으로 돈을 빌리는 위치에 있었다. 주기적으로 찾아오는 공황기에는 돈을 갚지 못해 집이나 가게 등 생활 터전을 헐값으로 동부 은행에 넘겼다. 그래서 동부 금융계를 향한 열등감과 원망이 컸다. 하지만 뱅크오브아메리카로 상징되는 서부 금융계의 급부상으로 과거의 콤플렉스는 말끔히 사라졌다. 거기에는 지아니니라는 불세출 금융인의 역할이 컸다. 그의 프런티어 정신이 없었다면, 오늘날의 서부 금융계는 중동의 산유국처럼 돈만 많고 금융은 발달하지 않은 상태로 머물렀을 것이다. 그리고 오늘날의 맨해튼도 지금 같은 위치에 있지는 않았을 것이다. 유럽과의 교류와 유럽식 전통을 계승하는 데만 신경을 쓰던 동부 금융계는 야생마 같은 서부 금융계의 자극을 받아 더욱 분발해 지금처럼 발전했다.

오늘날 워싱턴 D.C. 안에는 뱅크오브아메리카 지점이 하나 있다. 백악관 바로 뒤에 있으며, 재무부 건물과 마주 보고 있다. 캘리포니

재무부 앞에서 바라본 뱅크오브아메리카 워싱턴 D.C. 지점

아의 작은 미소금융 회사로 시작한 뱅크오브아메리카가 권력의 중심지까지 진출해 있음을 알리는 증거다. 그러니 이제는 동부니 서부니 하는 지역감정과 서부 경제가 동부 금융계에 착취당한다는 열등감은 더 이상 통하지 않는다. 가난한 이탈리아 이민 출신의 아마데오 지아니니가 이룬 업적이다. 참고로 현재의 뱅크오브아메리카는 지아니니 가문과 아무 관련이 없다. 노스캐롤라이나주 샬럿에 있는 이 은행의 본점 건물 한 귀퉁이에 작은 지아니니 기념관이 있을 뿐이다.

1956년 은행지주회사법

20세기 초 미국 사회의 특징 중 하나는 '강도 귀족(robber baron)'이라 불리는 미국판 재벌들의 등장이다. 각 산업에서 독점적 지위를 차지한 강도 귀족들은 임원 교차 임명과 순환출자 등을 통한 문어발식 경영과 담합과 가격 차별화 등 경쟁 제한적 행위를 통해 부를 계속 늘리면서 정부와 시민 모두를 위협했다. 1890년 셔먼법(Sherman Antitrust Act)과 1914년 클레이턴법 등 독점을 규제하는 법이 압도적인 지지를 받으면서 제정된 배경에는 그런 현상에 대한 공감대가 있었다. 트랜스아메리카의 2개 은행 합병안에 대해서 연준이 이를 거부했던 이유도 클레이턴법을 위반할 소지가 있다는 점이었다.

트랜스아메리카 쪽에서 볼 때 '위반할 소지가 있다'는 것은 굉장히 주관적이다. 따라서 소송에서 '더러운 싸움' 전략을 택했다. 합병안을 부결시킨 연준 의장 매리너 에클스의 도덕성에 타격을 주는 것이다. 당시 에클스 의장은 자기 고향 유타주에서 상당한 재력가였다. 그는 은행을 포함한 금융지주회사와 우유, 고무,

목재, 설탕, 건설회사와 고급 호텔 등 재산 목록이 어마어마했다. 트랜스아메리카가 그런 사실을 까발리면서 에클스를 곤란하게 만들었다.

그 재판 과정을 통해 에클스의 재력이 드러나자 일반 국민은 화가 났다. 비록 중서부 출신이기는 하지만, 에클스 같은 엄청난 재벌이 금융계의 정점인 연방준비제도를 지휘한다는 사실이 불쾌했다. 50년 전 J.P. 모건이 금융계를 지배할 때와 다르지 않다는 사실에 혐오감을 느꼈다.

그 재판은 트랜스아메리카의 승소로 끝났다. 클레이턴법을 위반한 구체적 증거가 없다는 이유였다. 그러자 이번에는 트랜스아메리카에 대한 반감이 커졌다. 클레이턴법이 무력해서 문어발식 경영을 통제할 수 없다면, 새로운 법을 만들어서라도 트랜스아메리카의 독주를 저지해야 한다는 여론이 일어났다.

그런 배경에서 1956년 탄생한 것이 은행지주회사법이다. 은행의 지분 25퍼센트 이상을 소유하는 주주(은행 지주회사)는 다른 주에 본점을 둔 은행을 인수 합병할 수 없으며, 은행업 이외의 다른 사업은 원칙적으로 소유를 제한하는 법이다. 그때까지는 은행 주주에게 부담을 주는 것은 바람직하지 않다는 견해가 지배적이었다. 남북전쟁 중이던 1863년 제정된 국법은행법이 은행 주주에게 큰 부담을 주어 은행업이 위축되는 사태를 경험했기 때문이다.

남북전쟁 중 링컨 대통령은 금본위제도를 이탈하면서 상업은행이 자유롭게 지폐를 발행할 수 있도록 했다. 하지만 지폐를 발행한 은행이 파산하면 문제가 커지므로 건전한 경영을 담보할 수 있는 장치를 마련했다. 은행이 파산하면 주주들이 자신들의 투자금만 날리는 것이 아니라 보유한 주식의 액면 금액만큼을 추가적으로 책임지도록 했다. 은행 파산에 대한 일종의 벌금이다. 이를 주주의 '이중 책임(double liability)'이라고 하는데, 그 때문에 은행 주식을 소유하려는 사람이 줄었다. 결과적으로 은행 증자가 어려워지고, 은행업이 위축되었다.

대공황을 겪으면서 국법은행법의 단점이 뚜렷하게 부각되었다. 그래서 1933년 은행법을 개정할 때 주주의 이중 책임 제도를 폐기했다. 이후 은행 주식 보유를 저해하는 것은 바람직하지 않다는 생각이 지배했다. 하지만 10여 년이 지나 당시 법으로는 트랜스아메리카의 공격적 영업 확장을 견제하는 것이 마땅치 않다는 것이 알려지자 분위기가 반전했다. 연준에게 힘을 실어주어 은행업의 독점 사업자를 통제해야 한다는 여론이 일었다.

그런 배경에서 제정된 것이 미국의 은행지주회사법이다. 그 법은 2000년 제정된 우리나라 금융지주회사법의 원전이기도 하다. 그 법이 제정될 당시 트랜스아메리카는 은행뿐만 아니라 보험사, 항공사, 렌터카 회사(버젯), 기계 제조 회사, 영화사(유나이티드아티스트사) 등 공통점을 전혀 찾을 수 없을 정도로 다양한 회사들을 소유하고 있었다. 하지만 은행지주회사법이 제정되면서 다른 사업을 정리해야 했다. 긴 고민 끝에 트랜스아메리카는 1958년 뱅크오브아메리카 주식을 매각했다. 보험회사 등 다른 사업을 지키기 위해서 은행업을 포기한 것이다.* 지금의 뱅크오브아메리카는 지아니니 가문과 아무 관련이 없다.

의회가 은행지주회사법 제정을 검토할 때 매리너 에클스 연준 의장이 청문회에 출석했다. 그리고 그 법의 제정을 공개적으로 지지했다. 하지만 에클스 역시 그 법의 영향을 받았다. 에클스가 소유했던 '에클스 투자회사'도 은행을 포함한 다양한 기업을 소유한 지주회사였기 때문이다. 결국 에클스도 자기 재산목록에서 은행을 지워야 했다. 클레이턴법을 놓고 싸우던 지아니니와 에클스 간의 자존심 대결은 결국 무승부로 끝난 셈이다.

그렇다면 에클스 연준 의장은 바보였나? 자신의 타격을 감수하면서까지 은행지주회사법 제정에 앞장선 이유는 무엇이었나? 동부 금융계를 별로 좋아하지 않는 중서부 사람이라는 점에서 지아니니와 공통점이 많았는데도 왜 그는 지아니니와 그토록 대립했나? 그것이 다음 이야기의 주제다.

* 글로벌 금융위기 때 AIG 파산을 통해 밝혀졌듯이 보험 산업은 규제가 대단히 약하다. 보험업은 주정부가 관장하는 분야라는 대법원 판결이 있기 때문이다.

글래디에이터

4장

금융 개혁을 향한
공직자의 무한도전

The Number-free Economics with Stories & Histories

상상의 오류

논리학은 아리스토텔레스에게서 시작된 여러 학문의 하나이지만, 현대 논리학은 독일의 고틀로프 프레게한테서 출발한다. 그는 1879년 발표한 《개념표기법(*Begriffsschrift*)》에서 "어머니에게서 배운 자연언어에는 논리적 사고를 방해하는 측면이 있다"고 지적하며 인공언어라는 개념을 제시했다. 그가 제안한 방식에 따라 수학기호로 의미를 전달하는 방식을 기호논리학이라고 한다.

프레게의 말처럼 우리가 일상생활에서 쓰는 자연언어에는 논리적 함정이 많다. 은유, 비유, 과장, 풍자, 반어법 등 다양한 수사학적 표현들이 언어적 상상(figure of speech)을 불러일으켜 엉뚱한 결론을 유도할 수 있다. 단팥빵은 단팥으로 만드니 붕어빵은 붕어로 만든다고 추론하는 경우가 그렇다. 이처럼 자연언어의 수사학적 표현 때문에 생기는 오류를 '상상의 오류(fallacy of figure of speech)'라고 한다.

수학기호를 통해 인공언어를 쓰지 않는 이상 상상의 오류를 완전히 피할 수는 없다. 코미디언들은 말장난을 통해 상상의 오류를 오히려 놀잇감으로 삼기도 한다. 그런데 법조문에 상상의 오류가 숨어 있는 경우도 있다. 논란이 많은 법일수록 오랜 정치적 타협 과정에서 그런 일이 생긴다.

1913년 만들어진 미국의 중앙은행법, 즉 연방준비제도법(연준법)이 좋은 예다. 이 법을 만들 때 '연방준비제도'라는 이름부터 논란거리가 되었다. 그 법은 연방준비위원회(Federal Reserve Board)라는 공무원 조직과 12개 지역 연방준비은행(Federal Reserve Banks), 즉 지역 연준을 다룬다. 각 지역 연준은 자본금을 갖춘 법인이며, 민간 상업은행들이 지분을 갖고 있다. 그런 기구에 '연방'이라는 이름을 붙인 것은 이상하다. 그래서 전국지급준비협회(National Reserve Association)라는 이름이 더 어울린다는 제안이 있었다.

연준법이 상원 상임위원회를 통과한 것은, 놀랍게도 그 법은 중앙은행법이 아니라고 본 6인의 공화당 의원들 때문이다. 그들은 표결 직후 "새로 생길 연방준비제도는 유럽의 중앙은행 방식과 달라서 찬성표를 던졌다"고 발표했다. 그러자 우드로 윌슨 대통령이 나서서 "연방준비제도는 틀림없는 미국의 중앙은행이다"라고 해명했다. 그런 해프닝은 연방준비제도라는 이름에서 출발한다. 법안에 투표하는 의원들이 상상의 오류를 품도록 윌슨 대통령이 일부러 이상한 이름을 붙였다.

그 법에 따라 만들어진 최고의사결정기구, 즉 연방준비위원회(연준위원회)의 의장은 재무장관이었다. 그 위원회에는 사무처장에 가까운, 'governor'라는 직책이 따로 있었지만 회의할 때는 별다른 권한이 없었다.* 사무처장의 주된 업무는 '연준위원회'라는 이름의 정부 부처의 공무원을 채용하고, 예산을 집행하며, 조직을 운영하는 것이었다. 지역 연준의 대표이사(president)들이 각자의 지역에서 하는 일과 다르지 않았다. 그런데 예산과 인원 면에서는 지역 연준이 워싱턴 D.C.의 연준위원회보다 훨씬 컸다. 그러다 보니 연준위원회와 지역 연준들 사이에 알력이 심했다.

지휘 체계의 혼란을 막고자 1935년 법률을 개정해서 Federal Reserve Board라는 이름을 Board of Governors로 고쳤다. 그럼으로써 워싱턴 D.C.의 연준위원회가 12개 지역 연준을 지휘(govern)한다

1934년 이전	1935년 이후
연방준비위원회 (Federal Reserve Board)	연방준비위원회 (Board of Governors)
의장 : 재무장관(당연직, 임기 없음) 당연직 위원 : 통화청장(임기 없음) 임기직 위원(member) : 5인 * 임기직 위원 중 1인은 사무처장(governor) 1인은 사무부처장(vice governor)	의장(임기 있음) 부의장(임기 있음) 평위원(member) : 5인(임기 있음)

미국 연방준비제도 중 최고의사결정기구의 변화. 오늘날 의장이라고 불리는 직위는 과거 사무처장 정도에 불과했다. 사무처장과 사무부처장의 사무실은 재무장관의 허락하에 재무부 건물 안 한쪽 구석에 마련되었다.

* 법률에서는 governor를 대문자가 아닌 소문자로 썼다. governor는 직위가 아니라 기능이었다고 보인다.

는 점을 분명히 하려고 했다. 하지만 정작 Board of Governors에는 Governor라 불리는 사람은 없다. 의장, 부의장, 그리고 5인의 평위원(member)만 있을 뿐이다.* Board of Governors에 Governor가 없다는 사실은 붕어빵에 붕어가 없는 것과 똑같다. 1935년 상상의 오류를 바로잡기 위해서 연준법을 고쳤지만, 상상의 오류는 여전히 제거되지 않았다.

그렇다면 1933년 연준법을 고칠 때 왜 상상의 오류를 완전히 제거하지 않았을까? 이렇게 조직이 엉성한 연준이 어떻게 현재와 같은 강력한 위상을 갖게 되었나? 미국인이 아니면 도저히 이해하기 힘든 미국 중앙은행 제도를 제대로 이해하려면 연준의 진화 과정을 잘 살펴보아야 한다. 그 과정에서 한 인물의 활약이 두드러진다.

서부의 사업가

미국의 유타주는 굉장히 독특하다. 멕시코와의 전쟁 끝에 미국 영토가 되었지만, 아주 오랫동안 독립된 주로 인정받지 못했다. 인구도 적은 데다가 주민들이 일부다처제를 따르고 있어서

* 참고로 지역 연준마다 설치된 이사회(Board of Directors)의 구성원은 Director다. 그에 비해 Board of Governors의 구성원은 Governor라고 하지 않는다. 그냥 member라고 한다. 현실에서 간혹 Governor라고 부르기도 하는데, 그것은 법률상 직위가 아닌 존칭에 불과하다.

최초의 연방준비위원회 회의 장면. 재무부 건물 안에서 개최되었으며, 재무장관이 의장석에 앉아있다.

다른 주가 유타주를 연방정부에 편입하는 것을 반대했다. 과거에 있었던 유타주의 일부다처제는 모르몬교의 영향이다. 자식을 부모의 영광과 축복으로 삼는 모르몬교도들은 일부다처제를 자연스러운 제도라고 생각했다.

데이비드 에클스 가문도 유타주에 살았던 초기 모르몬교도의 하나다. 영국 스코틀랜드에서 태어나 지독하게 가난하게 살다가 교회의 권유로 유타주 에덴이라는 곳에 터를 잡았다. 미국 생활도 별로 다르지는 않았다. 데이비드는 어린 나이에 아버지를 잃은 뒤 벌목꾼, 철도 인부, 건축 인부 등 닥치는 대로 일거리를 구해 홀어머니와 일곱 명의 형제를 부양했다. 그러다가 1869년 대륙횡단철도(The First Transcontinental Railway)가 개통되었다. 그 덕분에 데이비드의 사업이 크게 번창했다. 문자 그대로 '선점자의 이익(first mover advantage)'을 그대로 맛보았다.

데이비드 에클스는 유타주 최초의 백만장자가 되었다. 은행, 호텔, 건축업뿐만 아니라 유통업과 발전소 사업 등 손대지 않는 분야가 없었다.* 데이비드는 모르몬교도였으니 자식도 많았다. 첫 부인 사이에서 열두 명을 얻은 데 이어 두 번째 부인을 맞이해 아홉 명의 자식을 더 얻었다. 자녀들이 무려 스물한 명이었다.

데이비드에게는 분명한 사업 원칙이 있었다. 첫째, 동부 은행가와는 절대로 돈거래를 하지 않는 것이었다. 동부의 자본가는 대출을 통해서 서부 사람을 착취한다는 피해의식이 아주 강했다. 그는 동부 사람에게 손을 벌리지 않고도 사업을 할 수 있다는 사실을 큰 자랑으로 여겼다.

둘째, 부지런히 일하는 것이었다. 그것은 자기가 태어났던 스코틀랜드의 전통이기도 했다. 데이비드 자신이 새벽부터 저녁 늦게까지 쉬지 않고 일했고, 자식들에게도 꼭 일을 시킨 다음 용돈을 주었다. 자식들에게 시키는 일은 집안의 허드렛일만이 아니었다. 자기 회사인 제재소, 채석장, 철도 공사 현장에서도 굉장히 험한 일을 가리지 않고 시켰다.

* 2002년 동계올림픽이 치러진 솔트레이크 스타디움도 에클스 가문이 소유하고 있다.

유타주 에덴의 풍경. 유타주는 한반도만 한 크기에 현재 인구는 300만 명 정도다.

스물한 명의 자식 중에서는 둘째 부인의 첫아들 매리너가 제일 부지런하고 똑똑했다. 매리너는 여덟 살이 되던 해부터 시간당 5센트를 받고 아버지의 잔심부름을 하기 시작하더니 얼마 안 되어 100달러를 모았다. 그 돈으로 아버지가 소유한 제재소 주식 한 주를 샀다. 아버지 데이비드는 주식을 아들 매리너에게 팔면서 무척 기특하게 생각했다.

매리너는 유타주의 모르몬교 계통 고등학교를 마치자 아버지의 고향 스코틀랜드로 향했다. 모르몬교의 전통에 따라 그곳에서 2년간 선교 활동을 했는데, 그때 배필을 만났다. 다시 유타주로 돌아와서 결혼한 뒤 당시 한창 뜨는 수력발전소 사업에 뛰어들었다.

어느 날 아버지 데이비드가 사망했다. 유타주 민법에 따라 두 번째 부인인 에클스의 친어머니 앞에도 꽤 많은 재산이 상속되었다. 그러나 배다른 형제들이 많다 보니 재산 분할 갈등이 없지 않았다. 23세 청년 매리너에게 그 사태를 수습하면서 자기가 시작한 사업을 이끌어 가는 일은 굉장히 힘들었다.

아버지가 남긴 재산은 저축 조합, 발전소, 호텔, 제재소, 광산, 사탕수수 농장, 발전소 등 아주 다양했다. 그중에는 은행도 있었다. 당시 유타, 와이오밍, 아이다호주와 같은 서부 지역에서는 지점 설립이 허용되지 않았다. 점포가 하나뿐인 은행을 '유닛 뱅크unit bank'라고 하는데, 그것을 늘려나가려면 자본금이 필요했다. 그래서 집안끼리 오래전부터 잘 알고 있는 브라우닝 가문과 동업했다. 오리건주를 대표하는 브라우닝 가문은 오늘날까지 총기류 제조회사로 유명한 브라우닝사의 대주주다.

브라우닝과 매리너 에클스는 은행 지주회사의 회장과 사장으로 각각 취임하고, 은행을 하나씩 늘려나갔다. 1925년에서 1928년까지 3년 동안 계열 은행이 17개나 늘어났다. 총자산 규모가 2,800만 달러나 되어 서부에서도 알아주는 정도가 되었다.

이때까지 매리너 에클스는 아버지의 영향으로 '보이지 않는 손'

을 철저하게 믿었다. 지독하게 가난했던 에클스 가문이 스코틀랜드에서 이민을 온 뒤 성공한 비결은 남들보다 덜 먹고 덜 자고 더 일한 데 있었다. 따라서 노력만 하면 누구든지 성공하고, 모두가 노력하는 가운데 세상이 발전한다고 확신했다. 반면 정부가 가난한 사람을 돕는 것은 옳지 않다고 믿었다. 시어도어 루스벨트 대통령과 우드로 윌슨 대통령이 반독점법을 통해 기업을 분할할 때는 정부가 너무 나선다면서 탐탁지 않게 생각했다.

시장주의자인 매리너 에클스가 마흔을 바라보던 즈음에 대공황이 시작되었다. 통상적인 불황은 허리띠를 졸라매고 참고 있으면 어느덧 지나간다. 하지만 그때는 경기가 바닥을 모르고 곤두박질쳤다. 과거의 세계관으로는 설명이 되지 않는 현실을 보고 에클스는 생각을 바꿨다. 모두가 소비를 줄이고 정부도 긴축한다면, 경기는 점점 더 나빠질 것이 분명했다. 경제학자 케인스가 '절약의 역설(Paradox of thrift)'을 설명하기도 전에 사업가의 직관으로 그 개념을 감지했다.

미국 서부는 워싱턴 D.C.와 멀리 떨어져 있어서인지 사람들의 머리에 연방정부라는 개념이 희미했다. 하지만 에클스는 연방정부의 역할이 더 커야 한다고 믿었다. 경제를 살리려면 수요를 늘려야 한다. 개인과 기업이 돈을 풀 수 없다면 정부가 지갑을 열어야 한다. 매리너 에클스는 대공황 전에 신봉했던 시장주의를 미련 없이 단념했다.

워싱턴 진출

대공황 초기만 하더라도 '재정 적자는 경제 발전을 저해하는 독약'이라는 생각이 공화당은 물론 민주당의 중진, 학계, 언론계, 금융계에 만연해 있었다. 그래서 민주당 프랭클린 루스벨트 후보의 공약들은 민주당 안에서도 포퓰리즘으로 여겨졌다. 대선 후보 루스벨트는 자기의 공약을 설득력 있게 선전해 줄 재계 인물을 찾았다.

루스벨트 후보 캠프의 스튜어트 체이스Stuart Chase가 에클스를 주목했다. 그는 MIT 교수 출신으로 루스벨트 후보의 최측근이었다. 그가 1932년에 쓴 《뉴딜*A New Deal*》이라는 책이 루스벨트의 대선 공약으로 발전했다. 하지만 체이스는 자기와 같은 동부 출신의 학자가 뉴딜 정책을 백번 설명하는 것보다는 실물경제를 잘 아는 사업가가 설명하는 것이 훨씬 효과적이라고 생각했다. 대통령 선거가 한창이던 1932년 6월 유타주 은행연합회 총회에서 정부의 적극적인 개입을 촉구하는 연설을 한 에클스가 바로 그런 사람이었다. 그래서 에클스를 동부로 초청했다.

초청받은 에클스는 기분이 좋았다. 아버지가 그토록 두려워하고 경계했던 동부 사람들이 이제는 서부 출신인 자신의 말을 높게 평가하기 때문이다. 그는 루스벨트의 참모들을 만나 자신의 기발한 아이디어를 늘어놨다. 무기력한 연준이 50억 달러의 국채를 매입할 것, 정부는 5억 달러의 실업 기금을 조성할 것, 농촌과 서민들의 주택자금도 제공할 것 등이었다. 하지만 서부에서 온 사업가가 툭 내뱉는 제안은 지나치게 급진적이고 거칠었다. 대선 캠프 안에서조차 거부감을 보였다.

대공황 당시 고달팠던 서민의 삶. 전례 없이 사회주의적 성격이 강한 루스벨트 대통령의 뉴딜 정책은 이런 모습 때문에 정당화되었다.

그래서인지 그해 11월 치러진 대통령 선거에서 루스벨트 후보가 압도적인 표로 당선되었지만, 새 대통령은 에클스를 찾지 않았다. 1년 뒤 그를 부른 사람은 헨리 모겐소 재무장관이었다. 서로 특별한 인연은 없었다.

모겐소는 루스벨트의 친구였지만, 워낙 부유하게 자란 터라 뉴딜 정책에는 그다지 적극적이지 않았다. 루스벨트가 취임 20일 만에 급조한 농업신용청(FCA)을 맡아 행정부를 외곽에서 지원하는 정도였다. 그런데 윌리엄 우딘 재무장관이 병을 얻어 급작스럽게 사직하자 부득불 후임 재무장관으로 임명되어 뉴딜 정책을 총괄하게 되었다. 마음이 급해진 모겐소는 같은 유태계 출신인 시카고대학교의 제이컵 바이너Jacob Viner 교수에게 쓸만한 사람을 추천해 달라고 부탁했다.* 바이너 교수가 에클스를 추천했다.

* 제이컵 바이너는 오늘날 미시경제학 교과서에서 소개되는 '포락성 정리(Envolope Theory)'를 만든 사람이다.

모겐소는 에클스에게 장관 보좌관직을 제안했다. 돈 많은 사업가가 자기 사업을 중단하고 받아들이기에는 너무 보잘것없는 자리였다. 하지만 에클스는 이복형제들에게 집안 사업을 맡겨두고 그 제안을 흔쾌히 받아들였다. 서부의 패기만만한 사업가에서 공직자로 변신하는 순간이었다.

모겐소는 연방예금보험공사(FDIC), 연방농업모기지공사(FFMC), 주택구매자금융자공사(HOLC), 긴급주택위원회(ECH) 등 뉴딜 정책을 위해 신설된 여러 공공기관의 관리를 에클스에게 맡겼다. 사업가였던 에클스는 그 일을 어렵지 않게 소화했다.

루스벨트 행정부 2년 차인 1934년의 중요한 국정 과제는 연방주택건설법(National Housing Act)을 통과시키는 것이었다. 그때까지 은행들은 은행법에 따라 주택 가격의 50퍼센트까지만 대출했고, 만기는 5년으로 제한되어 있었다. 하지만 에클스는 집 없는 사람도 연 6퍼센트의 낮은 금리로 장기로 자금을 얻어 주택을 살 수 있게 하고, 정부가 그 주택 구매 자금의 80퍼센트까지 보증하는 법을 만들었다. 집을 가진 사람에게는 주택 개량을 위해 2,000달러까지 보조금도 주었다.

공화당과 금융계는 그 법이 포퓰리즘의 결과라고 비판했다. 그러자 에클스는 주택 구매를 정부가 도와주지 않으면 이미 주택을 가진 사람까지 어려워진다고 설득하고 그 법을 밀어붙였다. 법률이 통과되자 야당인 공화당은 에클스를 '재정을 축내는 요주의 인물'로 지목했고, 민주당에선 쓸만한 인재라고 주목했다.

운명

루스벨트 행정부에는 케인스주의자(Keynesian)가 가득했다. 정확히 말하자면 하버드 사단이었다. 우선 재무부 안에서는 하버드 출신의 박사 해리 화이트Harry White가 재정정책을 기획하고 있었다. 백악관에는 대선 공약 담당 로클린 커리Lauchlin Currie가 있었다. 그는 하버드대학교의 조지프 슘페터Joseph Schumpeter 교수의 지도로 화폐금융론으로 박사 학위를 취득한 직후 대통령 대선 공약팀인 '브레인 트러스트Brain Trust'에 합류했다. 커리는 불황 극복을 위한 적자재정의 필요성에 관해서 이론적 토대를 설계하고 홍보하는 일을 맡았다.

학계에도 루스벨트 행정부를 응원하는 케인스주의자가 많았다. 앨빈 한센Alvin Hansen 하버드대학교 교수가 대표적이다. 한센 교수는 미국에 케인스주의를 제일 먼저 소개하고 홍보한 사람인데, 영국의 존 힉스John Hicks 교수와 함께 오늘날 거시경제분석 모형의 고전인 IS-LM 모형(재정정책과 통화정책이 소득과 금리 수준을 결정한다는 것을 설명하는 경제모형)을 만든 것으로 기록되고 있다. 화이트나 커리보다 훨씬 널리 알려졌던 한센 교수는 의회에 자주 출석해 루스벨트 행정부의 재정정책을 옹호했다.*

구름같이 많았던 하버드 사단 앞에서 사업가 에클스의 학력은 보

* 한센은 하버드 대학에서 폴 새뮤얼슨, 제임스 토빈, 로버트 솔로 등 훗날 노벨 경제학상에 빛나는 많은 제자를 가르쳤다. 오늘날 하버드대학교가 케인스주의와 신고전학파의 산실이 된 것은 한센의 영향이다.

잘것없었다. 그러나 에클스의 일솜씨는 하버드 사단의 누구보다도 훨씬 훌륭했다. 모겐소 재무장관은 에클스에게 좀 더 중요한 일을 맡기기로 했다. 마침 조지아주 은행장 출신인 유진 블랙Eugene Black 연준 사무처장(governor)이 취임 일 년 만에 손을 들고 사임했다. 루스벨트 대통령이 임명했지만, 연준 내부를 개혁하는 데 한계를 느끼고 스스로 물러난 것이다. 모겐소 재무장관은 그의 후임으로 에클스를 점찍었다.

모겐소가 에클스를 불러서 "내가 대통령에게 말씀드려서 공석인 연준 사무처장에 당신을 임명하기로 했소"라고 통보했다. 하지만 에클스는 시큰둥했다.

> "연준이요? 그건 별로 맡고 싶은 자리가 아닙니다. 거기는 머리부터 발끝까지 완전히 싹 뜯어고치지 않으면 희망이 없는 조직입니다."

대공황 당시 연준은 하는 일도 없고, 할 수 있는 일도 없는 무기력한 조직이었다. 그래서 연준 사무처장을 맡아보라는 제안이 마음이 끌리지 않았다. 그러자 모겐소는 "그러면 연방준비은행법(연준법)도 바꿔 보라"면서 거듭 권고했다.

일이 그렇게 된 이상 에클스는 연준 사무처장직을 수락하는 동시에 연준법 연구에 돌입했다. 우선 연준위원회와 지역 연준의 관계를 확실하게 못 박았다. 그때까지 공개시장조작의 법적 근거를 두고 연준위원회와 지역 연준이 신경전을 벌이고 있었다. 대통령이 바뀐 뒤 유진 블랙이 연준위원회 사무처장으로 임명되었지만, 아무것도 하지 못한 채 일 년 만에 물러난 것도 지역 연준의 저항이 컸기 때문이다. 에클스는 그런 길을 가고 싶지 않았다.

얼마 뒤 그 개정안을 들고 백악관을 찾아갔다. 루스벨트 대통령은 한참 설명을 듣더니 책상을 탁하고 치면서 말했다.

"이게 자네가 바라던 것이로군. 이 법이 엄청난 대박이 될 수도 있겠지만 지독한 싸움거리가 될 수도 있다는 것은 잘 알겠지? 하지만 언젠가는 해결해야 하는 문제라면, 집권 초기인 지금 하는 것이 낫겠지. 내가 보기에도 이 정도는 필요한 것 같아. 그런데 내가 자네를 사무처장으로 지명하려는 데 얼마나 말들이 많은지 아나? 내가 힘든 만큼 자네도 그 자리에서 고생 좀 해야 할 거야, 하하. 잘해보시오! 반대하는 놈들 말은 신경 쓰지 마시오! 나도 귀담아듣지 않겠어!"

이렇게 에클스에게 전폭적인 신임을 보여준 지 6일 후, 루스벨트 대통령은 1934년 11월 10일 공석 중인 연준 사무처장에 에클스를 지명한다고 발표했다. 5일 뒤 에클스는 연준 사무처장 내정자로 출근하기 시작했다. 그때부터 무려 16년 9개월이나 연준에서 근무하게 될 줄은 아무도 몰랐다. 그리고 에클스가 준비한 연준법 개정안의 전모에 대해서도 아는 사람이 없었다.*

* 에클스는 1934년 11월 15일 연준 사무처장(governor)으로 근무하다가 자신이 만든 연준법에 따라 1935년 4월 25일 의장으로 다시 취임했다. 그래서 그는 초대 연준 의장으로 소개되기도 하고, 제7대 의장으로 소개되기도 한다.

연준법 수술

재정 적자를 늘려야 경제가 좋아진다고 주장했던 사람이 연준의 최고위직에 오르는 것은 이상했다. 하지만 에클스의 임명 소식이 알려졌을 때 그의 경제관은 그다지 중요한 것이 아니었다.《뉴욕 타임스》와《워싱턴포스트》가 지적한 것은, 그가 대통령과 너무 가깝다는 사실이었다. 대통령 선거 때부터 뉴딜 정책을 앞장서서 지지했으며 루스벨트 행정부에서 재무장관 보좌관을 지낸, 서부의 무명 인사가 연준과 미국 금융계를 움직인다는 것은 적절치 않다고 보도했다.

에클스를 못마땅하게 생각한 사람 중에는 상원 금융위원회의 카터 글라스 위원장도 있었다. 버지니아주 출신의 글라스는 유타주 출신의 에클스를 잘 알지 못했다. 글라스 위원장은 에클스가 유타주와 캘리포니아주 등에서 은행을 소유하고 있으므로 철저한 인사 검증이 필요하다는 것을 내세워 인사청문회 개최를 질질 끌었다. 결국 연준 사무처장 임명동의안은 4월 25일이 되어서야 가까스로 통과되었다.

한편 임명동의안 처리가 늦어지는 사이 연준법 개정안이 먼저 공개되었다. 1935년 2월 초 하원 법안 제7617호로 발의된 법률개정안이 알려지자 맨해튼 금융계는 일제히 경악했다. 연준의 성격과 지배구조를 완전히 환골탈태시켰기 때문이다. 당시 연준법은 연준의 존재 이유가 "상공 활동의 지원에 필요한 적절한 통화 공급과 상업어음 할인"이라고 규정했다. 19세기의 지배적 이론이었던 진성어음주의에 입각해서, 경제활동을 반영하는 상업어음을 차질 없이 할인해주는 것이 중앙은행의 사명이라고 못 박았다. 이런 구도에서 연준이 할 일은 실물경제를 뒤쫓아 가는 것이었다. 그런데 에클스가 만든 개정안에서는 "물가 안정과 성장"이라고 하는, 훨씬 적극적인 목표가 부여되었다. 통화정책으로 실물경제를 이끌겠다는 생각이 뚜렷했다.

또한 지배 구조도 바뀌었다. 그때까지는 지역 연준 총재(대표)와 부총재를 지역 연준의 이사회가 임명했다. 그런데 앞으로는 연준위원회의 동의를 거치는 과정을 추가했다. 지역 연준에 대한 연방정부의 지배력을 강화한 것이다.

아울러 지역 연준 총재들끼리 자율적으로 운영해 오던 공개시장위원회(Open Market Committee)를 연방공개시장위원회(FOMC)라는 법정 기구로 격상시켰다. FOMC는 의장과 2명의 연준위원회 위원, 그리고 지역 연준 총재 2인 등 5인으로 구성토록 했다. 대통령이 임명한 사람들이 다수를 차지하도록 한 것이다(이 구상은 논의 과정에서 바뀌는데, 뒤에서 다시 언급한다). 그리고 이 위원회의 결정은 12개 지역 연준이 거부할 수 없도록 했다.

법안이 공개된 지 2주일 뒤 상원 금융위원회가 개최되었다. 그때 글라스 금융위원장부터 법률개정안에 시큰둥한 태도를 보였다. 언론의 반응도 냉랭했다. 《뉴욕 타임스》는 "유럽 중앙은행들에 비해 미 연준 제도가 가지고 있던 자율 조정 기능이 폐기됨으로써 중앙은행 제도가 정치적 영향에 휘말리게 되었다"고 논평했다. 하원 청문회에서는 통화청장이 출석해서 개정안을 비판했다. 연준법이 개정되면 재무부 산하 통화청의 은행 감독 기능이 약해지기 때문이었다. 민간인 대표로 참석한 맨해튼 은행 부회장 제임스 워버그James Warburg도 부정적인 의견을 표출했다. 그는 연준법을 탄생시킨 일등 공신이자, 최초의 연준위원회 위원이었던 폴 워버그Paul Warburg의 아들이었다.

두 번째 청문회는 5월 10일 열렸다. 그날 윈스럽 올드리치Winthrop Aldrich 체이스은행 회장이 참고인으로 출석했다. 그는 제임스 워버그보다도 훨씬 비중 있는 인물이었다. 정치 명문 올드리치 집안의 아버지와 재계 명문 록펠러 집안의 어머니를 둔 미국 상류 사회의 이너 서클 맴버였다. 그의 외조카인 넬슨 록펠러Nelson Rockefeller가 훗날 포드 행정부에서 부통령을 지냈다.

윈스럽 올드리치는 연준법 개정안에 문제가 많다고 증언했다. 지역 연준을 연준위원회가 통제하고 대통령이 다시 연준위원회에 영향력을 행사할 수 있게 되면, 장차 인플레이션이 만연하게 되고 선거철마다 통화량이 늘어나게 될 것이라는 우려감을 표시했다. 그의 말이 떨어지기가 무섭게 그동안 루스벨트 대통령 때문에 입을 닫고 있었던 금융계에서 불평과 불만이 쏟아졌다. 이튿날부터 저축은행연합회, 뉴욕 주법은행연합회, 매사추세츠주 은행연합회 등 각종 단체의 반대 성명이 신문 지면을 뒤덮었다. 1913년 우드로 윌슨 대통령이 연준법을 처음 만들 때와 똑같이 민주당 정부를 향한 보수파와 금융계의 맹반격이 시작된 것이다.

의회에서 법안 통과가 늦어지자 루스벨트 대통령이 움직였다. 어느 날 카터 글라스 상원 금융위원장을 백악관으로 불러 자기 계획을 넌지시 알렸다. 대공황을 제대로 수습하지 못한 지역 연준 총재들을 물갈이할 계획이라면서 새로 임명될 총재 명단을 보여주었다. 거기에는 9명의 이름이 있었다. 대통령은 글라스 위원장에게 그들에 대한 의견을 묻고는 나머지 3명은 직접 추천해달라고 부탁했다. 원래 그 역할은 에클스가 해야 하지만, 그가 서부 출신이라서 금융계 인사를 잘 모르니 발이 훨씬 넓은 글라스 금융위원장이 도와주라는 제스처였다.

카터 글라스 상원의원. 연준법과 글라스-스티걸법 등 오늘날 미국 금융 제도의 골격을 다듬었다.

대통령의 제안을 받은 글라스가 몇 마디 인물평과 함께 자기와 가까운 사람들을 추천했다. 하지만 대가가 있었다. 대통령의 인사에 관해 조언한 이상 연준법 개정안 통과에 협조하지 않을 수 없게 된 것이다. 그것이 바로 루스벨트의 노림수였다. 나중에 밝혀진 것이지만, 그날의 작전과 명단은 에클스 의장이 미리 짜낸 것이었다. 그렇게 해서 대통령과 에클스는 글라스 위원장의 태도를 돌려놓았다.

그렇다고 글라스 위원장이 연준법 개정안에 호락호락 동의한 것은 아니다. 그는 최초의 연준법을 만들 때 참여했던 사람이라서 누구보다 연준법을 잘 알았다. 그래서 개정안에도 상당한 영향력을 행사했다. 우선 연방공개시장위원회(FOMC)의 구성을 바꿨다. 원안에는 5인으로 구성되어 있었는데, 이를 12인으로 대폭 늘렸다. 7인의 연준위원회 위원 전원과 5인의 지역 연준 총재가 참석하도록 해서 연방정부와 주정부의 힘이 균형을 이루도록 했다. 그리고 뉴욕 연준 총재를 그 위원회의 당연직 부의장으로 격상시켰다. 금융시장을 잘 아는 사람이 좀 더 목소리를 내도록 한 것이다. 행정부가 임명한 사람들이 연방공개시장위원회를 확실하게 장악하기를 바랐던 에클스의 구상과는 상당히 달랐다.

최고의사결정기구 명칭을 'Board of Governors'로 고치되 막상 'Governor'라는 직위를 뺀 것도 글라스 의원의 아이디어였다. Governor는 식민지 시절 영국의 총독이나 미국의 주지사를 일컫는 말이다. 즉 행정을 집행하는 사람에게 부여하는 직위다. 따라서 Board of Governors의 구성원을 Governor라고 부르면, 마치 지역 연준을 지휘하고 명령하는 듯한 인상을 준다. 그런 점을 두루 고려해서 연준법에는 Governor라는 직위명을 쓰지 못하도록 했다.*

그런 우여곡절 끝에 1935년 8월 19일 연준법 개정안이 의회를 통과했다. 이틀 뒤인 8월 21일, 루스벨트 대통령은 글라스 금융위원

* 한자 문화권에서는 Governor를 보통 총재라고 번역한다. 조선 시대에는 왕이 죽고 난 뒤 실록을 작성하기 위해 육조에서 소집한 사람 중 대표자를 '총재관摠裁官'이라고 불렀다. 실록이 완성될 때까지만 활동하는 한시직이다. 총재관은 왕이 남긴 각종 기록을 점검하고 여러 사람의 의견을 들은 뒤 실록에 기록될 내용을 최종 결정을 내리는 일을 담당하기 때문에 문장력, 판단력 그리고 소통 능력이 뛰어나야 했다. 이런 점에서 볼 때 중앙은행 대표자를 총재라고 한 것은 아주 적절하다. 과거에는 정당 대표도 총재라고 불렀다.

1935년 백악관 집무실에서 루스벨트 대통령이 연준법 개정안에 서명한 직후의 모습. 대통령 바로 뒤에 모겐소 재무장관이 서 있고, 사진 오른쪽 끝에 에클스 연준 의장이 있다. 왼쪽에서 두 번째는 카터 글라스 상원 금융위원장이다.

장을 포함한 관계자들을 백악관으로 불렀다. 법안에 서명을 마치고 자기가 서명한 만년필을 글라스 위원장에게 선물로 주었다. 법안 처리에 시간을 끌었던 글라스 위원장은 멋쩍게 만년필을 받았다. 대통령은 이어서 에클스에게 연준을 잘 이끌어 가라며 다른 만년필을 주었다. 연준과 연준법의 최고 권위자라는 영예가 늙은 카터 글라스에서 젊은 매리너 에클스로 넘어가는 순간이었다.

법률이 개정된 직후 에클스는 이제 연준의 새로운 모습을 눈으로 보여주려고 했다. 가장 확실한 방법은, 재무부 건물 한쪽 구석에 있던 연준위원회를 단독 건물로 옮기는 것이다. 루스벨트 대통령과 지역 연준들을 설득하여 예산을 얻은 다음 멋진 대리석 건물을 새로 지었다. 훗날 에클스 빌딩이라는 이름이 붙은 그 건물은 1937년 완공되었다.

갈등

1936년 대통령 선거가 다가올 무렵 대공황의 긴 터널 끝이 보이기 시작했다. 하지만 루스벨트는 이렇다 할 새로운 국정 목표를 제시하지 못했다. 그래서 국민의 개혁 피로감은 커지고, 뉴딜 정책의 위헌성을 따져보려는 사람들이 늘었다. 그 시작은 농업개혁법이었다. 1933년 루스벨트 취임 직후 제정된 농업개혁법(AAA)은 농산물 가공업자에게 분담금을 부과하는 법이다. 대공황의 원인으로 손꼽히는 농산물 과잉생산을 억제하기 위해서 농산물 가공업자에게 과잉생산에 대한 분담금을 부과해서 불황의 늪에서 벗어나려는 취지였다. 그런데 이 법이 1936년 대법원에서 위헌으로 판결이 났다(결국 그 법은 1938년 개정되었다).

마침 루스벨트 대통령이 재선에 나섰을 때 그 판결이 나왔지만, 여전히 인기가 높았던 루스벨트는 가볍게 재선에 성공했다. 그래도 안심할 수는 없었다. 자칫 집권 2기에 이르러 기존 뉴딜 정책의 정당성이 흔들릴 수 있기 때문이었다. 그래서 대법원의 보수파 판사들을 물갈이하려고 나섰다. 1869년 이후 9명으로 고정되어 있던 대법관 수를 15명까지 대폭 늘려 개혁적 성향의 젊은 대법관으로 채운다는 생각이었다.

재선에 성공한 직후인 1937년 2월 5일 루스벨트 대통령이 〈노변정담(Fireside Chat)〉이라는 라디오 프로그램에 출연하여 국민에게 대법관 증원 필요성을 담은 사법부 개혁안(Court-Packing Plan)을 호소했다. "연로하신 나이에 과로하지 말라"는 취지에서 종신직인 대법관의 나이가 70.5세가 넘을 때마다 한 명을 증원해서 최대 15명까지 늘릴 수 있도록 하는 것이 개혁안의 골자였다.

자신이 완성한 연준 건물의 새 집무실에서 느긋하게 서류를 보고 있는 매리너 에클스 의장. 중앙은행을 처음 만든 초대 재무장관 알렉산더 해밀턴의 초상화가 벽에 걸려 있다.

국민은 대통령의 계획을 열광적으로 환영했지만, 대법원은 즉각 반발했다. 고령 때문에 은퇴를 준비하던 대법관이 갑자기 사퇴 의사를 번복하는 일까지 생겼다. 루스벨트의 사법부 개혁안은 결국 상원에서 70대 20으로 부결되었다.

루스벨트 대통령이 이렇게 사법부를 상대로 위헌 문제로 골머리를 싸맬 때 경제문제는 몽땅 모겐소 재무장관에게 맡겼다. 그런데 연준법 개정 이후 에클스의 존재감이 커지면서 모겐소 재무장관이 에클스를 의식하기 시작했다. 루스벨트 대통령과 자기 사이의 긴밀한 공간을 자기의 부하였던 에클스가 파고든다고 느꼈다.

에클스는 대공황에서 벗어난 뒤 찾아온 더블딥double dip, 즉 1937~38년의 경기 둔화에 대응해 금리와 지준율을 조절하려고 했지만, 모겐소가 만류했다. 그러자 에클스는 다른 꾀를 생각했다. 규

루스벨트 대통령의 사법부 개혁안을 비판하는 풍자 만화

제를 통해 은행 대출을 미조정하는 방법이다.* 그런데 은행 감독 체계가 너무 복잡하니 감독 권한을 연준으로 집중하는 방안을 루스벨트 대통령에게 제안했다.

하지만 루스벨트 대통령은 몇 년 전 연준법 개정 때와는 달리 에클스의 제안을 선뜻 받아들이지 않았다. 사상 유례없는 은행의 연쇄 파산 사태 속에서 취임한 대통령이 볼 때 영세한 주법 은행들이 국법 은행들과 똑같은 감독을 받으면 살아남지 못할 것이라는 걱정이 들었다.** 모겐소 재무장관을 불러서 연준, 통화청(OCC), 예금보험공사(FDIC) 등과 함께 에클스의 제안을 검토해 보도록 지

* 거시경제 차원에서 금융 규제를 활용하는 방법을 오늘날 거시건전성 정책(macro-prudential policy)이라고 한다. 글로벌 금융위기 이후 등장한 신개념인데, 학술적 배경이 약한 에클스가 이미 1940년대에 제안했다는 점은 주목할 만하다. 좋은 정책은 학력과 상관없다.

** 재선을 생각하는 대통령은 은행 감독이 강화되어 대출과 경기가 후퇴하는 것을 원치 않는다. 2018년 트럼프 대통령도 시스템적으로 중요한 금융기관(SIFI)의 기준을 자산 500억 달러에서 2,500억 달러로 대폭 인상했다. 그 결과 자산 규모 2,100억 달러의 실리콘밸리 은행이 별다른 규제를 받지 않고 영업하다가 2023년 3월 파산했다.

시했다.

대통령에게 지시받은 모겐소는 에클스의 제안을 단칼에 잘랐다. 남북전쟁 때 다듬어진 은행 감독 체계를 당장 손봐야 할 만큼 문제가 있지 않았기 때문이다. 모겐소가 받아들인 것은 은행 감독 방식을 살짝 개선하는 정도였다.*

에클스가 은행 감독 체계 개편에 공을 들인 이유는, 통화정책 면에서는 연준의 입지를 넓히는 데 한계가 있었기 때문이다.** 2차 세계대전이 발발하면서 재무부는 군수물자 생산을 독려하기 위해 전시생산위원회(War Production Board)를 설치하고, 이 위원회와 군납 계약을 맺은 업체에는 연방정부의 보증 아래서 연준이 무조건 대출하는 프로그램(Regulation V)을 시행하고 있었다. 한마디로 연준 대출의 주도권이 행정부로 넘어갔다. 이에 더해 재무부가 발행하는 국채도 상당 부분은 연준이 인수해야 했다. 대출과 공개시장조작에서 연

* 그때 채택된 것이 'CAMEL' 방식이다. CAMEL, 즉 자본적정성(Capital adequacy), 자산건전성(Asset adequacy), 경영적정성(Management), 수익성(Earnings), 유동성(Liqudity)의 측면에서 은행의 리스크를 계량화해서 평가하고 등급을 부여하는 방식이다. 그전에는 은행 감독 업무가 규정 위반 여부를 적발하는 데 치중했으나, 뱅크오브아메리카가 운용하던 자체 평가 시스템(BES, Bank Evaluation System)을 조금 더 발전시켰다. CAMEL은 오늘날 BIS가 제시한 바젤 III 규제로 대체되었다.

** 이는 글로벌 금융위기 이후 벤 버냉키 연준 의장이 취했던 것과 똑같다. 2008년 9월부터 2015년 12월까지 버냉키 의장은 제로금리 정책 이외에 취할 수 있는 것이 없었다. 그래서 포워드가이던스forward guidance니 수익률곡선 조절(yield curve control)이니 생소한 개념을 끊임없이 시도했다. 무력하지 않다는 것을 보여주려는 쇼였다. 경제주체들의 기대를 움직이려면 쇼도 중요한 정책 수단이 된다. 그것을 고상한 말로 커뮤니케이션이라고 부른다.

준의 자주성은 찾아보기 어려웠다.

그런데 은행 감독 체계 개편에 관한 건의마저 모겐소가 무시하자 에클스는 크게 실망했다. 의장직에서 물러날 결심까지 했다. 자기 임기가 1940년 2월로 종료되니 새로운 인물을 찾아보시라고 대통령에게 건의했다. 그 무렵 세 번째 선거를 준비하고 있던 루스벨트는 응답이 없었다.

1월 31일이 되자 응답이 왔다. 그런데 당황스러웠다. 백악관이 당사자에게 알려주지도 않은 채 연준 의장을 연임시킨다고 발표한 것이다. 에클스는 4년을 더 모겐소와 일할 생각에 속이 답답했다.* 세 번째 임기가 시작되면서 에클스와 모겐소의 갈등은 더 커졌다. 태평양전쟁이 시작되면서 재정자금의 4분의 1은 세금으로, 4분의 3은 국채로 조달되고 있었다. 에클스는 물가가 불안하니 경기 대응 차원에서 그 비율을 절반씩으로 조절하자고 제안했지만, 모겐소가 묵살했다. 모겐소는 '경기 대응적 경제정책'이라는 개념 자체를 받아들이지 않았다. 경기가 과열되었을 때는 수요를 억제해야 한다는 주장을 경멸했다.

"재정 지출이라는 것은 관성이 있는데, 아무것도 모르는 놈들이 일 년

* 임기가 있는 자리에 특정인을 연임시킬 때 반드시 뚜렷한 이유가 있어야 하는 것은 아니다. 2018년 3월 2일 이주열 한국은행 총재의 연임이 발표되자 많은 사람이 어리둥절했다. 4년간 그의 행적을 보아온 한은 노조는 "실망스럽고 우려스럽다"는 성명서를 발표했다. 당시 김의겸 청와대 대변인은 "미국이나 유럽의 주요 나라들에서는 중앙은행 총재가 오래 재임하면서 통화정책을 안정적으로 펼치도록 하고 있다"는 점을 밝혔다. 당사자의 실적과 평판보다는 외국의 관례를 이유로 들었다.

단위로 돈줄을 풀었다 죄었다 하라고 훈수를 둔단 말이야. 말이 쉽지 그게 되겠어? 말만 앞세우는 놈들치고 자기가 맡은 일을 성공시키는 걸 본 적이 없어. 그런 불평분자들이 정말 지긋지긋해!"

다분히 에클스를 향한 일침이었다. 국채 발행을 줄이고 연준의 국채 인수도 축소해야 한다는 에클스의 거듭된 주장을 무시했다. 급기야 에클스를 불러서 역정을 냈다.

"당신은 내가 재무장관감이 못 된다고 생각하나 본데, 내 자리가 그렇게 탐나시오? 나도 재무장관 한두 해 하는 것이 아니오. 재정정책은 내가 알아서 할 테니 자꾸 가르칠 생각하지 마시오."

모겐소는 전쟁 중에는 행정명령으로 경제를 이끌어 가는 것이 당연하다고 봤다. 물가 상승 압력도 직접 통제해서 다스리려고 했다. 1942년 10월 임금까지 통제하는 경제안정청(Office of Economic Stabilzation)을 만들었다.

모겐소에게 무슨 말을 해도 먹히지 않자 에클스가 이번에는 지급준비율을 인상하려고 했다. 모겐소는 그것도 동의하지 않았다. 에클스가 국채 인수를 사양한다고 발표하자마자 모겐소는 오히려 그 반대로 움직였다. 국채의 추가 발행 계획을 발표하고 연준이 그것을 인수하라고 압박했다. 양 기관의 갈등은 점점 커지고 두 사람은 점점 더 멀어져 갔다.

두 사람 사이의 알력을 언론이 알아차리고 재무부와 연준 간의 불화를 보도했다. 그러자 루스벨트 대통령이 두 사람을 불러서 야단쳤다. 연방정부 안에서 일어나는 불협화음이 자꾸 보도되면 사표를 받겠다는 것이었다.

고립무원

이러는 사이에 에클스 의장의 세 번째 임기 만료가 다가왔다. 그런데 이번에도 루스벨트 대통령은 당사자와 상의도 하지 않은 채 1944년 에클스를 또 연임시켰다. 자의 반 타의 반으로 재신임을 받은 에클스는 은행 감독 체계 개편 방안을 다시 꺼내 들었다. 2차 세계대전이 한창이라 통화정책 면에서는 연준의 자율성을 고집할 상황이 아니었다. 그럴수록 은행 감독 면에서라도 연준의 공간을 찾고 싶었다.

에클스는 대통령에게 이번에도 자기 의견이 받아들여지지 않는다면, 사임하겠다는 뜻을 확실하게 밝혔다. 그러자 지치고 노쇠한 루스벨트는 "올해 말까지만이라도 그 문제는 접어둡시다. 대통령 선거부터 치릅시다"라고 말하면서 입을 막았다. 에클스를 붙잡고 거의 사정하는 투였다. 그것이 미안했던 나머지 에클스는 아무 말도 하지 못하고 백악관을 나왔다.

그런데 기진맥진한 몸으로 4번째 당선에 성공한 루스벨트가 새 임기를 시작한 지 석 달도 못 되어서 사망했다. 부통령으로 취임한 지 82일 만에 해리 트루먼Harry Truman이 1945년 4월 12일 대통령직을 승계했다. 2차 세계대전 종전을 눈앞에 두고 있었다.

에클스는 이번에는 꼭 물러나겠다고 결심하고 트루먼에게 사임 의사를 전달했다. 연준 의장으로서 10년을 일했으면 충분하지 않은가? 그런데 트루먼 대통령은 에클스를 불러 “함께 일해 보자”며 에클스의 손을 잡았다. 그냥 재신임하는 정도가 아니라 에클스가 꼭 필요하다고 애원했다. 대신 에클스와 알력을 보였던 모겐소 재무장관의 사표를 수리했다. 트루먼 대통령이 이렇게 나오니 에클스는 임기를 채우기로 마음을 바꿨다.

하지만 실수였다. 조금 시간이 흐른 뒤 후회하기 시작했다. 트루먼 행정부도 에클스와 궁합이 맞지 않았기 때문이다. 그 첫 번째 계기는 물가 대책이었다. 8월 15일 마지막까지 저항하던 일본이 투항하자 트루먼 대통령은 임금, 가격, 생산 등에 대한 전시 통제 조치를 일거에 해제했다. 각종 전시위원회도 하나씩 폐지했다.

국내 물가를 책임지고 있던 에클스는 이런 조치에 걱정이 앞섰다. 정부의 힘으로 가까스로 누르고 있었던 임금과 가격 상승 압력이 일시에 분출되면 물가가 큰 폭으로 오를 것이 뻔했기 때문이다. 부동산 가격 폭등을 막으려면 양도소득세만이라도 대폭 인상해야 한다고 생각했다. 그래서 새로 재무장관에 임명된 프레드 빈슨Fred Vinson을 찾아가 양도소득세율을 대폭 높여서 주택 가격 상승을 억제하자고 제안했다. 또한 물가가 일시에 오르면 파업이 확산될 우려가 있으므로 전쟁 중에 유지되었던 ‘쟁의 중단 선언’은 일단 유지할 필요가 있다는 점도 주지시켰다.

하지만 에클스의 주장은 하나도 받아들여지지 않았다. 트루먼 대통령은 사회주의적 발상이라고 끊임없이 비판받았던 루스벨트 시대의 각종 임시 조치를 폐지하는 것이 전쟁에서 승리한 국민의 시대적 요구라고 생각했다. 또한 임금이 다소 오르더라도 물가에는 큰 문제가 없을 것이라고 낙관했다. 그래서 루스벨트 대통령이 만든 전국임금안정위원회(National Wage Stabilization Board)를 해체하고, 정부 권유로 만들어진 쟁의 중단 선언도 폐기했다.

법조계 출신의 대통령과 재무장관이 경제를 너무 단순하게 생각했다. 에클스가 예견한 대로 물가 상승 압력은 바야흐로 전 부문에 걸쳐 태풍처럼 커지기 시작했다. 1945년 말 근로자들의 파업이 폭증하고 두 달 만에 임금이 18퍼센트나 올랐다. 근로시간 단축에 따른 생산량 감소로 일반 물가도 폭등했다. 이런 상황에서 연준이 한계지급준비제도* 실시를 제안했는데, 재무부는 그것도 반대했다. 전쟁 중에 금리결정권이 행정부로 넘어갔고, 지급준비율 인상도 여의치 않고, 대출 프로그램 축소도 어려우니 연준은 대출담보비율(LTV) 인상만으로 인플레이션과 힘겹게 싸워야 했다.

그러는 사이에 원래 변호사였던 빈슨 재무장관이 대법원장으로 자리를 옮겼다. 후임 재무장관 존 스나이더John Snyder는 트루먼 대통령과 1차 세계대전 때 한 부대에서 근무한 아주 각별한 사이였다. 루스벨트-모겐소 조합에 이어 트루먼-스나이더 조합도 이례적으로 가까운 사이니 에클스는 운신의 폭이 좁다는 것을 절감했다.

* 특정 시점을 기준으로 더 늘어난 예금에 대해서는 지급준비율을 100퍼센트로 올려서 더 이상 통화량이 늘어나지 않도록 하는, 한시적 극약 처방이다. 한국에서도 1980년대 중반까지 몇 차례 실시한 바 있다.

루스벨트 대통령 시절 스나이더는 에클스와 비교도 되지 않는 낮은 위치에 있었다. 스나이더는 방위산업공사(Defense Plant Corporation) 부사장과 전시징발청(Office of War Mobilization and Reconversion) 국장을 맡았다가 트루먼이 대통령이 되자 일약 재무장관에 올랐다. 언론에서는 그를 재무장관으로 임명한 것을 한심한 결정이라고 비판했다. 그래서인지 스나이더는 틈만 나면 "내가 하는 것이 곧 대통령이 하는 것"이라는 말을 유난히 떠벌리고 다녔다.

대통령과 재무장관의 관계가 각별하니 에클스는 불만이 많았지만 꾹 참으며 스나이더와 호흡을 맞췄다. 그런데 도저히 참을 수 없는 일이 터졌다. 뱅크오브아메리카에 대한 제재 문제였다. 이 은행의 모회사인 트랜스아메리카 지주회사의 부회장인 샘 허즈번즈Sam Husbands는, 과거 방위산업공사에서 스나이더와 함께 근무하던 사이였다. 그래서 스나이더는 트랜스아메리카와 뱅크오브아메리카에 무척 호의적이었다. 재무장관에 취임하자마자 뱅크오브아메리카의 영업망 확장 동결 조치를 폐지했다.

그 지시는 에클스를 몹시 곤란하게 만들었다. 뱅크오브아메리카의 지점망 확장을 동결한 것은 과거 약속 불이행에 대한 제재였다. 영세 은행의 인수 합병을 통해 공격적으로 사업을 확장해 온 트랜스아메리카는 어느덧 시장 지배자의 위치에 가까워졌다. 그래서 연준은 1940년과 1943년 두 차례에 걸쳐 트랜스아메리카에 더 이상 인수 합병을 하지 않겠다는 각서를 받았다. 그런데 그 약속이 지켜지지 않았다.

연준은 뱅크오브아메리카의 영업이 법률에 저촉되는 점이 있다는 법무부, 통화청(OCC), 예금보험공사(FDIC) 등의 의견을 스나이더에게 전달했다. 하지만 스나이더는 묵묵부답이었다. 그런 모습을 보면서 에클스는 고립무원을 느꼈다. 진작에 연준 의장직을 사퇴하지 않은 것을 후회했다.

경질

뱅크오브아메리카에 대한 제재 방침에 대해 스나이더가 아무 대꾸도 하지 않자 에클스는 마침내 극약 처방을 꺼내 들었다. 은행을 소유하는 지주회사는 다른 업종을 포기하도록 하는 은행지주회사법을 제정하는 것이다. 일찍이 모겐소 재무장관 시절에 잠깐 거론되었던 것이다. 에클스는 톰 클라크Tom Clark 법무장관을 만나서 뱅크오브아메리카의 영업 행위가 은행 산업에 어떤 문제를 초래하는지 설명하고 은행지주회사법 제정을 부탁했다.

장관의 소개로 연준의 부탁을 받은 법무부의 홈스 발드리지Homes Baldridge 특별보좌관은 은행지주회사법 제정을 요구하는 연준 의견에 동조했다. 때마침 대법원은 법무부가 기소했던 아메리칸 토바코의 독점 행위에 관해 벌금을 선고했는데, 1946년의 이 판결은 문어발식으로 확장하는 뱅크오브아메리카에도 그대로 적용될 수 있었다. 법무부는 은행업의 독점 행위를 제한하는 은행지주회사법안을 만들어 찰스 토베이Charles Tobey 상원의원에게 넘겼고, 곧이어 법안 번호 S. 829로 발의되었다.*

뱅크오브아메리카도 가만히 있지 않았다. 지아니니 회장이 1947년 12월 중순 스나이더의 주선으로 트루먼 대통령과 면담했다. 만나자마자 에클스에 대한 험담을 늘어놨다. 트루먼은 말없이 듣기만 했지만, 에클스가 재산 문제에 관해서 의혹이 있다는 말에 귀가 솔깃했다. 스나이더 재무장관에게 재산 조사를 지시했다.

1948년 초 에클스의 네 번째 임기 만료가 다가왔다. 백악관에서 임기 만료 9일 전까지 아무 언질도 주지 않아 당연히 물러날 채비를 하고 있었다. 그러다가 임기 만료 직전에 뜻밖의 소식을 알려왔다. 로널드 랜슨 위원의 사망으로 공석이 된 자리를 채울 사람을 연준 의장으로 임명하는데, 에클스가 그 밑에서 부의장으로 꼭 남아달라는 것이었다.

에클스는 혼란스러웠다. 계속 근무할 마음도 없는 자기를 붙들어 굳이 부의장으로 임명하겠다는 말은 모욕에 가까웠다. 대통령의 뜻이 도대체 무엇인지 헤아리기가 어려웠던 에클스는 가까운 친구들과 상의했다. 친구들은 참으라고 충고했다. 에클스가 연준의 살아있는 역사요, 기둥이라는 점은 세상이 다 아는 사실이지만, 영원히 의장 자리를 지킬 수는 없지 않겠느냐면서 위로했다. 연준의 간판이자 터줏대감이 사라지면 스나이더 재무장관의 독주가 너무 커지고 금

* 연준이 처음에는 이 법률 제정에 그다지 적극적인 것은 아니었다. 트랜스아메리카와 뱅크오브아메리카를 압박하려는 수단 정도로 생각했다. 그러나 1953년 트랜스아메리카와의 소송에서 연준이 패하면서 법률 제정에 적극성을 보였다. 은행지주회사법은 발의된 지 10년 만인 1956년 입법화되었다(자세한 내용은 앞 장을 참조).

융시장도 혼란스러워지니 대통령이 부의장을 제안한 것 같다고 조언했다. 에클스는 이 말을 듣고, 의장이 부의장으로 강등하는 수모를 감수하기로 했다.

다만 대통령에게 한 가지 부탁을 했다. 남들에게는 도저히 체면이 서지 않으니까 다른 연준 위원들에게 보여줄 수 있는 편지를 써달라고 요구했다. 트루먼이 그 부탁은 쉽게 들어주었다. 자기가 에클스를 꼭 필요로 한다는 뜻을 편지에 담아 연준 위원들에게 발송했다.

그런데 후임자가 의외였다. 트루먼 대통령이 스나이더 재무장관과 협의해서 고른 토머스 매케이브Thomas McCabe는 루스벨트 행정부 시절 스나이더와 국방위원회에서 함께 근무했던 인연이 있었다. 하지만 금융계 경력은 전혀 없었다. 제지회사 스콧의 최고 경영자로 오래 근무했었다. 스나이더는 그런 사람이 자기 말을 잘 들을 것으로 생각했다. 그래서 매케이브를 불러 두 가지를 당부했다. 에클스가 추진하려던 한계지급준비제도와 은행 감독 체계 개편 모두를 포기하라는 것이었다. 매케이브는 그 말에 순순히 동의했다.

그런데 매케이브가 취임한 뒤에도 부의장은 임명되지 않았다. 부의장도 아닌, 평의원으로 근무하는 에클스는 몹시 불편했다. 그것은 트루먼의 독특한 일 처리 방식 때문이었다. 판사 출신인 트루먼은, 하루가 다르게 쇠약해 가는 루스벨트가 몇 번의 고심 끝에 선택한 부통령 후보였다. 그때 루스벨트는 자기보다 튼튼하고 참신한 것을 러닝메이트 선별 기준으로 삼았으므로 국민에게는 거의 알려지지 않은 인물이었다. 게다가 1946년 선거에서 상원과 하원 모두 공화당이 장악해서 트루먼의 국정 장악력은 아주 약했다. 민주당 내에서도 트루먼의 지도력을 의심하면서 2개 계파가 분당을 선언하고 탈당했다.

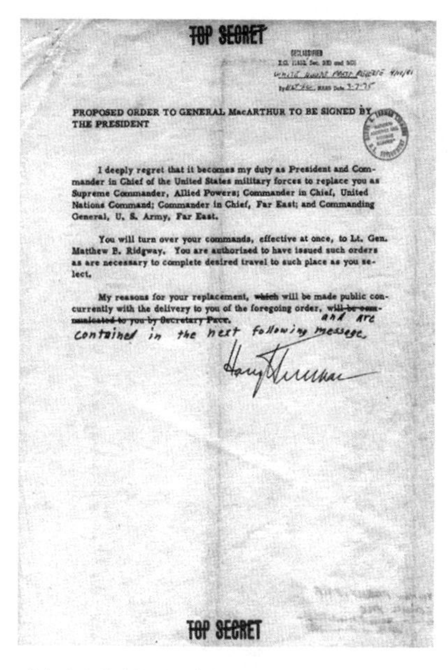

TOP SECRET

DECLASSIFIED
E.O. 11652, Sec. 3(E) and 5(D)

PROPOSED ORDER TO GENERAL MacARTHUR TO BE SIGNED BY THE PRESIDENT

I deeply regret that it becomes my duty as President and Commander in Chief of the United States military forces to replace you as Supreme Commander, Allied Powers; Commander in Chief, United Nations Command; Commander in Chief, Far East; and Commanding General, U. S. Army, Far East.

You will turn over your commands, effective at once, to Lt. Gen. Matthew B. Ridgway. You are authorized to have issued such orders as are necessary to complete desired travel to such place as you select.

My reasons for your replacement, ~~which~~ will be made public concurrently with the delivery to you of the foregoing order, ~~will be communicated to you by Secretary Pace.~~ and are contained in the next following message.

Harry Truman

TOP SECRET

맥아더의 해임을 통보하는 트루먼 대통령의 친서

트루먼은 정치적 입지가 약했기 때문에 매사에 지나치게 신중했다. 시원시원하게 일을 처리하기보다는 좌고우면하면서 사태를 지켜보다가 마지막에 결정하는 스타일이었다. 한국전을 지휘하는 맥아더의 공개적인 반발과 항명을 계속 두고 보다가 1951년 4월 초가 되어서야 전격적으로 해임한 것이 그의 성격을 잘 보여준다.

연준 의장을 교체할 때도 마찬가지였다. 그것이 대통령 선거에 어떤 결과를 초래할지 자신하기 어려워 계속 망설였다. 그러다가 마지막에 내린 결론은, 에클스를 의장에서 물러나도록 하되 부의장으로 계속 남아있게 하는 것이었다. 이상한 절충이었다. 그런데 의장을 교체한 뒤 마음이 바뀌었다. 14년째 연준에 몸을 담고 있는 에클스가 부의장을 맡는 것조차 금융계가 못마땅하게 여긴다는 정보가 신경 쓰였기 때문이다. 석 달이 지나도 아무 소식이 없자 에클스는 트루먼에게 편지를 썼다. "부담스러우시다면 부의장 지명 약속을 지키지 않아도 좋다"는 내용이었다. 그랬더니 조금만 더 기다려달라는 편지가 왔다.

그리고 한 달이 또 지났다. 그래도 소식이 없자 에클스는 다시 한 번 편지를 보냈다. "연준에 계속 남아있는 것은 공직자로서 책임감 때문이니까 부의장이 안 되더라도 상관하지 않는다"는 뜻을 대통령에게 전했다. 그랬더니 그제서야 알겠다는 편지가 왔다. 트루먼은 매사를 그런 식으로 처리했다.*

정면 충돌

같은 민주당 정부였지만 루스벨트 때와 달리 트루먼 행정부에서 에클스의 입지는 넓지 않았다. 그래서 이제는 정부 정책에 관심을 끊고 오직 통화정책에만 전념하기로 했다. 트루먼과 스나이더에게 빚진 것이 없으니 에클스가 행정부 눈치를 볼 이유는 없었다.

1950년 한국전쟁이 터졌다. 재정 적자를 줄여보려던 계획은 물거품이 되고, 국채 발행량이 크게 늘었다. 그런데도 재무부는 국채 금리가 계속 연 2.5퍼센트 수준을 유지하도록 연준을 압박했다. 당

* 결국 1947년 12월부터 1955년 5월까지 연준 부의장은 공석이었다. 지금까지 최장기 공석 기록이다. 그렇게 좌고우면하는 트루먼이 1948년 대통령 선거에서 뉴욕 주지사 토머스 듀이를 꺾고 재선에 성공한 것은 기적에 가까운 일이었다.

매국활동특별위원회를 주재하는 리처드 닉슨 하원의원(중앙). 이 위원회는 마녀사냥터였다.

시 물가 수준을 감안할 때 장기국채 금리가 연 2.5퍼센트라는 것은 실질금리가 마이너스라는 것을 의미했다.

스나이더 재무장관은 상당히 권위적인 사람이었다. 에클스를 비롯한 그 누구도 재무부와 다른 목소리를 내는 것을 용인하지 않았다. 1951년 초 의회에서는 금리정책에 관해서 설명하다가 다음과 같이 강변했다.

"국채 수익률을 약간 올린다고 물가가 잡히는 것은 아닙니다. 재무부는 국채 수익률의 소폭 인상으로 민간의 대출 수요가 억제되고 물가 상승이 멈춘다는 어떤 증거도 가지고 있지 않습니다. 만일 그렇게 상상하는 사람이 있다면 하루속히 잊는 것이 바람직합니다. 연 2.5퍼센트의 현재

장기국채 수익률은 투자가와 금융시장 안정 차원에서 적절하며, 현재의 금리대로 국채를 계속 발행하고 통화정책도 이에 맞추는 것이 바람직하다는 점에 대해서는 대통령과 연준 의장도 이미 동의했습니다."*

자기의 결정이 곧 대통령과 미 연준의 결정이라는 투였다. 스나이더의 의회 증언 다음 날 모든 언론이 스나이더의 답변 태도와 내용이 크게 잘못되었다고 비판했다. 특히 《뉴욕 타임스》는 "자질이 의심스럽다"고 비꼬았고, 《워싱턴포스트》는 "비상식적인 주장 끝에 말이 안 먹히면 대통령만 내세우는 사람"이라고 비판했다.**

며칠 뒤 에클스가 의회의 같은 자리에 출석했다. 연준 의장 대신 평위원인 에클스가 그 자리에 불려 나간 것은, 그만큼 그가 연준의 실질적인 리더라는 사실이 잘 알려졌기 때문이다. 이 자리에서 에클스는 연준이 재무부의 국채 발행 정책에 동의했다는 스나이더의 말은 거짓임을 분명히 밝혔다.

"재무부 말을 들어야 하는 이상, 연준은 물가 안정의 파수꾼이 아니라 인플레의 주범일 뿐입니다."

언론이 그 말을 대서특필했다. 스나이더 재무장관을 향한 정면 도전이었기 때문이다. 이제 스나이더와 에클스 중에서 한 사람은 거

* 제82대 하원 제1차 회의 속기록(1951년) 97쪽.

** 《뉴욕 타임스》 1951년 1월 22일 자, 《워싱턴포스트》 1월 24일 자 기사.

짓말쟁이가 되어야 했다. 바야흐로 에클스 위원은 맥아더 장군과 함께 트루먼 대통령의 속을 썩이는 최대 애물단지로 떠올랐다.

재무부와 연준의 갈등이 심각하게 전개되자 대통령이 마침내 1월 31일 연준위원회 전원을 백악관으로 불렀다. 역사상 처음 있는 일이었다. 연준위원회 위원들을 전원 소집한 트루먼은 일장 훈시를 했다.

> "내가 1차 세계대전에 참전했을 때 기억을 떠올리자면, 미국 정부가 발행하는 100달러짜리 자유 채권이 80달러에 거래되었습니다. 자유를 지키려는 미국의 정신이 이렇게 도매금으로 처리되는 것을 보고 서글펐습니다. 도대체 금융시장이 뭡니까? 금융계 인사들이 말하는 수급 원리라는 것이 그렇게 대단한 것입니까? 미국이 겪었던 여러 가지 위험한 시기 가운데 지금처럼 대통령에게 도전이 많았을 때는 없었습니다. 우리는 지금 여러 전선에서 공산주의자들과 싸우고 있습니다. 우리 정부가 발행하는 국채를 국민이 믿지 않는다면 우리가 힘들게 싸우는 전쟁은 위험에 빠질 것입니다. 정부를 도와주세요."

대통령은 말을 빙빙 돌리면서 재무부와 미 연준 간의 최대 쟁점인 금리에 대해서 일부러 언급하지 않았다. 뒤에 배석하던 스나이더의 표정이 일그러졌다. '이 자리에서 연준 위원들에게 확실하게 경고해야 하는데, 대통령은 왜 써준 대로 말을 못 하나? 그것도 못 외우다니 참 답답하구먼.'*

* 미국 행정부 녹취 자료. '트루먼 행정부 인사와의 면담' 중 존 스나이더 편, 1954

이어서 매케이브 의장이 말할 차례가 되었다. 매케이브는 현재의 국채 발행 가격 지지 정책은 연준에 너무 큰 부담이 되니 재무부와 협의해 방법을 찾아 보겠다고 완곡하게 말했다. 그리고 타협이 잘 안되면 대통령에게 다시 말씀드리겠다고 여운을 남겼다.

그들이 백악관을 나올 때 스나이더는 "보도자료는 재무부에 맡기라"라고 무뚝뚝하게 말을 던졌다. 그것이 화근이었다. 다음 날인 2월 1일 신문들은 "연준 위원들은 국가 위기가 계속되는 한 국채 시장의 안정을 위한 노력을 계속하기로 대통령 앞에서 약속했다"는 재무부 보도자료를 실었다. 그리고 "백악관의 발표는 앞으로도 계속 현재의 금리 수준을 유지하겠다는 연준의 서약이라고 보면 된다"는 스나이더 재무장관의 발언을 소개했다. 며칠 뒤 "귀하들의 약속이 잘 지켜지기를 바란다"는 매케이브 연준 의장 앞 트루먼 대통령의 편지가 배달되었다. 연준 위원들은 재무부가 사실을 왜곡했다고 분개했다.

이날 배석했던 에클스가 가장 난감했다. 자기가 또 나서야 하는가를 깊이 고민했다. 고심 끝에 그날 메모했던 종이를 꺼내 들고《뉴욕 타임스》 기자에게 전화를 걸었다. 그리고 진실을 말했다. "그날, 대통령은 국제 정세와 군사 문제 이외에는 말한 것이 없었습니다. 다른 위원들이 허락한다면, 제가 적었던 것을 복사해서 줄 수도 있습니다. 백악관과 재무부가 발표한 내용은 전부 엉터리예요."

2월 4일《뉴욕 타임스》 일요일판은 "연준, 대통령에게 불복하다"

년 10월 8일.

라는 큼직한 제목이 일면을 장식했다. 연준 위원들과 직원들은 발설한 사람을 알지 못했지만, 월요일에 출근길에 "누군가는 꼭 했어야 하는 일"이라며 수근거렸다. 2월 6일 연준위원회 회의가 열렸을 때는 트루먼 대통령이 임명한 제임스 바르다먼James Vardaman 이외에는 언론과의 접촉을 탓하는 사람이 없었다.

손바닥으로 해를 가리는 것 같은 얕은수가 알려지자 스나이더 재무장관을 향한 언론의 비판이 더 거세졌다. 학계까지 나서서 연준을 거들었다. 온건파인 매케이브 의장은 재무부와 가까웠지만, 연준 안의 분위기와 바깥의 여론을 무시할 수 없었다. 그래서 2월 19일 국채 금리에 관한 재무부의 지시를 더 이상 따르지 않겠다는 내용의 편지를 스나이더에게 발송했다. 그리고 공개시장조작을 통해 금리를 살짝 올려버렸다.

트루먼 대통령은 스나이더가 일을 오히려 더 크게 키웠다고 판단하고 2월 26일 매케이브 의장과 스나이더 재무장관을 따로 불렀다. 그 자리에서 불쾌한 감정을 드러내면서 두 기관이 더 이상 싸우지 않겠다는 각서를 써오라고 지시했다. 판사 출신다운 해법이었는데, 스나이더에게는 일종의 문책이었다.

집무실로 돌아온 스나이더는 분통이 터졌다. 자기가 연준 의장을 완전히 잘못 골랐다고 후회하면서 녹내장 수술을 핑계로 입원해 버렸다. 며칠이 지난 3월 2일 연준 건물을 마지못해 방문했다. 그날 7인의 위원들은 제각기 그동안 재무부가 해왔던 잘못들을 성토했다. 몇 시간에 걸친 토의 끝에 짧은 보도자료 문안이 완성되었다.

"재무부와 연준위원회는 연방정부의 원활한 자금 조달의 필요성과 함께 물가를 자극하지 않는 재정정책의 중요성에 관해서 인식을 같이한다. 이에 양 기관은 정부의 기채 활동과 통화정책 운용에 있어 상대 기관의 독립성을 상호 존중하기로 한다."

이것이 소위 '화해 협정(Treasury-Fed Accord)'이라는 것이었다. 3월 3일 화해 협정 내용이 알려지자 모든 언론 매체와 금융기관들이 사필귀정이라고 환영했다. 트루먼 대통령도 마이애미 휴가지에서 축전을 보내면서 연준을 위로했다. 며칠 뒤 장기국채 금리가 0.25퍼센트포인트 올랐다.

이로써 1, 2차 세계대전을 겪으면서 재무부의 출장소로 전락했던 연준의 지위가 원래대로 환원되고 통화정책의 자주성이 회복되었다. 연준이 법률에 적힌 권한을 그대로 수행할 수 있는 환경이 보장된 것은 그때가 처음이었다. 하극상으로 비칠 수도 있었던 에클스의 정면 도전을 통해 얻은 큰 수확이었다.

의회에 참석한 존 스나이더 재무장관.

모든 사람이 만족한 가운데 스나이더만 속이 끓었다. 자기의 독선적 태도는 생각하지 않고 매케이브 의장만 탓했다. 그동안 벌어졌던 일련의 사태는 매케이브가 연준을 장악하지 못한 채 에클스에게 끌려다닌 결과라면서 대통령에게 경질을 요구했다. 그렇지 않을 경우 자기가 그만두겠다고 고집을 피우며 다시 입원했다.

트루먼은 스나이더 재무장관의 투정을 받아들였다. 매케이브 의장에게 그동안의 소동을 책임지라고 요구했다. 매케이브는 자기와 어울리지도 않으며, 제대로 장악하지도 못한 연준에는 미련이 없었다. 하지만 모양새가 좋지 않았다. 그래서 자기가 추천하는 사람을 후임자로 지명하면 사표를 쓰겠다고 조건을 걸었다. 매케이브의 사표는 즉각 수리되고, 그가 후임 의장으로 추천한 재무부 차관보 윌리엄 마틴William Martin이 후임 의장으로 지명되었다. 마틴은 스나이더의 부하지만, 그의 아버지가 세인트루이스 연준 총재를 지냈다는 점에서 재무부와 연준을 모두 만족시켰다.

3월 21일 새로운 연준 의장으로 윌리엄 마틴이 소개되고, 3월 31일 매케이브 의장의 퇴임식이 열렸다. 그 퇴임식은 매케이브를 천거했던 스나이더의 패배이자 에클스의 완전한 승리였다. 하지만 에클스는 매케이브가 왜 그만두는지 잘 알았다. 자기가 뜻을 이룬 이상 연준에 남아있을 이유가 없다고 생각했다.

며칠 있다가 세상이 잠잠해지자 에클스가 사의를 밝혔다. 그의 사직서를 받은 트루먼 대통령은 반색했다. 그동안 애만 먹이던 에클스에게는 눈곱만한 아쉬움도 없었다. 그에게 보낸 짧은 답장에는 "행운을 빕니다. 잘 가시오"라고만 적혀 있었다. 오랜 공직 생활을 끝내는 사람에게 대통령이 의례적으로 보내는 치하는 찾아볼 수 없었다.

RESOLVE FINANCE POLICY DISPUTE

John W. Snyder
Secretary of the Treasury

Thomas B. McCabe
Federal Reserve Chairman
The New York Times

TREASURY SETTLES RIFT WITH RESERVE OVER BOND POLICY

Agreement to Curb Inflation Provides Long-Term Issue With 2¾% Interest

TRUMAN HAILS ACCORD

Sees a 'Very Important Step Forward'—Finance Chiefs in Congress Gratified

By JOHN D. MORRIS
Special to The New York Times.

WASHINGTON, March 3—The Treasury and the Federal Reserve Board announced the settlement today of their long-standing dispute over management of the national debt.

The agreement is designed to curb the inflationary effect of the Treasury's bond-selling activities without damaging the Government's credit standing or unduly raising the cost of financing the debt.

It entails the issuance of a new series of nonmarketable long-term bonds bearing an interest rate of 2¾ per cent. The interest on present long-term bonds is 2½ per cent.

Secretary of the Treasury John W. Snyder and Thomas B. McCabe, Chairman of the Federal Reserve Board, announced the settlement in a brief joint statement, as follows:

"The Treasury and the Federal Reserve system have reached full accord with respect to debt-management and monetary policies to be pursued in furthering their common purpose to assure the successful financing of the Government's requirements and, at the same time, to minimize the monetization of the public debt."

재무부와 연준의 화해 협정 체결을 알린《뉴욕 타임스》1면 기사(1951년 3월 3일). 국채 금리 0.25퍼센트포인트 인상을 두고 6개월을 싸운 결과였다.

반면 의회는 의사당의 가장 큰 홀에서 에클스를 위한 성대한 환송식을 베풀어 주었다. 그것이, 잠깐일 것으로 생각하고 시작했다가 16년으로 길어진 워싱턴 생활의 마지막이었다. 귀거래사를 부르면서 고향으로 떠난 에클스는 두 번 다시 정치의 도시 워싱턴 D.C.로 돌아가지 않았다.

집안의 재산을 관리하며 은둔하던 그는 20여 년 뒤인 1977년 87세의 나이로 솔트레이크시티에서 눈을 감았다. 바야흐로 인플레이션이 미국 경제의 가장 큰 골칫거리가 되었던 때였다. 자기와는 비교도 되지 않을 정도로 화려한 학력을 가진 아서 번즈가 선거를 앞둔 대통령의 요구 때문에 연준의 의무를 팽개친 것을 병상에서 지켜보면서 인플레 파이터 에클스는 몹시 안타까웠을 것이다.* 중앙은행의 독립성과 자존심은 법률을 넘어 글래디에이터 정신에서 나온다는 것을 알려주고 싶었으리라.

* 아서 번즈는 밀턴 프리드먼과 앨런 그린스펀을 가르쳤으며 NBER 대표와 전미경제학회장을 지냈다.

글래디에이터

14년간 연준을 대표하고 2년 반을 평위원으로 일한 에클스는 일관성이 부족한 사람이었다. 젊은 시절에는 '보이지 않는 손'을 믿었다가 중년에는 뉴딜 정책의 열렬한 지지자가 되었다. 대통령의 신임을 듬뿍 받던 루스벨트 대통령 시절에는 연방정부가 지역 연준까지 확실하게 통제해야 한다고 생각했지만, 백악관과 소원해진 트루먼 대통령 시절에는 연준의 독립성을 지키기 위해 투쟁했다. 대공황 때는 과감한 재정지출을 통한 경기 부양을 요구했다가 2차 세계대전 후에는 인플레이션 파이터가 되었다.

시대에 따라 평판도 극단적으로 나뉜다. 루스벨트 대통령의 눈에는 에클스가 성실한 일꾼이었고, 트루먼 대통령의 눈에는 고집불통에 사고뭉치였다. 성격도 독특하다. 그는 검투사 기질이 넘치는 사람이었다. 에클스는 스무 명이 넘는 형제들 사이에서 자랄 때부터 남들과 경쟁하는 일이 몸에 배었다. 스물셋의 나이에 아버지가 사망하자 유산 문제로 배다른 형제들과 신경전을 펼쳤다. 대통령의 최측근인 2명의 재무장관과 대립했으며, 뱅크오브아메리카라는 서부의 공룡과도 맞대결을 피하지 않았다.

다른 사람들과 맞서는 일이 유난히도 잦았던 그는 성격적으로 결함이 많은 사람이었는지도 모른다. 동시대의 평가를 종합해 보면, 그가 무척 독선적이었던 것으로 보인다. 자연인 에클스는 그럴 수 있다. 그렇다면 공직자로서 에클스는 어떻게 평가해야 할까?

통화정책 면에서는 뚜렷한 업적을 손꼽기가 어려운 것이 사실이다. 그의 두 번째 임기부터는 2차 세계대전 때문에 통화정책이 재정 정책에 휩쓸려 버렸다. 요즘 말로는 재정 우위(fiscal dominance)의 시기였다. 그런 때에도 에클스는 중앙은행의 존재감을 잃지 않기 위해서 고민하고, 투쟁했다. 무엇보다도 은행 감독 제도 선진화를 위해서도 노력했다. 잘 알려진 바와 같이 미국에서는 지금까지도 국법은행과 주법은행이 각기 다른 감독 기관의 감독을 받는다. 이런 시스템에서는 감독 기관의 규제 강도와 기준이 달라서 금융기관들이 규제를 회피하기 쉽다.

그래서 은행 감독 체계의 단일화가 필요했는데, 에클스가 그 필요성을 가장 먼저 간파했다. 돌이켜 보건대, 대공황이 끝난 1930년대가 금융 감독 체계를 개편하기 가장 좋은 때였다. 루스벨트 행정부의 전반부는 대공황 때문에, 후반부는 2차 세계대전 때문에 위헌 시비 같은 것에 구애되지 않고 할 수 있는 모든 것을 밀어붙일 수 있었다.

그런데도 금융 감독 체계를 손보지 못한 것은 재무장관이었던 모겐소와 스나이더가 그 요구를 외면했기 때문이다. 독과점 규제에 있어서는 세계 어느 나라보다도 전향적이고 진보적인 미국이 유독 금융 감독 체계만은 후진적 모습을 취하고 있고, 그로 말미암아 글로벌 금융위기까지 겪게 된 것은 과거 재무부의 구태의연한 반대에 어느 정도 책임이 있다고 본다.

에클스의 가장 큰 공로는 1935년 완성된 일련의 금융개혁법이다. 그가 아니었다면 연준법뿐만 아니라 예금자보호법, 모기지법 등도 제정되지 않았거나 지금보다 상당히 느슨한 모습을 가지고 있었을 것이다.

법률뿐만 아니라 경제정책 면에서도 에클스의 족적은 크다. 그는 연준 의장으로 있는 동안, 아니 그 이후에도 통화정책을 넘어 재정정책에 관해서도 자기 의견을 당당히 밝혔다. 커뮤니케이션을 강조했던 벤 버냉키Ben Bernanke와 비슷한 것 같으면서도 다르다.*

강렬한 눈매를 지닌 매리너 에클스 의장. 'The First Chairman'이라는 별명답게 프런티어 정신이 돋보였다. 그의 회고록 제목도 《프런티어에 서다(*Beckoning Frontiers*)》였다.

버냉키는 글로벌 금융위기를 극복하는 과정에서 행정부 협력하는 데 골몰했다면, 에클스는 골리앗 행정부와의 마찰을 마다하지 않았다. 한마디로 글래디에이터였다. 에클스가 검투사의 길을 걷지 않고 백악관이라는 권위에 굴복했다면, 통화정책의 자주성을 밝힌 1951년 재무부-연준 간 화해 협정은 탄생하지 않았다. 에클스의 투쟁이 없었다면, 우리가 기억하는 폴 볼커도, 앨런 그린스펀Alan Greenspan도, 벤 버냉키도 있을 수 없었다. 경제학자 앨런 멜처Allan Meltzer도 에클스가 연준을 떠나기 직전 감행했던 모험들이야말로 그의 가장 큰 업적이며, 연준 역사에서 영원히 기억되어야 할 최고의 순간이라면서 그를 칭송했다.

* "통화정책의 98퍼센트는 말이고, 2퍼센트는 행동이다."(벤 버냉키 지음, 김동규 옮김(2023), 《21세기 통화정책》, 상상스퀘어.)

미국 의회는 에클스가 1937년 세운 연준 건물에 에클스 빌딩이라는 이름을 지어주었다. 행정부의 손아귀에 있던 연준을 의회로 돌려줌으로써 '화폐는 의회가 관장한다'는 헌법(제8조)상의 대원칙을 지켜낸 공로 때문이다.

중앙은행의 자주성이라는 미사여구가 법조문에 있다고 이것이 당연히 지켜진다고 믿는 것은 상상의 오류다. 오늘날 모든 중앙은행이 부러워하는 미국 연방준비제도의 자주성과 독립성은 그냥 이루어진 것이 아니다. 에클스의 고독한 검투사 정신이 없었다면 1935년의 연준법도 공염불이거나 박제가 될 수 있었다. 에클스는 말한다.

"중앙은행의 독립성은 남이 주는 공짜 선물이 아니다. 그것은 스스로의 의지와 희생으로 쟁취하는 전리품이다."

5장

금융시장 능멸이 부른 파멸

The Number-free Economics with Stories & Histories

드라마

존 유잉John Ewing은 텍사스주 석유 재벌이다. 그가 세운 유잉오일사는 미국에서 상당히 큰 원유 채굴 업체다. 그의 가족이 사는 사우스포크 목장도 텍사스주에서 알아주는 큰 목장이다. 그 목장 한가운데 유잉의 저택이 있다.

존 유잉이 노쇠해 일선에서 물러난 뒤 자식들이 회사를 이끌고 있다. 그런데 그 집안과 회사에는 문제가 많다. 세 아들 중 사장직을 물려받은 큰아들 J.R.은 인격적으로 결함이 많고 형제들과도 사이가 나쁘다. 왕년에 미스 텍사스였을 정도로 미모인 아내를 두고도 처제와 몰래 바람피우기 바쁘다.

둘째 아들 보비는 형과 반대로 아주 착실하다. 그러나 유잉 집안과 숙적 관계에 있는 반스 집안의 딸과 결혼하는 바람에 집안에서 발언권이 약하다. 막내아들은 일찌감치 아버지 눈 밖에 나서 회사

경영에 참여하기는커녕 멀리 캘리포니아로 쫓겨나 산다. 하지만 그의 부인, 즉 막내며느리는 현명한 처사와 지혜로 집안의 끊이지 않는 분쟁을 슬기롭게 해결한다.

한마디로 말해서 유잉 가문은 콩가루 집안인데, 그 가문의 탄생 자체가 불행이었다. 존 유잉이 소유하는 재산 중에서 사우스포크 목장은 원래 장인이 세운 회사다. 광활한 대지 위에 세워진 사우스포크 목장은 텍사스를 대표하는 회사 중 하나였지만, 대공황 때 농축산물 가격의 폭락으로 파산할 위기에 놓였다. 그때 장인이 그 목장을 살려보려고 석유 사업으로 떼돈을 번 현찰 부자 존 유잉을 찾아갔다. 소문난 미모의 자기 딸과 결혼을 허락하면서 회사 회생을 간청했다. 덕분에 목장의 파산은 막았지만, 딸은 정략결혼의 희생자가 되었다. 사랑하는 사람과 헤어지는 아픔을 겪고, 정이 없는 사람과 산다. 하지만 이내 남편도 자기한테 관심을 두지 않아서 외롭다. 시간이 흐르면서 알코올 중독자가 되었다.

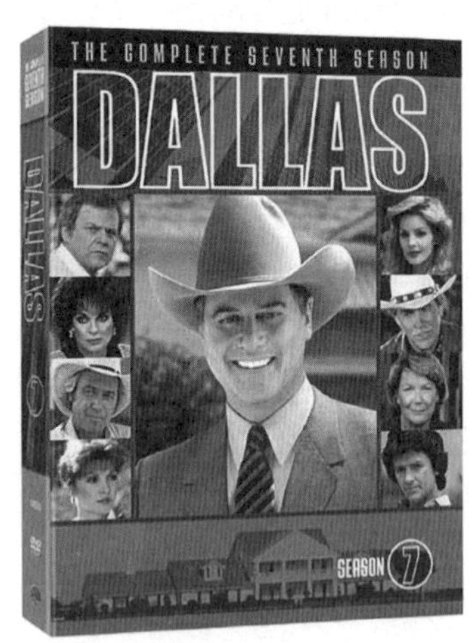

1970~80년대 인기 드라마 〈댈러스〉

이런 너저분한 속사정이 있는 유잉 집안은 늘 어수선하다. 재산을 보고 부나방처럼 달려드는 친구나 옛날 애인들 때문에 음모와 배신, 술수가 난무한다. 그래서 항상 아슬아슬하다.

이 이야기는 미국 CBS 방송사의 인기 드라마 〈댈러스〉의 줄거리다. 1978년부터 1991년까지 무려 13년에 걸쳐 큰 인기를 얻었던 금요 드라마였다. 원래는 5부작 정도로 계획하고 방송했으나 예상을 훨씬 뛰어넘는 엄청난 인기 때문에 13년간 장수하면서 많은 스타를 탄생시켰다. 오늘날 세계적인 스타 브래드 피트도 1987년 이 드라마에서 단역으로 출연하면서 배우 생활을 시작했다.

〈댈러스〉는 미국의 대표적인 막장 드라마다. 미국 시청자들에게 워낙 강렬한 기억을 남겨서 종영된 지 20년이 넘은 2012년 속편이 제작되어 2년 넘게 방영되었다. 〈댈러스〉는 1980년대 중반 한국에서도 방영되어 큰 인기를 얻었다.

현실

흥미로운 사실은 드라마 〈댈러스〉의 줄거리가 허구가 아니라는 점이다. 이 드라마는 실존 인물 헤럴드슨 헌트Haroldson L. Hunt, Jr.를 소재로 했다. 그는 드라마에서 묘사되는 것처럼 석유 사업으로 재벌이 된 사람이다. 여덟 남매의 막내로 태어난 그는 학교에 다닌 적이 없다. 10대 때부터 농장에서 잡부로 일하다가 어른이 된 뒤에는 노름꾼이 되었다. 전국의 도박장을 돌아다니며 '타짜'로 살다가 우연히 풍문을 듣고 땅을 샀다. 여기서 석유가 터졌다. 1934년 자기 이름을 따서 헌트오일사를 세우고 단숨에 미국 8대 부자로 올라섰다. 그 회사는 나중에 세계 최대 석유 회사인 엑손모빌에 팔렸지만, 1970년대까지만 해도 굉장히 유명한 회사였다. 그래서 〈댈러스〉

를 보는 미국 시청자들은 드라마 속 유잉오일이 헌트오일이라는 것을 금방 알아차렸다.

석유 재벌이라는 점에서 헌트는 록펠러와 비슷했지만, 생활 방식은 전혀 달랐다. 헌트에게는 여자와 관련한 추문이 평생 끊이지 않았다. 그의 방탕은 25세에 결혼하자마자 시작되었다. 결혼 생활을 유지하면서도 내연녀와 두 집 살림하는 것이 20년 동안 공공연한 비밀이었다. 본처와는 여섯 명의 자식을 낳았고, 내연녀는 네 명의 사생아를 낳았다.

내연녀와의 관계는 20년 만에 끝났지만, 그 뒤 젊은 여비서와 다시 살림을 차렸다. 본처는 이번에도 모른 척했다. 그러다 본처가 사망하자 68세의 헌트는 사실혼 관계였던 여비서와 정식으로 재혼하고 다섯 명의 자녀를 더 만들었다. 그런 사정을 온 국민이 다 알았다.

사생활이 복잡했던 헌트는 한마디로 말해서 미국에서 '국민 밉상'이었다. 그는 살아 있을 때 자선사업을 포함해서 존경받는 일은 해본 적이 없다. 그러니 1974년 85세의 나이로 사망했을 때 사람들은 추잡한 졸부가 죽었다고 기억했다. 드라마 〈댈러스〉는 바로 그런 분위기에서 방송을 타기 시작했다.

헌트가 죽은 뒤 그의 석유 회사는 넬슨, 윌리엄, 허버트라는 삼 형제에게 상속되었다. 모두 본부인의 자식들인데, 그들이 바로 〈댈러스〉 속 삼 형제의 모델이다. 헌트 삼 형제가 드라마와 달랐던 점은 단결을 잘했다는 점이다. 배가 다른 동생을 포함해서 열두 명의 동생들과 상속재산을 두고 다투려면 셋이 똘똘 뭉쳐야 했다.

아버지의 방탕한 생활을 보면서 자란 맏아들 넬슨은 〈댈러스〉 속

탕아 J.R. 유잉과 여러모로 닮았다. 그는 사교계에서 유명 인사였다. 넬슨의 취미는 경마였는데, 그가 비싼 종마를 샀다거나 종마를 분양한다는 소식이 상류사회 인사들 사이에 항상 뉴스거리였다. 도박도 부전자전이었다. '타짜'였던 아버지처럼 아들 넬슨도 경마가 있을 때마다 거액의 도박을 멈추지 않았다. 경마가 시들해지자, 이번에는 투기로 눈을 돌렸다.

미국의 물가는 1960년대 후반부터 빠르게 올랐다. 린든 존슨Lyndon Johnson 대통령 시절 베트남 전쟁으로 재정 적자 폭이 커졌기 때문이다. 후임 닉슨 대통령은 경기회복을 내세우면서 연준이 금리를 높이지 않도록 압박했다. 대신 임금을 동결하고 공산품 가격을 통제하는 방법으로 물가 상승 압력을 눌렀다. 하지만 국제수지 적자가 누적되면서 마침내 한계에 다다랐다. 1971년 8월 15일 닉슨 대통령이 달러화의 금태환 중단을 선언했다. 달러화의 가치는 떨어지고, 금값이 천정부지로 뛰었다.

그때 헌트 형제는 기발한 생각을 했다. 금 대신 은에 투자해서 한탕 하는 것이다. 물론 인플레이션 헤지(인플레이션에 대한 대비책으로 부동산이나 귀금속 등에 투자하는 것) 수단으로 가장 대표적인 것은 금이다. 그런데 1970년대 초까지만 해도 개인이 금에 투자하는 데는 제한이 있었다. 대공황이 한창이던 1933년 프랭클린 루스벨트 대통령이 내린 긴급명령 제6102호에 따라 개인은 금을 대량으로 보유할 수 없었다. 그 법은 1974년 폐기되었지만, 헌트 형제의 투기는 1973년에 시작되었다.

헌트 형제가 보기에 물가가 오르면 금값뿐만 아니라 다른 국제

원자재 가격도 뛴다. 그중에서 은은 금과 비슷하지만, 투자와 보유에 제한이 없다. 금값에 비하자면 은값은 아직 충분히 오르지 않았으므로 헌트 삼 형제는 추가 상승 여력이 충분하다고 확신했다. 그래서 은 투자에 강한 충동을 느꼈다.

1973년 헌트 형제는 은 시장에 뛰어들면서도 현물이 아닌 선물 시장(futures market)을 골랐다. 선물 시장에서는 약간의 증거금(현금)만 있으면, 훨씬 많은 양의 은을 살 수 있기 때문이다. 이런 것을 레버리지leverage 투자라고 하는데, 한마디로 말해서 고위험-고수익 투자 전략이었다. 일확천금을 노린 그들의 초기 작전은 꽤 성공적이었다. 1973년 온스당 1.95달러였던 은값은 1979년 초 5달러까지 올랐다.

하지만 헌트 삼 형제는 은을 너무 몰랐다. 과거 100년간 미국 사회는 은과 관련해서 너무나 쓰디쓴 경험을 했다. 은 때문에 미국 사회가 반으로 쪼개져서 반목하고 경제가 휘청거린 적도 있다. 그러니 연방정부가 은값의 왜곡을 그냥 두고 볼 리 없었다. 아무것도 모르고 은 투기에 뛰어든 헌트 삼 형제는 패가망신을 작정한 셈이었다.

은화

서양에서 화폐의 역사는 기원전 7세기로 거슬러 올라간다. 그리스 동쪽 소아시아의 리디아(오늘날 튀르키예 서쪽) 지역에서 금과 은의 합금인 엘렉트럼electrum(호박금)을 화폐로 썼다. 그것이 알렉산더대왕을 통해 그리스까지 알려졌다. 그리스는 금속 기술이 발달했기 때문에 엘렉트럼 대신 은으로 돈을 만들었다. 그리스 사람들은 노란색보다 흰색을 더 좋아했다.*

지역에 따라 약간 차이가 있었지만, 처음에는 금과 은을 똑같이 취급하거나 은을 금보다 귀하게 취급했다. 특히 금광이 많았던 이집트에서는 희소한 은을 훨씬 귀하게 취급했다. 기독교 구약성경에서는 '금과 은'이라는 표현이 기록된 것은 32회에 불과하지만 '은과 금'이라는 표현은 60회나 등장한다.

하지만 시간이 흐르면서 은과 금의 선호가 뒤집혔다. 금은 강가의 모래 속에서 반짝이는 사금砂金처럼 자연 상태에서 채취되기도 하지만 녹는 온도가 은보다 높다. 그래서 일반적으로 순금은 순은보다 귀했다. 매장량에서도 금이 은보다 희소했다. 기록에 따르면 기원전 2세기경 금과 은의 교환 비율은 1대 10~13 정도였다. 그 비율은 누가 명령한 것이 아니라 시장에서 자연스럽게 결정되었다.

한편 엘렉트럼이 등장했을 무렵 동양에서는 조개, 옥, 거북의 등껍질 등을 화폐로 쓰거나 쟁기(포전)나 칼(명도전) 모양의 금속을 화폐로 썼다. 그런데 기원전 240년경 진시황이 천하를 통일한 뒤 도량형을 정비하면서 화폐제도도 정비했다.** 기존의 화폐를 모두 폐기하고 새로 발행한 주화에는 동그란 모양 가운데 정사각형 구멍이 뚫려있었다.*** 그것이 훗날 한국과 일본 주화의 모델이 되었다.

* 영어 silver는 아시리아Assyria어 sarpu에서 나왔다. 희다는 뜻이다.

** 도량형에서 도度는 길이, 량量은 부피, 형衡은 무게를 의미한다.

*** 그런 모양은 천원지방天圓地方이라는 고대 중국의 우주관을 반영한다. 우주는 둥글고, 인간 세상은 정사각형이라는 뜻이다. 한편 옛날 돈을 엽전이라 부르는데, 이는

진시황이 발행한 화폐는 두 종류였다. 금으로 만든 상폐上幣와 구리로 만든 하폐下幣다. 진시황은 상폐(20냥)와 하폐(0.5냥)의 교환 비율을 1대 40으로 정했다.*

진시황은 금화와 동전의 교환 비율만 정했을 뿐, 은화는 언급하지 않았다. 그러다 보니 금과 은의 교환 비율은 상황에 따라 1대 3과 1대 10 사이에서 움직였다. 시대와 지역에 따라 교환 비율이 달랐지만, 대체로 서양보다는 은의 가치를 높게 평가했다. 그래서 유럽인은 실크로드를 통해 중국 물건을 수입할 때 중국 상인에게 은으로 물건값을 치렀다. 그것이 서로에게 유리했다. 이렇게 해서 금은 유럽에 남고, 은은 꾸준히 중국으로 흘러 들어갔다.**

그런데 서양에서 금과 은의 교환 비율이 급격하게 달라지는 사건이 터졌다. 13세기 초 오늘날 보헤미아 지역의 요아힘Joachim에서 대규모 은광이 발견된 것이다.*** 이후 남미에서도 은광이 발견되었

주화의 제작 과정과 관련이 있다. 주화를 만드는 쇠틀을 보면, 주화 모양의 음각 안으로 구리물이 흐를 수 있도록 작은 도랑이 파여 있다. 전체적으로는 한 줄기에 나뭇잎들이 다닥다닥 붙어 있는 모습과 비슷하다. 그래서 엽전葉錢이라고 불렀다.

* 중국에서는 금속의 교환 비율을 황제가 정하되, 무게와 함량 따위는 사소하다고 여겨서 밝히지 않았다.

** 중국에서 금은 황제의 물건이라는 생각이 강했다. 예를 들어 금색은 황제만 사용할 수 있었다. 그러므로 금은 몰래 감춰두는 물건일 뿐이고, 그것을 일반인의 지급수단으로 사용하는 것은 생각하기 어려웠다.

*** 독일 문화권에서는 은이 많이 채굴되는 요아힘 계곡, 즉 요아힘스탈러Joachimstaler가 은화의 대명사로 쓰였다. 우리나라에서 안성맞춤 즉, 안성에서 제작된 유기그릇이 훌륭한 물건의 대명사로 통한 것에 비유할 수 있다. 그 요아힘스탈러라는 말이 아메리카 식민지까지 흘러갔다. 스페인은 아메리카 대륙에서 생산된 은화를 요아힘스탈

다. 결국 1493년부터 1800년까지 300여 년 동안 은이 금보다 30배 정도 더 많이 생산되었고, 이는 금과 은의 교환 비율을 1대 15 정도로 상승시켰다.

은이 흔해질수록 금은 더 귀해졌다. 금본위제도를 채택한 영국에서는 왕이 방탕한 생활을 계속하기 위해서 함량 미달의 불량 주화를 제작하는 일이 늘었다. 그래서 영국의 금화는 의심스러운 물건의 대명사가 되었다. 반면 스페인은 남미 식민지에서 주체할 수 없이 쏟아지는 은 덕분에 불량 주화를 만들 필요가 없었다. 그래서 15세기에서 18세기에 이르기까지 국제 무역에서는 스페인의 은화가 기축통화 노릇을 했다. 영국은 명예혁명 이후인 1696년 화폐개혁을 단행하고 나서야 화폐에 관한 신뢰를 겨우 회복할 수 있었다.

신생 농업 국가 미국

미국이 독립할 때는 기축통화로서 영국의 금화와 스페인의 은화가 치열하게 경쟁하던 시절이었다. 신생국 미국은 상거래의 혼란을 막기 위해서 금과 은의 교환 비율을 1대 15로 정했다. 1792년 의회가 주조법을 제정하고 1달러는 금 1.604그램 또는 은

러라고 부르다가 나중에 '탈러'라고 줄였다. 그것이 나중에 달러로 변했다. 달러dollar는 고유명사가 아닌 일반명사라서 소문자다.

24.057그램이라고 못 박았다. 그러니까 건국 초기의 미국은 금과 은을 함께 돈으로 쓰는 복본위제도(bimetallism)를 추구했다. 당시 미국인은 금과 은을 녹여서 누구든지 화폐를 만들 권리를 가졌다.

그런데 나폴레옹전쟁을 앞두고 유럽에서 금 사재기 현상이 뚜렷해졌다. 1799년 금과 은의 교환 비율이 마침내 1대 15.74까지 치솟았다.* 유럽에서 금의 상대가격이 더 높아 미국의 금이 유럽으로 빠져나가자 1834년 부랴부랴 주조법을 개정했다. 금과 은의 교환 비율을 유럽보다 살짝 높은 1대 15.988로 조정했다. 금의 고갈을 막으려던 의도였다. 은의 가치를 국제 시세보다 살짝 더 높게 평가했던 중국과 정반대였다(그 차이는 중국은 만성 무역 흑자국이고, 미국은 만성 적자국이었던 데서 나왔다).

이런 상황에서 1848년 캘리포니아 금광이 발견되었다. 당시 유럽에서는 금과 은의 교환 비율이 1대 15.3 정도로 낮아졌지만, 미국은 1대 15.988의 교환 비율을 바꾸지 않았다. 그러자 미국의 무역상은 국제 시세보다 싼 은으로 수입 대금을 지급했다. 미국의 은화가 빠르게 줄어들었고, 상당량이 일본으로 흘러갔다.

미국에서 은화는 서민의 돈이었다. 은화가 귀해지는 것은 서민의 생활 물가가 올랐다는 뜻이다. 그러다가 또 반전이 일어났다. 캘리포니아에서 금광이 발견된 지 정확히 10년이 되던 1858년, 이번에는 네바다주 컴스톡에서 엄청난 은광이 발견되었다. 미국은 멕시코

* 이후 19세기 중반까지 금과 은의 교환 비율은 대체로 1대 15.5~16 사이에서 변동했다.

와 함께 세계 은 생산의 3분의 2를 차지하게 되고 미국에서 은화는 다시 흔해졌다. 이렇게 금광과 은광이 발견될 때마다 금과 은의 교환 비율이 미친 듯이 널뛰고, 국민은 그때마다 골탕을 먹었다.

미국-멕시코 전쟁(1846~1848년)에서 싱겁게 승리한 뒤 미국은 멕시코 국토의 3분의 1을 빼앗았다. 오늘날의 캘리포니아가 그 일부였다. 거기서 금광이 발견되자 금을 캐려는 사람들이 몰렸다. 노예제도를 두고 남북이 팽팽하게 긴장하던 시절, 캘리포니아의 유권자가 급격히 불어나는 것은 장차 노예 제도의 장래가 불확실하다는 것을 의미했다. 노예 제도를 둘러싼 지역감정이 내전으로 발전했다. 금광의 발견은 축복이 아니라 전쟁을 일으키는 저주였던 것이다.

1861년 남북전쟁이 시작되자 재정 사정이 빠듯해진 연방정부는 1861년 12월 금태환을 중단하고 1862년 2월 법정화폐법(Legal Tender Act)을 제정했다. 앞으로는 금이나 은으로 교환해 주지 않는 종이돈을 찍겠다는 내용이었다. 1863년에는 사상 최초로 소득세를 걷기 시작했다.* 물론 소득세를 거둬도 전비는 계속 부족했다. 그래서 대량의 국채를 발행해야 했는데, 그것이 잘 팔리려면 인위적으로라도 수요를 늘려야 했다.

그래서 만들어진 것이 1863년 국법은행법(National Bank Act)이다. 이 법에 따라 연방정부가 허가한 상업은행들은 자본금의 3분의 1을 금이 아닌 국채로 보유했다. 또한 은행권 발행액의 90퍼센트 이상

* 그 이전에는 관세, 재산세, 소비세만 있었다. 소득세가 주요 세수원이 된 것은 20세기에 이르러서다.

을 국채로 보유하도록 했다.* 결국 캘리포니아 금광의 발견으로 미국에서는 금이 흔해졌지만, 역설적으로 미국은 법정화폐를 발행하는 나라가 되었다.

전쟁은 북군의 승리로 끝났다. 전쟁이 끝나자 '그린백Greenback', 즉 전쟁 중에 연방정부가 엉겁결에 발행한 법정화폐를 어떻게 퇴출하느냐가 중요한 문제로 대두되었다. 나폴레옹전쟁이 끝난 뒤 영국이 겪었던 혼란과 사회 갈등(1장 참조)이 미국에서도 재연되었다.

금융 후진국 미국

남북전쟁 이후 미국 사회의 가장 큰 숙제는 화폐제도를 전쟁 이전의 상태로 복원하는 것이었다. 하지만 미국이 금과 은의 비율을 옛날처럼 1대 15.988로 유지하는 것은 더 이상 불가능하게 되었다. 그 무렵 국제사회에서 교환 비율은 이미 1대 30까지 올랐기 때문이다. 그런데도 1대 16의 교환 비율을 고집하는 사람들이 있었다. 은광이 집중된 서부 지역 주민들이었다. 채무가 많은 사람도 1대 16의 비율을 좋아했다. 국제적으로 1대 30으로 유통되는 싸구려 은

* 당시에는 중앙은행이 없어서 상업은행들이 자유롭게 지폐를 발행할 수 있었다. 오늘날의 관점에서 보면, 은행권 발행액의 90퍼센트 이상을 국채로 보유토록 한 것은 일종의 지급준비제도이자 예금보호제도라고 할 수 있다. 예금 인출 요구 시 90퍼센트는 안전한 자산인 국채로 언제든지 지급할 수 있도록 했기 때문이다.

을 사서 1대 16의 비율로 은행 빚을 갚으면 원리금 상환 부담이 줄어들기 때문이다.

반면 동부 주민과 부자들은 복본위제도를 버려야 한다고 주장했다. 영국을 포함한 많은 유럽국이 금본위제도로 귀결되었으므로 미국이 외톨이가 되지 않으려면 그 흐름을 좇아야 한다고 보았다. 그들이 보기에 1대 16의 비율로 은의 가치를 높이 평가하는 것은 자살행위였다. 상대적으로 불리해진 금이 미국을 이탈하고, 금이 부족해지면 달러화의 가치가 위협받는다. 한마디로 말해서 복본위제도로는 인플레이션을 막을 수 없다는 것이 그 주장의 요지였다.

이렇게 해서 남북전쟁이 끝난 뒤 미국 사회는 복본위제도냐, 금본위제도냐를 두고 분열되었다. 이번에는 피부색이 아닌 화폐제도가 국가를 두 쪽으로 갈라놓은 것이다. 그때 공화당의 율리시스 그랜트 대통령이 동북부 여론을 좇아 1873년 주조법을 개정했다. 남북전쟁 때 발행한 그린백을 퇴장시켜 점진적으로 금본위제도로 전환하겠다는 법률이었다.

그러자 서부가 강하게 반발했다. 복본위제도로 출발한 미국의 건국 정신을 폐기했다면서 새로운 주조법을 '범죄(Crime of 1873)'라고 불렀다. 이듬해에는 법정화폐인 그린백을 계속 쓸 것을 당령으로 한 '그린백 당'까지 출현했다. 공화당은 아랑곳하지 않았다. 1875년 정화지급회복법(Specie Payment Resumption Act)을 제정하고 1879년부터 금본위제도로 전환하는, 구체적 일정까지 확정했다.

그 법은 비현실적이었다. 금본위제도 정착을 위해 5억 달러에 이르는 그린백을 급격하게 퇴장시키면 공황이 찾아올 수 있다. 미국이 보유한 금이 충분한 것도 아니었다. 무엇보다도 그린백과 새 돈의 교환 비율을 행정부가 결정토록 했는데, 그렇게 되면 국민의 재산권이 불안해진다. 그 문제를 두고 미국 사회가 더 시끄러워졌다.

그때 하필 유럽에서 큰일이 터졌다. 1873년 유럽 대륙의 최대 증권시장인 빈 증시가 폐장한 것이다. 1871년 비스마르크가 독일을 통일하면서 대륙의 평화가 찾아왔지만, 그것은 곧 투기 광풍으로 이어졌다. 버블이 터지면서 빈 증시가 붕괴했다. 그러자 유럽의 투자자들이 미국에 투자했던 자금을 회수했다. 사상 최초의 글로벌 금융위기였다.

유럽 투자 자금의 이탈로 미국의 금리가 급등하고 굴지의 철도회사들이 줄도산을 맞았다. 남북전쟁 이후 철도 사업에 엄청나게 돈을 쏟아부었던 미국 최초의 금융 재벌 제이 쿡Jay Cooke마저 파산했다. 제이 쿡은 남북전쟁 때 연방정부를 대신하여 국채를 팔아서 최초의 프라이머리딜러primary dealer(미 연준이 공인한 국채 딜러)가 된, 미국 재벌의 상징이었다. 그런 사람이 파산한 정도였으니 1873년 미국 경제의 위기는 상상할 수 없는 고통을 가져왔다.

라틴통화동맹

미국이 화폐제도를 두고 홍역을 치를 때 유럽도 평온하지는 않았다. 영국과 포르투갈은 일찍이 19세기 중반 금본위제도를 정착시켰지만, 다른 나라들의 사정은 복잡했다. 프랑스는 1834년 금과 은의 교환 비율을 1대 16로 정한 뒤 금과 은을 함께 돈으로 썼다. 그런데 그 비율이 시장 상황에 따라 수시로 변했고, 이는 부자와 서민 사이에 소득 재분배 효과를 일으켰다. 금과 은의 교환 비율이 출렁일 때마다 사회적 긴장이 커지자 1865년 프랑스는 벨기에, 스위스, 이탈리아를 끌어들여 라틴통화동맹을 맺었다.* 각국이 금과 은을 주고받으면서 교환 비율을 안정시키려던 의도였다.

그런데 금융 후진국이던 독일이 1871년 프로이센-프랑스전쟁 승리 후 프랑스로부터 500만 프랑의 전쟁 배상금을 받게 되었다. 그것을 토대로 은화 발행을 중단하고 금본위제도로 돌아섰다. 영국에 이어 독일도 금본위제도를 채택했으니 유럽에서 은 가격이 폭락했다. 이것은 라틴통화동맹국들에 상당한 충격이었다.

결국 1873년 라틴통화동맹에 균열이 생겼다. 은본위제도를 택하고 있던 네덜란드는 은화 발행을 전면 중단하고, 다른 나라들도 은화 발행량을 감축하기로 했다. 1876년 러시아도 은화 발행을 금지했다. 1878년 스페인, 1879년 오스트리아-헝가리제국이 거기에 가세했다. 이렇게 해서 1880년 이후 은을 화폐로 쓰거나 자유주조를 허용하는 나라들이 자취를 감췄다.**

* 당시만 해도 금융 후진국이던 미국은 유럽의 화폐제도 변화에 관심이 많았다. 1866년 이탈리아 튜린에서 개최된 라틴통화동맹 회의에 옵서버를 파견하고 동향을 살폈다. 이때 파견된 사람이 알렉산더 델 마르(초대 통계청장)다. 델 마르는 라틴통화동맹 회의에 참석한 뒤 금본위제도에 회의를 품었다. 그리고 "화폐는 국가의 산물"이라는 결론을 내렸다(《화폐 과학》, 1896). 델 마르는 미국 최초의 화폐국정론자다.

** 라틴통화동맹은 처음에는 4개국으로 시작했다가 나중에는 영국, 독일, 북유럽 일부 국가를 제외한 거대한 네트워크로 발전했다. 하지만 1880년대 이후 작동에 문제

유럽이 복본위제도가 거의 사라질 무렵 미국은 그 흐름을 역행했다. 1873년 시작된 경제 위기가 너무 가혹했던 나머지 미국인은 금본위제도에 의문을 품었다. 1876년 의회는 정화지급회복법의 시행을 보류하고, 이어서 1878년에는 '블랜드-앨리슨법(Bland-Allison Act of 1878)'을 제정했다. 연방정부가 매월 일정량의 은을 서부의 은광업자에게 매입하도록 하는, 사실상 복본위제도를 연장하는 내용이다.* 나아가 1890년에는 은매입법을 또 만들어서 정부가 매입해야 하는 은의 양을 더욱 늘렸다.

그것은 미국 의회가 서부 은광업자들의 등쌀에 밀린 결과였다. 의회가 서부 여론에 끌려다닌 것은 글로벌 불경기 때문이었다. 독일의 통일 이후 찾아온 평화 분위기 속에서 전 세계적으로 농산물이 과잉 생산되었다. 1차 세계대전에 발생한 대공황의 예고편이었다. 식량의 과잉생산과 가격 폭락은 미국 농민을 궁핍하게 만들었다. 농업 지역인 중서부의 고통이 특히 컸다. 그 고통을 줄이려면, 그 지역에서 생산되는 은을 연방정부가 매입해야 했다. 그 대신 민간은 마음대로 은화를 주조하지 못하도록 했다. 적어도 화폐 발행 권한은 연방정부가 갖는다는 점을 명문화한 것이다. 1890년 은매입법은 화폐로서 은의 용도는 끝났지만, 재화로서 은의 가격은 연방정부가 의

를 보이다가 1차 세계대전에 즈음해서는 사실상 와해되었다. 공식적으로는 1927년 해체되었다.

* 이 법은 공화당 당론을 분열시켰다. 금본위제도 복귀를 선언했던 공화당의 헤이스 대통령이 그 법에 거부권을 행사했지만, 바로 그날 여야는 재의결을 해서 법률을 통과시켰다.

무감을 갖고 계속 유지한다는 뜻이었다. 동부와 서부 사람의 요구를 하나씩 섞은, 정치적 타협이었다.

19세기의 사토시 나카모토

정치적 타협으로 탄생한 은매입법이 처음에는 아무 문제가 없는 듯했다. 하지만 1890년 그 법이 통과된 뒤에 정부가 은을 매입하기 위해서 발행한 재무부 채무 증서의 만기가 다가오자 문제가 드러났다. 사람들이 채무 증서의 원리금을 금으로 달라고 요구했다.* 정부가 가진 금 보유량이 금방 고갈될 것으로 보였기 때문이다. 심지어 연방정부에 은을 판 서부의 광산업자도 재무부 채무 증서의 만기가 되면 금으로 바꿨다. 정부의 금 보유액이 빠르게 감소하고, 이는 정부의 금태환 능력에 대한 의심을 증폭시켰다.

그것은 자기실현적(self-fulfilling) 예측이었다. 모든 사람이 한결같이 움직이니 시중에서 금값이 오르고, 금리는 폭등했다. 그런 분위기 속에서 1893년 취임한 스티븐 클리블랜드Stephen Cleveland 대통령은 J.P. 모건을 불러서 도움을 청했다. J.P. 모건은 재벌들을 모아 국채를 매입했고, 정부는 그 돈으로 다시 금을 사들였다. 정부의 금

* 당시 미국에는 중앙은행이 없었으므로 재무부가 은 생산업자에게 지급한 채무 증서(Treasury Coin Note)가 화폐와 채권의 성격을 모두 갖고 있었다. 재무부는 그 증서를 가진 사람의 요구에 따라 금이나 은을 지급해야 했다.

보유액이 다시 넉넉해지자 금융시장은 다시 정상을 되찾았다. 하지만 헐값(고금리)으로 국채를 사들였던 J.P. 모건과 재벌들은 그 사태가 끝나자 더 부자가 되었다.

결국 연방정부가 은을 매입하도록 해서 불경기를 벗어나 보려던 서부 사람들은 자신들의 환상이 깨지는 것을 경험했다. 한쪽에서 기업이 파산하고 노동자가 직장을 잃을 때 다른 쪽에서는 재벌이 더 부자가 되었으니, 그것은 비극이자 코미디였다.

바로 그때 윌리엄 하비William Harvey라는 사람이 1893년《코인의 금융 학교(*Coin's Financial School*)》라는 책을 발표했다. 미국 경제가 겪고 있는 모든 어려움은 금본위제도 때문이라는 주장을 담은 소책자였다. 그 책의 주인공 코인은 가상의 인물인데, 당시의 경제난은 부자들이 계획한 음모임을 강조했다. 삽화를 많이 넣은 덕에 공전의 베스트셀러가 되었고, 그 책의 소문만 들은 사람들은 코인이 실제 인물이라고 믿었다. 그런 현상은 글로벌 금융위기 직후 사토시 나카모토Satoshi Nakamoto라는 가상의 인물이 논문을 통해 기존 금융시스템을 비판하면서 비트코인을 화폐로 쓰자고 주장하자 많은 사람이 열광했던 것과 똑같았다.

당시 미국 사회는 산업혁명을 거치면서 빈부격차가 심각해지고 계급 갈등이 분출하기 시작했다. 1894년 임금 삭감에 항의하는 철도 노동자들이 시카고에 모여서 시위했다. 이것은 곧 다른 지역에도 번져 최초의 전국적 노동자 파업(풀먼Pullman 파업)이 되었다. 같은 해 제이컵 콕시Jacob S. Coxey, Sr.라는 사람이 실업자들을 이끌고 오하이오주에서부터 워싱턴 D.C.까지 도보 행진을 벌였다. 마크 트웨인

《코인의 금융학교》에 담긴 삽화. 복본위제도가 시행되던 1872년과 금본위제도가 시행되던 1894년을 비교하면서 은을 돈으로 쓰자고 주장하는 그림이다.

이 '도금시대(Gilded Age)'라고 경멸스럽게 부르던 졸부들과 재벌들의 전성기 한가운데서 사회주의의 싹이 나타난 것이다.

한편 클리블랜드 대통령은 J.P. 모건의 도움으로 간신히 금융위기를 벗어난 직후 은매입법을 폐기했다. 그래서 1896년 대통령 선거에서는 미국이 다시 복본위제도로 돌아갈 것이냐, 금본위제도로 이행할 것이냐가 최고 쟁점으로 떠올랐다. 그때 민주당의 윌리엄 제닝스 브라이언William J. Bryan 후보가 혜성처럼 등장했다.

브라이언은 살아 있는 코인이요, 사토시 나카모토였다. 그는 서부 네브래스카 하원의원 시절부터 대단히 급진적이고 반자본주의적인 태도를 보였다. 그래서 대선 후보로 지명될 가능성은 아주 낮았다. 하지만 전당대회에서 복본위제도를 주장하는 사자후를 통해 예상을 뒤집었다. 기존 금융시스템을 저주하고 부자들을 맹렬하게 비난하자 생활고에 시달리던 많은 유권자가 열광적으로 지지했다. 다른 군소 진보 정당들은 브라이언 후보를 지지하는 성명을 앞다투어 발표했다. 이로써 36세의 브라이언은 민주당만이 아닌, 서민층을 대변하는 진보 세력의 연합 후보로 떠올랐다.[*]

노란
벽돌 길

이런 분위기 속에서 〈오즈의 마법사〉라는 동화가 발표되었다. 이 동화는 네브래스카와 이웃한 사우스다코타주의 지방 신문 발행인 프랭크 바움L. Frank Baum이 쓴 것이다. 바움은 언론인이기 때문에 브라이언에 대한 지지를 표명할 수는 없었다. 그래서 〈오즈의 마법사〉라는 동화를 통해 간접적으로 선거운동을 도왔다.

이 동화는 표면적으로 도로시라는 소녀의 모험을 그렸지만, 거기에는 많은 정치적 코드가 담겼다. 그 모험은 캔사스주(미국 영토의 중심. 미국의 서민층)에 사는 여자아이가 어느 날 갑자기 토네이도(미국 사회의 혼란)에 휩쓸려 어딘지 알 수 없는 이상한 곳으로 날아가는 것

* 1896년 7월 8일 민주당 전당대회에서 브라이언 후보는 "노동자에게 가시면류관을 씌우지 말고, 황금 십자가에 인류를 못 박지 말라!"는 말로 후보 수락 연설을 마쳤다. 이를 '황금 십자가 연설'이라고 하는데, 역사상 가장 위력적이고 선동적인 연설로 평가된다.

으로 시작한다. 도로시가 도착한 곳은 오즈Oz(무게 단위 온스의 약자)라는 동네의 서쪽 끝(서부)이었다. 그곳을 다스리던 착한 마녀가 토네이도 때문에 죽은 것(서부 경제의 피폐)을 안 맨발의 도로시는 마녀가 신고 있던 은색 구두를 신은 뒤 집(정상 회복)으로 돌아가는 여행을 시작한다.

영화화된 〈오즈의 마법사〉

그리고 길을 가다가 역시 길을 잃은 세 친구를 만난다. 양철 인형(상공업, 공장노동자), 허수아비(농업, 농민) 그리고 목소리만 크고 용기가 없는 사자(정치)였다. 이들 넷은 자기들의 소원을 들어줄 수 있는 마법사가 오즈의 동쪽 끝(워싱턴 D.C.)에 사는 또 다른 마법사라는 말을 듣고 노란 벽돌로 만들어진 길(금본위제도)을 따라 험난한 여행을 한다.

천신만고 끝에 마법사의 집에 도착했더니, 마법사는 푸른색 에메랄드로 만들어져 바깥세상이 푸르게만 보이는 이상한 집(금권정치)에 갇혀 있었다. 직접 만나본 마법사는 소문과 달리 아무 마법도 없는 무능한 존재(클리블랜드 대통령)였다. 그 마법사는 자기의 무능함을 인정하고 도로시가 신고 있던 은색 구두(은본위제도)야말로 모든 소원을 이뤄주는 신통한 물건임을 알려준다. 그 말을 듣고 은색 구두를 부딪치며 소원을 비는 순간 도로시와 친구들은 각자 소원을 이룬다.

이 동화의 정치적 복선은 복본위제도를 취해야 서민 중산층의 민생고가 해결되고 모든 산업이 잘 돌아간다는 것이다. 금과 은의 교환 비율을 1대 16으로 되돌려야 한다는 브라이언 후보의 핵심 대선 공약 그 자체였다. 이 동화는 나중에 영화로도 만들어져 영화 주제가인 〈Over the Rainbow(무지개 너머)〉도 엄청난 인기를 얻었다.* 오늘날까지도 수많은 가수가 부르고 있다.

1896년의 대통령 선거는 금본위제도냐, 복본위제도냐를 두고 남북전쟁 이후 계속되던 지역 간 대결의 마지막 승부였다. 지역감정이 넘쳐났던 그 선거는 공화당의 압승으로 끝났다. 서부를 제외한 지역에서는 반기업적 정서를 가진 브라이언을 포퓰리스트로 받아들였다. 기업인들은 "브라이언이 당선되면 회사 문을 닫겠다"고 위협하기도 했다.

물론 브라이언의 패배에는 다른 이유도 있다. 이미 호주(1851년)와 남아프리카(1886년)에서 대규모 금광이 발견된 데다가 금을 쉽게 추출하는 새로운 공법까지 개발되어 전 세계적으로 금의 생산량이 크게 늘었다. 그러니 미국이 금본위제도를 포기할 이유는 크지 않았다.**

* 1939년에 영화로 만들어진 〈오즈의 마법사〉에서 주인공은 주디 갈랜드Judy Garland였다. 이 영화 한 편으로 일약 스타가 된 갈랜드는 디즈니의 어린이 영화를 통해 한국의 중장년층에게도 잘 알려져 있다.

** 2022년 한국의 대통령 선거에서 기본소득을 주장하는 사람들이 있었는데, 이후 빠른 속도로 물가가 뛰면서 그들의 주장이 잊힌 것과 비슷하다. 대통령 선거의 열기 속

1896년 대통령 선거 당시 공화당 윌리엄 매킨리 후보의 포스터. 금본위제도가 상공업, 무역, 고용을 증진한다고 주장했다.

1896년 대통령 선거 당시 민주당 브라이언 후보의 포스터. 건국 초기 국민적 합의인 1대 16의 금과 은 교환 비율을 강조했다.

1896년 선거에서 당선된 윌리엄 매킨리William McKinley 대통령은 임기 말인 1900년 마침내 금본위법을 제정했다. 그때는 1896년과 달리 금본위제도를 둘러싼 소동도, 반대도 없었다. 훗날 브라이언은 복본위제도를 공약으로 내걸고 두 번이나 더 대권에 도전했지만, 시간이 흐를수록 그의 지지자들은 줄었다.

그것은 좌파의 멸종을 의미했다. 이후 미국의 급진 세력은 진보당, 노동당 등 다양한 군소정당을 결성했지만 전부 지리멸렬했다.

에서 등장하는 그럴듯한 주장의 상당 부분은 조금만 지나면 금방 탄로 난다.

전직 대통령이었던 시어도어 루스벨트Theodore Roosevelt가 1920년 진보당을 결성하여 세 번째로 대권에 도전했던 것이 그나마 겨우 기억될 만한 일이었다. 이후 미국은 3억 인구가 살면서도 노동당이나 사회당이 의회에 진출하지 못한 채 보수 성향의 공화당과 민주당이 지배하는 양당 구조로 진화했다. 화폐제도를 둘러싼 유난히 긴 방황이 만든 결과다.

법정화폐 시대

1792년 주조법이 처음 만들어졌을 때 미국은 복본위제도를 지향했으나 70년 뒤인 1862년 링컨 대통령은 관리통화제도로 급선회했다. 1865년 남북전쟁이 끝난 직후부터 30여 년간은 화폐제도 때문에 심각한 국론 분열이 있었다. 하지만 긴 논쟁 끝에 도달한 1900년의 금본위법도 종착역은 아니었다. 그것은 긴 여정에서 잠깐 만나는 오아시스에 불과했다. 미국의 금본위제도는 대공황의 그늘이 짙어지면서 30여 년 만에 또다시 중단되었다.

1933년 3월 4일은 토요일이었다. 그날 취임한 프랭클린 루스벨트 대통령의 첫 과제는 들불처럼 번지고 있는 예금 인출 사태를 막는 것이었다. 그래서 일요일 저녁 라디오 방송을 통해 월요일인 3월 6일 아침부터 은행 휴무를 실시한다고 선언했다. 사상 유례가 없던 대통령의 선언에 국민도 저항하지 않았다. 상황이 워낙 심각하다 보니 대통령이 어떤 권력을 휘둘러도 거부감이 없었다. 이런 분위기 속에서 4월 5일에는 100달러 이상의 금은 전부 정부로 집중하도록 하는 대통령 긴급명령 제6102호가 내려졌다. 이어서 4월 20일에는 금의 거래와 수출까지 금지하는 긴급명령 제6111호까지 발동했다.

이렇게 해서 미국의 금본위제도가 33세의 나이로 종말을 맞았다. 2차 세계대전 이후 전 세계는 브레턴우즈Bretton Woods 체제로 전환했다. 각국이 금본위제도를 포기하되, 미국만 금 1온스당 35달러로 전 세계를 상대로 무한히 교환하는 것을 약속하는 시스템이다. 하지만 미국 안에서는 여전히 루스벨트의 긴급명령이 유효했다. 그렇다고 국내에서 루스벨트 대통령의 인기가 나빴던 것은 아니었다. 1900년 금본위제도를 도입한 매킨리 대통령은 재선으로 끝났지만, 1933년 금본위제도를 폐기한 루스벨트 대통령은 네 번이나 당선되었다.

브레턴우즈 체제는 처음부터 위태로웠다. 재무부의 화이트 차관보가 그 체제를 설계하자마자 연준의 경제학자 로버트 트리핀Robert Triffin이 문제점을 지적했다. 미국의 무역 적자 때문에 달러 공급이 늘면 달러화 신인도가 떨어지고, 미국의 무역 적자가 줄어들면 전 세계의 유동성 공급이 부족해지기 때문이다. 이를 '트리핀 딜레마(Triffin's dilemma)'라고 한다.

브레턴우즈 체제가 작동한 지 30년도 되지 않아서 트리핀의 예언이 현실로 나타났다. 1960년대 초반부터 달러화에 대한 의구심이 조금씩 커지다가 1970년대에 이르러서는 미국의 인플레이션과 함께 달러화 투매 현상까지 벌어졌다. 만성적인 무역 적자를 겪던 미국은 1971년 8월 15일 일요일 저녁 닉슨 대통령의 성명을 통해 세계를 상대로 한 달러화의 금태환 약속을 일방적으로 파기했다. 이렇게 해서 미국은 화폐제도에서 금을 버렸다. 건국 당시 화폐라고 생각했던 은을 버린 데 이어서 두 번째다. 지금 미국의 달러화는 어떤 금속과도 상관없다.

몰락

방탕한 아버지 밑에서 제멋대로 자란 헌트 형제는 금과 은을 둘러싸고 벌어졌던 긴 방황의 역사를 알 리 없었다. 주체할 수 없이 돈만 많았던 헌트 형제는 선물 시장에서 은에 투자하면 금방 큰돈을 벌 수 있다고 생각하고 무작정 돈을 쏟아부었다. 가격이 하락하면 추가로 더 매입하는 물타기 전략을 계속한 끝에 그들이 사들인 은의 양은 5,000만 온스, 즉 세계 은 재고의 3분의 1 수준에 이르렀다. 헌트 형제는 사우디아라비아의 두 파트너를 끌어들여 'IMIC'라는 페이퍼 컴퍼니를 세웠는데, 그 회사 이름으로 투자한 몫까지 포함하면 헌트 형제가 사들인 양은 훨씬 많았다. 이런 물량 공세에 힘입어 1979년 초 국제 은값은 온스당 6달러였는데, 그해 여름에 이르자 48.7달러까지 치솟았다.

그런데 상황이 달라지기 시작했다. 1979년 8월 6일 폴 볼커Paul Volcker가 12대 연준 의장으로 취임했다. 그는 자타가 공인하는 인플레이션 파이터였다. 그가 통화량 증가율을 4~8퍼센트로 낮추겠다

헌트 형제의 가격 조작과 은 선물 가격 추이

고 공식 선언한 것은 1979년 10월이었지만, 취임 직후부터 볼커에 대한 두려움 때문에 시장 금리가 상승세를 타기 시작했다. 이미 과열될 대로 과열된 은 선물 시장에서는 큰 악재였다.

그해 여름 시카고선물거래소와 시카고상품거래소는 정말 뜨거웠다. 8월 22일부터 18일 연속으로 선물 시장에서 은 가격이 사상 최고치를 매일 갈아치웠다. 그런데 선물 시장이 현물시장과 따로 움직일 수는 없다. 선물 시장에서 은을 판 사람은 그 선물 계약이 끝나는 시점에 은을 실물로 인도해야 하는데, 계약 시점과 인도 시점 사이에 은의 보관과 운반, 이자 비용을 종합해서 선물 시장 가격이 결정된다. 그런데 당시 선물 시장의 은 가격은 이론에서 크게 벗어나 비정상적으로 과대 평가되었다. 누군가 가격을 조작한다는 말이다.

결국 시카고상품거래소와 시카고선물거래소가 행동에 나섰다. 거래량이 너무 많아져서 계약 불이행 사태가 발생할 우려가 있다는 이유로 1979년 8월부터 선물 계약 이행 보증금을 올렸다. 하필 시장 금리가 뛰기 시작할 때 이행 보증금까지 오르니 헌트 형제의 물타기나 시세 조작은 굉장히 어려워졌다.

여러 가지 상황이 맞물리면서 지칠 줄 모르고 오르던 국제 은 가격 상승세가 주춤해졌다. 매수 세력과 매도 세력의 치열한 공방 속에서 가격은 하루 중에도 어지러울 정도로 오르내렸다. 가장 속이 타는 것은 헌트 형제였다. 포지션이 컸던 헌트 형제는 1달러 하락할 때마다 수억 달러의 손해를 보았다.

1980년 1월에 이르자 가격이 뚜렷한 내림세로 전환되었다. 하락폭이 조금씩 커지면서 2월부터는 헌트 형제가 그동안 벌었던 이익을 몽땅 까먹고 순손실의 단계로 접어들었다. 3월에 이르자 수습이 안 될 정도로 가격이 내려갔다. 헌트 형제가 두 손을 들고 선물 시장에서 완전히 발을 뺐다. 그 뒤 은 시세가 정상을 되찾았다.

당시 은 선물 시장에서 작전 세력은 헌트 형제만이 아니었다. 콘티그룹이라는 투자 그룹이 은 선물 시장을 주무른다는 것은 공공연한 비밀이었다. 하지만 세상의 관심은 온통 헌트 형제한테만 몰렸다. 집안 대대로 악행의 대명사였기 때문이다. 사람들은 사필귀정이라면서 그들의 몰락을 고소하게 생각했다. 시카고의 두 선물거래소는 헌트 형제가 떨어져 나간 뒤인 1980년 3월 6일과 17일 이행 보증금을 원래 수준으로 돌려놓았다. 헌트 형제에게 동정심을 갖는 사람은 아무도 없었다.

바보들의 행진

헌트 형제의 불운은 거기서 끝나지 않았다. 은 선물 시장 붕괴가 사회문제가 되면서 의회가 그들을 불렀다. 청문회에 참석한 형제는 태연하게 웃었지만, 속은 썩을 지경이었다. 뉴욕의 최고 법률 회사를 찾아 시카고의 두 선물거래소가 일방적으로 통보한 새로운 선물 계약 조건에 관해서 소송할 수 있는지 타진했다. 두 거래소의 급작스러운 이행 보증금 인상이 자신들을 일방적으로 불리하게 만들었기 때문이다.

그런 노력은 세상 사람들에게 코웃음을 샀을 뿐이다. 헌트 형제의 매점 행위(market cornering)로 시장가격이 왜곡된 탓에 은 선물 시장에 투자했다가 손해를 본 사람들은 헌트 형제를 상대로 집단소송을 제기했다. 그중에는 민페코Minpeco라는 제련 회사도 있었다. 민페코는 페루의 정부투자 기관인데, 헌트 형제의 가격 조작으로 1억 9,200만 달러의 손해를 보았다면서 1981년 다른 투자자들과 함께 헌트 형제를 제소했다. 이 소송에는 경제학자까지 동원되었다. 미국 펜실베이니아대학교 와튼스쿨Wharton School 스테판 로스Stephen Ross 교수가 법정에서 헌트 형제를 옹호했다. 학문적으로는 투기와 투자의 구분이 모호하다는 것이 요지였다.*

* 한국에서도 비슷한 일이 있었다. 2008년 원/달러 환율이 빠르게 하락하자 외환 파생 상품인 키코KIKO 계약을 두고 은행과 기업 사이에 소송이 벌어졌다. 은행이 키코라는 상품을 팔면서 속였다(불완전판매)는 것이 이유였다. 그 소송에서 노벨 경제학상

한창 잘나가던 시절 헌트 형제

재판은 7년을 끌다가 1988년 최종 판결이 났다. 헌트 형제가 민페코사에 2억 달러를 변상하라는 명령이 내려졌다. 뉴욕에서 제일 유명한 법률 회사와 저명한 경제학자가 달라붙었지만, 법정에서 헌트 측의 주장은 거의 받아들여지지 않았다. 그 판결이 내려지자마자 국세청(IRS)이 달려들어 헌트 형제의 재산 6억 달러를 압류했다.

그 바람에 헌트 형제는 민페코에 배상할 능력까지 잃었다. 1988년 9월 21일, 헌트 형제 부부, 그리고 자식들은 법원에 개인 파산 신청서

수상자인 로버트 엥글 미국 뉴욕대학교 교수가 기업 두둔했고, 스테판 로스 미국 MIT 경영대학원 교수(헌트 형제를 변호했던 사람이다)는 은행을 두둔했다.

를 제출했다. 은 투기에 동원되었던 그들 소유의 석유 회사와 시추 회사도 자금난에 빠져 기업 회생 절차에 들어갔다. 1980년대 초반 같았으면 국제 유가가 높아서 유동성 부족에 빠진 이들의 회사가 회생하기 쉬웠다. 하지만 당시에는 볼커의 통화주의 때문에 물가와 유가가 안정되어 유동성 부족을 해결할 방법이 없었다.

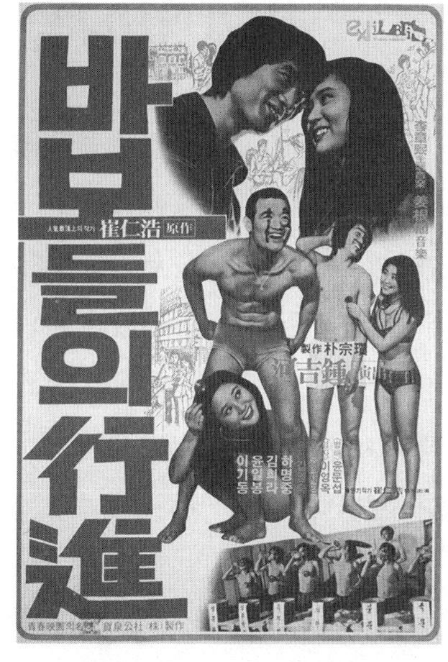

1975년 개봉된 영화 〈바보들의 행진〉. 입대 전 대학생들의 방황을 통해 그해 선포된 유신헌법의 부조리를 우회적으로 비판했다.

결국 헌트 형제가 가진 회사들은 대부분 파산했다. 그들이 가지고 있던 값비싼 골동품과 여러 쌍의 경마들도 개인 파산 신청과 동시에 매각되어 수중을 떠났다. 한때 사교계의 스타였던 헌트 형제는 이렇게 해서 아버지에게 받은 재산을 모두 날리고 빈털터리가 되었다. 그들의 잘못은 금융시장을 너무 우습게 알았다는 것이다. 값을 올려놓으려고 무작정 매입만 했던 세 형제의 투자 전략은 그야말로 바보들의 행진이었다. 미국인들은 2대에 걸쳐 밉상을 떨었던 헌트 가의 몰락을 고소한 눈으로 바라봤다. 그 무렵 드라마 〈댈러스〉의 시청률이 최고점을 찍었다. 반사이익이었다.

몽키 비즈니스

헌트 형제가 돈을 잃고 소송으로 허덕이던 바로 그 시절, 스스로 저지른 바보짓 때문에 그들만큼이나 곤경에 처한 사람들이 있었다. 헌트 일가를 패러디한 드라마 〈댈러스〉에 출연했던 여배우 도나 라이스Donna Rice였다. 그녀는 어릴 때부터 모델로 활동할 정도로 외모가 수려했다. 학업을 소홀히 하지도 않았다. 대학 시절에는 치어리더를 하면서도 우등생 자리를 지킬 정도로 자기 관리가 뛰어났었다.

하지만 대학 졸업 후 우연히 참가했던 지방의 미인 선발 대회에서 우승하면서 인생관이 조금씩 달라졌다. 외모로 승부를 보겠다는 마음으로 뉴욕에 진출했다. 연예계에서 성공하기는 생각보다 쉽지 않았다. 한창 인기 있었던 연속극 〈댈러스〉에 단역 배우로 출연할 때만 해도 곧 뜰 것으로 기대했지만, 그것이 전부였다. 같이 출연했던 브래드 피트 같은 행운은 찾아오지 않았다.

뉴욕이라는 대도시에서 냉혹함을 맛본 뒤, 도나 라이스는 다시 고향으로 내려왔다. 그리고 연예계 생활을 깨끗이 잊고 제약 회사 판매 사원으로 평범하게 살았다. 이따금 지방 방송국의 단역 탤런트나 사진 모델로 부업을 하는 것이 전부였다. 그러던 중 1986년 말 남자 친구 집에서 벌어진 신년 파티에서 한 정치인을 만났다. 콜로라도주 출신 상원의원 게리 하트Gary Hart였다. 게리 하트는 곧 대권에 도전한다고 소문나 있었다. 그들은 그 후 따로 은밀히 만나는 사이로 발전했다.

대통령 후보로 나선 51세의 정치인과 모델 출신의 젊은 여성 지지자가 사적으로 만난 것이 얼마나 비정상적인 것이었는지는 지금까지도 불분명하다. 그러나 두 사람이 어느 날 바닷가에 놀러 가서 부적절한 자세로 찍은 사진이 1987년 5월 2일 허접한 지방신문《마이애미 헤럴드》에 실리면서 두 사람은 걷잡을 수 없는 소용돌이에 휩싸였다. 민주당 후보로 강력하게 거론되던 게리 하트의 깨끗한 이미지는 바닥으로 떨어졌다. 그 대신 온갖 루머와 험담이 신문 지면을 뒤덮었다. 왕년의 여배우 도나 라이스도 일찍이 탤런트 시절 경험하지 못했던 주목을 받으면서 파파라치에게 시달렸다. 그들의 해명은 전혀 먹혀들지 않았다.

대통령 후보 게리 하트를 몰락시킨 문제의 사진

언론의 비난이 얼마나 거셌던지《마이애미 헤럴드》가 특종을 보도한 지 1주일 뒤 게리 하트는 민주당 대통령 후보 경선에서 사퇴했다. 사퇴 성명을 발표하는 기자회견장에서 언론의 왜곡 보도를 크게 원망했지만, 그것은 또 다른 비웃음을 샀을 뿐이다.*

그 결과 민주당에서는 마이클 듀카키스Michael Dukakis 매사추세츠 주지사, 조 바이든 델라웨어주 상원의원, 제시 잭슨 목사, 앨 고어 테네시주 상원의원 등 7명의 자잘한 후보들이 난립하며 각축을 벌였다. 최종적으로는 마이클 듀카키스로 낙착을 보면서 1988년 대통령 선거는 현직 부통령 조지 부시(아버지 부시)와 매사추세츠 주지사 마이클 듀카키스가 맞붙었다. 부시 후보는 개성미가 부족했고, 듀카키스 후보는 정신병을 앓았던 경력이 있었다. 두 후보 모두 결함이 있었던 그 선거는 20세기 선거 중 가장 재미없는 선거로 기억된다.

만일 도나 라이스와 추문이 없었다면, 개성미 넘치는 게리 하트가 민주당 대선 후보가 되면서 대통령 선거가 훨씬 재미있고 뜨거울 수 있었다. 결과도 달라질 수 있었다. 이렇게 보면 1988년 미국 대선 레이스의 물꼬를 결정적으로 바꾼 것은 한 장의 사진이다. 그 사진은 바로 '몽키 비즈니스Monkey Business'라는 이름의 요트에서 두 남녀가 시시덕거리다가 찍은 사진이었다. 이름 그대로 그것은 두 남녀의 몽키 비즈니스였다.

화려한 배경과 무한한 가능성을 가졌으면서도 한때의 치명적인 실수 때문에 대통령의 꿈을 포기해야 했던 게리 하트는 1980년대 미국 정치판에서 가장 멍청한 짓을 한 정치인으로 기록된다. 이후 게리 하트는 정치 일선에서 물러나 옥스퍼드대학교에서 박사 학위를 취득한 뒤 모교인 콜로라도대학교에서 학생들을 가르쳤다. 가끔 방송에도 출연했다. 몽키 비즈니스를 한 사람치고는 상당히 고상한

* 게리 하트를 비난할 때 미국 시민은 정치인에게 엄격한 도덕 기준을 요구했다. 그로부터 10년 뒤 모니카 르윈스키 스캔들이 터졌을 때는 오히려 부적절한 행동을 한 빌 클린턴 대통령의 지지도가 오르고 사건을 맡았던 특별검사가 야유를 받았다. 빌 클린턴 대통령의 추행에 비하자면 게리 하트의 일은 정말 아무것도 아니었다. 그런 점에서 게리 하트는 억울했다.

노후 생활이었다.

도나 라이스도 평범한 여자로 돌아왔다. 세상 사람들의 조롱 때문에 받았던 상처가 아물 무렵, 한 사업가를 만나서 1999년 결혼했다. 스캔들이 터진 지 12년 뒤였다. 이후 그녀는 포르노 사이트 추방을 위한 비영리 시민단체에서 왕성하게 활동했다. 이 단체의 이름은 흥미롭게도 '말로 합시다(English is Enough)'이다. 한 장의 사진 때문에 젊은 시절을 처참하게 보내야 했던 여인의 경험에서 우러나오는 심오한 메시지다. 그녀는 사진에 찍히는 것을 정말 싫어한다고 한다. 아마도 트라우마일 것이다.

게리 하트와 도나 라이스의 생활이 정상으로 돌아왔지만, 인터넷에서는 아직도 그들의 사진과 당시의 기록들이 계속 떠돈다. 바른생활로 돌아온 사람들에게는 견디기 힘든 큰 형벌이다.

도나 라이스가 출연했던 〈댈러스〉의 살아있는 모델 헌트 형제의 형벌은 좀 색다르다. 오늘날 파생 금융거래를 소개하는 책에서는 예외 없이 선물 시장에서 이행 보증금의 중요성과 함께 헌트 형제의 몰락이 소개된다. MBA 과정에서는 개인이 절대로 시장을 이길 수 없는 사례로서 헌트 형제의 무모한 물타기 투자 전략을 가르치고 있

게리 하트의 몰락을 알린 《타임》 표지(1987년 5월)

다. 경제학과에서는 1980년대 들어 은값이 폭락한 것은 통화주의의 위력을 보여주는 사건이라고 가르친다. 이처럼 헌트 형제가 20세기에 저지른 몽키 비즈니스는 21세기에 들어서도 계속 입에 오르내린다. 헌트 형제의 오명은 금융의 역사에서 앞으로도 계속 기억될 것이다. 그것이 그들의 형벌이다.

헌트 형제와 그들의 추잡한 아버지, 게리 하트와 도나 라이스는 모두 나름대로 능력 있던 사람들이다. 능력이란 자기 의지대로 무엇을 할 수 있는 힘을 말한다. 하지만 할 수 있는 일을 참는 것도 능력이다. 우리는 그것을 절제라고 부른다. 정치인이건, 사업가던, 연예인이건, 절제가 미덕이다. 몽키 비즈니스는 절제하지 않는 사람들의 무덤이다.

헌트 형제를 위한 변명

헌트 형제와 민페코 간의 소송이 진행될 때 펜실베이니아대학교 와튼스쿨의 스테판 로스 교수가 법정에 증인으로 출석했다. 그 자리에서 로스 교수는 헌트 형제를 열심히 변호했지만, 헌트 형제는 패소했다. 한참 시간이 지난 뒤 로스 교수의 조교였던 제프리 윌리엄스Jeffrey Williams가 그 문제를 다시 꺼내 들었다. 윌리엄스는 훗날 스탠퍼드대학교의 교수가 되었는데, 자신의 저서를 통해서 민페코를 포함한 집단소송 원고 측의 주장을 금융 공학 차원에서 분석했다. 그리고 헌트 형제에 대한 비난은 근거가 없다고 주장했다. 그의 말대로 세상 사람들의 비난과 판단은 공허한 경우가 많다. 피해자가 많으면 감정이 진실을 압도한다. 없던 죄가 생긴다.

한국에서도 비슷한 사례가 있었다. G20 서울 정상회담이 열리기 직전인 2010년 11월 11일 증권거래소에서는 장 마감 10분간 외국인 투자자들이 2조 원이 넘는 물량을 팔았다. 사람들은 이것을 두고 '매물 폭탄'이라고 했다. 시장에서는 "주가가 내려가면 이득을 보는 파생 상품을 미리 사두고, 일부러 주가조작을 했을 것"이라는 소문이 파다했다.

그 사건의 최대 피해자는 와이즈에셋자산운용(주)이라는 회사였다. 주가가 크게 떨어지지는 않을 것으로 판단하고 풋옵션을 팔았다가 자본금의 9배를 잃고 파산했다. 풋옵션은 가격이 하락하더라도 미리 정한 높은 가격으로 팔 수 있는 권리를 말한다. 그러므로 가격이 하락할수록 풋옵션을 산 사람은 이익을 얻고, 판 사람은 손해를 본다. 와이즈에셋자산운용사는 예상치 못한 외국인의 '매물 폭탄'으로 주가가 폭락하자 순식간에 돈을 잃고 파산했다.

피해자가 분명하니 금융 감독 당국과 검찰이 조사에 착수했다. 알고 보니 10분간 있었던 매도 주문의 97퍼센트가 도이치뱅크Deutsche Bank라는 한 회사에서 나왔다. 그런데도 수사는 벽에 부딪혔다. 아무리 파헤쳐도 특정한 작전 세력을 찾을 수 없었다. 결국 검찰이 슬그머니 발을 뺐다. 2010년 시세조작 사건은 피해자만 있고 가해자가 밝혀지지 않은 채 끝났다.

2023년에도 비슷한 일이 벌어졌다. 외국계 증권사인 소시에테제네랄증권 창구를 통해 8개 종목(삼천리, 대성홀딩스, 서울가스, 세방, 선광, 다우데이타, 하림지주, 다올투자증권) 주식이 대량으로 매도되었고, 그 바람에 해당 종목이 연일 하한가를 기록하면서 가격이 반토막 났다. 손해를 본 투자자들은 틀림없이 주가조작이 있었을 것이라면서 아우성을 쳤다. 그러자 검찰과 금융 당국이 대대적인 수사에 착수했다. 파고드니 인기 가수 임창정을 비롯한 흥미로운 이름들이 쏟아졌다. 이 글이 작성되는 순간에도 증권 회사 간부들이 검찰에 계속 소환된 뒤 구속되고 있다. 그러나 최종적으로 피의자들에게 어떤 형벌이 내려질지는 알 수 없다.

금융시장의 질서를 교란하는 행위는 범죄다. 하지만 '시세조작'이나 '매물 폭탄'이라는 말은 신기루일 수 있다. 2008년의 글로벌 금융위기도 부동산저당채권(MBS)에 대한 투매에서 시작했지만, 아무도 '매물 폭탄'을 원망하지 않는다. 그냥 주식 매도 주문이 비슷한 시기에 몰렸을 뿐이다. 대부분 비슷한 정보를 갖고 있으니까 발생하는 현상이다. 그렇다면 1970년대 말 선물 시장에서 은 가격이 폭등했다가 폭락한 것도 헌트 형제의 투자와는 상관없는 일일 수도 있다. 가격이 오르내릴 때 헌트 형제가 우연히 남들보다 조금 많이 투자했을 뿐이다. 그렇다면 헌트 형제는 비난이 아닌 동정을 받아야 한다. 그것이 윌리엄스 교수의 주장이다.

하지만 이미 모든 것을 날려 버린 헌트 형제에게는 지나간 일을 돌이켜 봐야 가슴만 아프다. 복잡한 금융 공학 이론을 통해 누명이 벗겨져도 달라지는 것은 없다. 그들의 패가망신은 큰 교훈을 남긴다. 그들이 평소에 선행을 베풀었거나 인심을 잃지 않았다면, 그래서 사람들의 냉소와 적개심을 누그러뜨릴 수 있었다면, 헌트 형제는 그토록 미움받지 않았을 것이다.

결국 마음 씀씀이가 중요하다. 평소 이웃을 보살피며 평판을 잘 관리하는 것이 잔머리를 잘 굴리는 것보다 훨씬 현명한 처신이다. 헌트 형제는 그렇지 못했으므로 그들의 투자가 불법이었던 합법이었던 인심을 잃은 그들의 판단과 행동은 '몽키 비즈니스'를 벗어날 수 없었다.

한편 악명 높은 헌트 삼형제에게는 배다른 동생 라마르가 있었다. 그는 일찌감치 아버지와 형들과는 다른 길을 걸었다. 대학 시절부터 미식축구 선수로 활동하면서 스포츠맨십을 키웠다. 그런 경력을 바탕으로 스포츠 비즈니스 세계에서 거물이 되었다. 다수의 프로 미식축구팀, 프로 축구팀, 프로 조정 경기팀을 거느리는 구단주가 되었다. 미국인을 열광케 하는 아메리칸풋볼리그(AFL)도 그가 만들었다. 미식축구 경기의 최대 이벤트를 지칭하는 '슈퍼볼Super Bowl'이라는 말을 만든 것도 라마르 헌트다.

그런데 라마르가 아들에게 물려 준 캔자스시티 치프스팀이 2020년에 이어서 2023년 슈퍼볼에서 우승했다. 그 덕분에 헌트 가문이 다시 언론에 대서특필되었다. 《포브스》 조사에 따르면, 라마르 헌트 집안의 재산은 2022년 말 현재 205억 달러에 이른다. 1960년 2만 5,000달러에 샀던 캔자스시티 치프스팀의 현재 가치가 37억 달러에 이른 것이 큰 도움이 되었다고 한다. 라마르 헌트 가문은 2013년부터 '포브스 400(미국 최고 부자 400)'에 포함되어 있다.

라마르의 배다른 세 형들이 은 투기에 몰입하는 대신 정상적인 사업에 머물렀다면, 지금 그들의 후손이 가진 부는 캔자스시티 치프스팀 구단주의 것보다 훨씬 많았을 것이다. 파란만장한 헌트 집안의 내력을 살피다 보면, 명심보감의 구절이 떠오른다. '적악지가 필유여앙積惡之家 必有餘殃(악한 일을 많이 한 집안에는 반드시 재앙이 따른다).'

6장

금융시장 맹신이 부른 버블

The Number-free Economics with Stories & Histories

해피 엔드

하워드 로크는 타협할 줄 모르는 고지식한 청년이다. 장래가 보장된 일류 대학에서 건축설계를 열심히 공부하고도 졸업을 못 했다. 학교 당국이 전통이라는 이름으로 불합리한 관행을 따르도록 강요하는 것을 거부했기 때문이다. 모범생 로크가 곤경에 처하자 교수들이 그를 거들었다. 학과장에게 사과하면 학교에 남아있을 수 있도록 길을 만들어줬다. 하지만 로크는 그마저도 거부하고 퇴학당하는 편을 선택했다. 그리고 뉴욕으로 가서 작은 건축설계 사무소에 취직했다.

그의 친구인 피터 키팅은 로크에 비하면 재능이 한참 부족했다. 그러나 처세술이 뛰어났다. 졸업 후 뉴욕에 와서 아주 번듯한 건축설계 사무소에 채용되었다. 그리고 학창시절 사귀었던 여자를 정리한 뒤 부모의 소개로 부잣집 딸과 약혼했다.

그들이 다니는 회사는 각자의 성품과 닮은 면이 있었다. 로크의 회사는 독창적인 건축설계를 통해 한때 널리 인정받았지만, 건물주들의 비위를 맞추는 것을 거부하는 바람에 사세가 크게 기울었다. 지금은 근근이 굴러가는 영세한 사무소로 전락했다. 반면 키팅의 회사는 건물주가 요구하면 이리저리 설계를 변경하고 남의 작품을 모방하는 것도 서슴지 않았다. 그렇게 빠르게 중견 건축설계 사무소로 성장했다.

로크가 다니던 회사는 악전고투 끝에 결국 문을 닫았다. 건축설계를 천직으로 알았던 로크는 직장을 얻기 위해서 코네티컷주로 거처를 옮기고 어느 채석장의 현장 감독이 되었다. 거기서 채석장 사장의 딸 도미니크를 만났다. 그녀는 로크의 매력과 잠재력을 금방 알아봤다. 그래서 로크에게 건축설계 일을 다시 해보라고 격려했다. 그 말에 용기를 얻은 로크는 자기 이름으로 설계 사무소를 열고 설계사로 복귀했다. 독창적이고 아름다운 작품들을 발표하면서 지역사회에서 탄탄한 입지를 닦았다.

로크와 도미니크는 꽤 깊이 사귀는 단계로 발전했다. 하지만, 도미니크는 이미 다른 남자와 약혼한 상태였다. 상대는 하필 로크의 대학 동창인 키팅이었다. 결단력이 부족한 도미니크는 부모의 강권에 못 이겨 애정도 없는 키팅을 택했다. 도미니크를 잃은 로크에게 더 힘든 일이 닥쳤다. 어느 날 "로크의 작품은 뉴욕의 큰 빌딩들을 흉내 낸 모조품에 불과하다"는 비난 기사가 신문에 실려 로크가 사면초가에 몰렸다. 그와 경쟁 관계에 있던 어느 설계 사무소의 농간이었다.

한편 도미니크와 결혼한 키팅은 점차 실력이 드러났다. 평판도 나빠지고 일거리도 줄었다. 그러자 '아빠 찬스'를 활용했다. 아버지가 잘 아는 재벌을 찾아가서 통사정하고, 대규모 건축 공사를 따냈다. 하지만 그가 감당할 수 없는 엄청난 규모의 공사였다. 그러자 친구이자 연적戀敵이었던 로크를 찾아갔다. 로크는 남의 건물을 모방하는 설계사라는 낙인이 찍혔기 때문에 자기 이름으로는 설계할 수 없는 처지였다. 서로가 필요했던 로크와 키팅은 밀약을 맺었다. 로크가 설계하고, 키팅 이름으로 발표하기로 했다. 얼마 후 키팅이 기대했던 멋진 작품이 탄생했다.

하지만 키팅의 버릇이 또 나왔다. 공사가 시작되자 로크가 모르는 사이에 설계를 이리저리 변경했다. 건축이 거의 끝날 무렵 로크가 그 사실을 알았다. 애초에 로크는 키팅에게 내건 조건이 있었다. 설계를 함부로 변경하지 말라는 요구였다. 그런데 그 요구가 뭉개졌다. 사업주의 비위에 맞춰 이리저리 고쳐진 설계는 참을 수 있는 수준을 넘었다. 로크는 분노했고, 그 고민을 들은 도미니크도 남편 키팅에게 크게 실망했다. 도미니크는 로크의 부탁을 받고 아버지의 회사가 채석장에서 쓰는 다이너마이트를 구해다 주었다. 로크는 어느 날 밤 공사가 끝나가는 건설 현장에 잠입해서 그것을 터뜨렸다. 경찰 조사가 시작되었다. 피해 상황을 살피려고 도면을 보다가 설계가 많이 뒤틀렸다는 것을 발견했다.

그 일로 지루한 재판이 계속되었지만, 그 과정에서 진실이 밝혀졌다. 로크를 괴롭혔던 언론사와 기득권을 가진 경쟁자들의 결탁, 그리고 친구 키팅의 술수 등이 전부 드러났다. 반면 로크의 실력과 진정성이 드러났다. 재판이 끝난 뒤 어느 돈 많은 사업가가 그를 불러 맨해튼 최고의 마천루를 지어보라고 주문했다. 몇 년 후, 도미니크와 결혼한 로크는 자기가 설계한 뉴욕 최고의 건물 안으로 입장한다. 해피 엔드다.

건축학 개론

지금까지의 이야기는 1943년 출간된 《파운틴헤드 *Fountainhead*》라는 소설의 줄거리다. 1949년 영화로도 만들어져 당대 최고의 배우 게리 쿠퍼가 주인공 하워드 로크 역을 맡았다.

소설 《파운틴헤드》는 한국에 거의 알려지지 않았다. 영화가 소설보다 먼저 소개되었기 때문이기도 하지만, 제목이 이상하게 번역된 탓도 있다. 원제목 '파운틴헤드'는 아이디어가 샘솟듯이 풍부한 하워드 로크를 의미한다. 그래서 일본에서는 이 소설을 수원水源이라고 번역했는데, 한국에서는 '마천루'라고 번역했다. 로크의 성공을 보여주는 마지막 장면에서 거대한 마천루가 나오기 때문으로 보인다.

하지만 마천루라는 번역은 작가의 의도에서 크게 벗어났다. 소설 주인공 하워드 로크는 마천루가 즐비한 맨해튼보다 전원을 동경한다. 원작 소설의 실제 모델로 알려진 미국의 건축가 프랭크 라이트 Frank Wright도 자연과 조화되는 작품으로 유명하다. 뉴욕 맨해튼의 구겐하임 미술관이 그의 마지막 작품인데, 공간을 시원하게 뚫어서 많은 사람에게 사랑받는다.

그런 점을 종합할 때 《마천루》보다는 《건축학개론》이 더 적절한 제목이었을 듯싶다. 한국 영화 《건축학개론》은 건축사의 풋풋한 첫사랑을 그려서 많은 사람에게 사랑받았다. 어떤 분야에서든 개론은 단순한 것 같지만, 진짜 중요한 원칙들을 다룬다. 개론은 모든 것의 시작이라서 쉽게 잊을 수 없다. 첫사랑처럼.

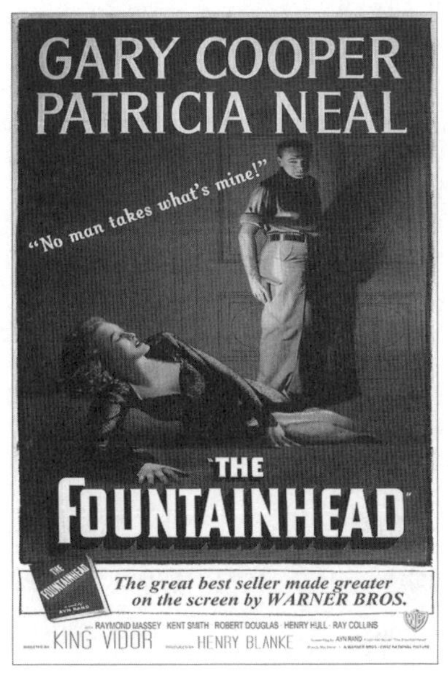

1949년 개봉된 미국 영화 《파운틴헤드》

볼셰비키 난민에서 뉴욕의 철학자로

소설 《파운틴헤드》는 단순한 기업 소설이나 애정 소설이 아니다. 그 작품은 오늘날 미국 자본주의를 뒷받침하고 있는 개인주의와 시장중심주의를 변호하는 작품이다. 그래서 미국인, 특히 공화당 지지자들은 이 소설의 작가 아인 랜드Ayn Rand를 엄청나게 중요하게 생각한다.

한국인의 눈으로 보면, 이 소설은 소설가 심훈의 《상록수》같은 계몽 소설에 가깝다. 작가 아인 랜드가 주인공 하워드 로크의 입을 빌려 자신의 철학과 사상을 틈틈이 설파한다. "개인은 선천적으로 고결함을 지니고 태어났으며, 모든 개인의 최고 의무는 그러한 잠재력을 실현함으로써 완성된다"는 철학가 존 로크의 말을 읊는다. 운명과 불가지론을 거부하면서 의지와 이성만으로 미래를 개척할 수 있다는 긍정적 태도다. 이성은 완벽하다고 믿고, 개인의 자유를 중시한다는 점에서 그녀는 보통 자유의지론자(libertarian)로 분류된다.

아인 랜드는 러시아의 상트페테르부르크에서 출생하여 열두 살 때 볼셰비키 혁명을 맞았다. 혁명의 소용돌이 속에서 유태계인 그녀의 부모는 사유재산을 몽땅 빼앗겼다. 집안이 풍비박산하면서 그녀의 마음에는 집단주의에 대한 히스테리적 거부감이 굳어졌다. 현실에서 도피하고 싶은 심정에 대학에서는 아리스토텔레스와 플라톤 같은 고대 철학자들의 세계에 몰두했다. 대학을 마치자 미국으로 이민했다.

젊은 시절의 아인 랜드

글재주가 있었던 그녀는 캘리포니아의 할리우드에 자리를 잡았다. 때마침 영화 산업이 막 일어서려는 때였으므로 영화 대본을 만들거나 각색하는 일거리를 쉽게 구했다. 거기서 화가였던 남편을 만나 결혼했다.

그 뒤 본격적인 소설가의 길을 걸었다. 1943년 발표한《파운틴 헤드》는 엄청난 반향을 일으켰다. 목가적인 미국 풍광의 아름다움을 찬양하는 것과 함께 개인의 의지와 노력을 통해 사회가 발전한다는 미국 자본주의 정신을 대변했기 때문이다. TV 드라마를 통해 한국에도 널리 알려진《초원의 집》의 작가 로라 잉걸스 와일더Laura Ingalls Wilder와 함께 아인 랜드는 미국을 대표하는 여성 작가의 반열에 올랐다. 부와 명성과 함께 열렬한 추종자들이 생겼다.

유명세를 얻은 아인 랜드는 뉴욕으로 거처를 옮기고 토론회를 조직했다. 일종의 팬클럽이었다. 집단주의를 배격하고 개인주의를 숭앙하는 모임이었음에도 회원들은 그 모임을 '집단(Collective)'이라고 불렀다. 일종의 반어법이었다. 그들은 최소한 1주일에 한 번씩 맨해튼 이스트 34번가에 있는 아인 랜드의 아파트에 모여 철학과 세상일에 관해 의견을 나눴다.

그들 상당수는 캐나다 출신이었다. 러시아 출신의 아인 랜드와 마찬가지로 미국 사회에서는 이방인이라는 공통점이 있었다. 뉴욕대학교 미술대학에서 미술사를 전공하는 조앤 미첼도 캐나다 출신이었다. 조앤은 남자 친구까지 끌어들였다. 그 모임에서 거의 유일한 미국 태생이었지만, 유태계였다.

나중에 조앤의 남편이 되는 이 남자 친구는 꽤 흥미로운 사람이었다. 뉴욕대학교에서 회계학을 전공하고 경제연구소에 근무하고 있었지만, 한때는 줄리아드 음대에서 악기를 공부했다. 음대를 중퇴한 뒤 밴드를 결성하여 전국을 돌며 순회 연주 활동을 할 정도로 색소폰과 클라리넷 연주를 잘했다.

그런데 입대할 무렵 신체검사에서 폐결핵이 발견되어 음악 활동을 중단했다. 음악을 포기한 이상 일자리가 필요했다. 그래서 뉴욕대학교 회계학과로 편입했다. 그러다가 캠퍼스에서 조앤을 만나 그 모임에 발을 들였다. '집단'의 다른 회원들은 그를 장의사라고 불렀다. 항상 검은 양복을 입고 다녔기 때문이다.

장의사라는 별명을 가졌던 그 청년의 본명은 앨런 그린스펀이다. 훗날 제13대 연준 의장이 되어서 1987년 발생한 블랙 먼데이Black Monday 사태를 잘 대처했다는 찬사와 함께 글로벌 금융위기를 초래한 주범이라는 비난을 동시에 받는 인물이다.

합리적 이기주의

아인 랜드는 자기 아파트에 모인 지지자들에게 자기 철학을 조금씩 주입했다. 그중 하나는 합리적 이기주의다. 남에게 방해받지 않고, 내가 남에게 피해를 주지 않는 한 개인의 이익을 추구하는 것이 최고의 윤리라는 생각이다.《이기심의 미덕》이라는 책에서 그녀는 이기심이야말로 이성적이며, 어쭙잖은 이타심이나 동정심은 문명을 파괴한다고까지 주장했다. 그 책은 세상에 나오자마자 화제를 일으키면서 100만 부 이상 팔렸다.

하지만 그녀의 생각이 그다지 독창적인 것은 아니다. 일찍이 애덤 스미스가 주장했던 '보이지 않는 손'과 크게 다를 바 없다. 다만 아인 랜드는 운이 좋았다. 시대를 잘 타고났다. 대공황을 거치면서 미국은 어느덧 큰 정부가 지배하는 사회가 되어 버려 소련과 다를 것이 없었다. 미국이 체제 경쟁에서 소련을 이기려면, 자본주의의 원형으로 돌아가야 한다는 각성이 조금씩 확대되고 있었다. 그러한 때 아인 랜드는 자신이 경험했던 소련식 공산주의는 야수적 집단주의에 불과하다고 고발하고, 반드시 붕괴할 것이라고 대중에게 힘주어 말했다. 미국식 자본주의 사상에 반공정신을 버무렸으니 당대의 미국인은 아인 랜드를 엄청난 사상가로 추앙했다.

철학에서 보자면, 아인 랜드가 주장한 합리적 이기주의는 공리주의(utilitarianism)와 이어져 있다. 공리주의의 뿌리는 고대 그리스의 철학자 에피쿠로스까지 거슬러 올라가는데, 그것을 구체적으로 발전시킨 사람은 애덤 스미스와 동시대를 살았던 철학자 제러미 벤담Jeremy Bentham과 존 스튜어트 밀John Stuart Mill이다. 벤담과 밀은 개인이 추구하는 이익, 행복, 쾌락을 '효용(utility)'이라는 가치중립적인 말로 대체시켰다. 그럼으로써 행복이나 쾌락을 추구하는 것에 대한 죄의식을 낮췄다. 나아가 '최대 다수의 최대 행복(greatest happiness of the greatest number)'을 추구하는 것이 선이요, 정의라고 옹호했다. 그런데 최대 행복을 추구하려면, 우선 행복을 측정하고 비교해야 한다. 불가능하다.

한편 보이지 않는 손에 의해 세상이 저절로 잘 굴러간다면, 정부가 할 일은 많지 않다. 그래서 아인 랜드는 소득과 재산에 대한 누진

과세를 부도덕하다고 보았다. 부자들에게 세금을 더 거두면, 소비가 줄어드는 것이 아니라 투자가 감소해서 결국 일자리가 줄고 경제성장이 둔화된다. 그러니 정부 개입을 줄이는 것이 성장과 복지에 오히려 유리하다. 아인 랜드의 이런 주장은 훗날 부자 감세로 대변되는 레이거노믹스Reaganomics의 모티프가 되었다. 자유와 혁신, 개방과 경쟁을 과도하게 추구하다가 빈부 격차와 국가 부채를 확대한 경제사상이다.

아인 랜드는 정통 철학자는 아니었다. 하지만 미국 사회의 비주류였던 그녀의 사상은 미국 주류 사회를 조금씩 물들여 갔고 마침내 백악관까지 침투했다. 1974년 리처드 닉슨 대통령이 하야하면서 기회가 찾아왔다. 워터게이트사건(Watergate Affair)으로 수세에 몰리던 닉슨이 국면 전환을 위해 경제보좌관을 교체했는데, 그때 아인 랜드의 수제자 앨런 그린스펀이 새로운 경제보좌관으로 임명되었다. 그린스펀은 자신이 믿고 있는 시장주의 철학을 조심스럽게 밀어붙였다. 그린스펀은 닉슨이 물러난 뒤에도 포드 대통령을 보좌하면서 행정 규제를 하나씩 해제했다.

카터 대통령의 취임과 함께 그린스펀은 백악관에서 나왔지만, 규제 완화의 물결은 대세가 되었다. 철도, 항공, 에너지 등 각종 기간산업에서도 가격과 임금 통제와 진입 장벽이 철폐되었다. 로널드 레이건Ronald Reagan 대통령 시대가 되자 규제 완화는 국가적 과제로까지 발전했다. 머리 와이덴바움Murray Weidenbaum 경제보좌관은 회의를 할 때마다 "거기 멍청하게 앉아있지 말고, 아무 규제나 하나 골라서 없애봐요"라고 다그칠 정도였다. 그 무렵 《부와 빈곤》이라는 책이

하야 성명을 발표하는 닉슨 대통령. 이보다 며칠 전 대통령 경제보좌관으로 낙점된 그린스펀은 제럴드 포드 대통령에게 취임 선서를 했다.

전 세계적 베스트셀러가 되었다. 규제 철폐와 작은 정부를 촉구하는 내용을 담고 있다. 그런데 그 책의 저자 조지 길더는, 자신이 인정했던 것처럼 아인 랜드에게서 영감을 얻은 골수 공화당원이었다. 조지 길더는 자기 저서에서 '시장지향'이라는 말을 썼다. 정부보다 시장의 힘이 더 세므로 시장을 존중해야 한다는 메시지를 담고 있다. 그 말이 1990년대 들어와서는 신자유주의(neoliberalism)라는 말로 바뀌었다. 시장지향이건, 신자유주의이건 그 뿌리는 1940년대 시작된 아인 랜드의 합리적 이기주의다.

객관주의

아인 랜드가 수많은 작품을 통해 쏟아낸 생각은 실로 방대하다. 아인 랜드와 그녀의 추종자들은 그것을 총정리해서 객관주의(objectivism)라고 불렀다. 객관주의의 출발은 "인간의 의식과는 별개로 객관적인 실체가 존재한다"는 아리스토텔레스의 격언이다. 그녀는 인간의 윤리적 목적은 행복 추구, 즉 합리적 이기주의에 있다고 했는데, 추구하는 것의 실체가 없다면 그녀의 주장은 좌표를 잃는다. 그러므로 그녀의 철학을 완성하려면 인간의 의식과는 독립적인, 바위같이 확실한 실체가 객관적으로 존재해야 한다. 그런데 객관주의가 과연 올바른 철학이 될 수 있을까?

철학을 조금만 공부하면 알게 되지만, 유럽이나 아시아에서는 객관주의가 발을 들여놓지 못했다. 객관주의는 2차 세계대전 이후 오직 미국만 관심을 보이는 주제다. 그렇다면 유럽이나 아시아에서는 왜 객관주의라는 것이 주목을 끌지 못할까?

20세기 세계 철학의 흐름은 오히려 객관주의와 정반대 쪽으로 흘렀다. 20세기 철학의 가장 큰 특징은 불확실성과 불완전성에 대한 이해다. 인간의 이성은 불완전하고 인간의 관찰은 불확실하다는 자각이다.

인간의 이성이 불완전하다는 점은 괴델의 불완전성 정리(Incompleteness Theorem)로 대변된다. 최고의 학문이라는 수학의 힘을 빌려 엄밀하고 견고하게 확인된 명제다. 이 정리에 따르면 어떤 논리든 그 체계 안에 모순을 포함하기 마련이지만, 주어진 시스템 안에서는 그 모순을 발견할 수 없다. 수만 개의 명령어로 이루어진 컴퓨터 프로그램들이 충돌해 갑자기 컴퓨터가 작동을 멈추는 현상이 그 예다.* 인간은 그런 일이 없도록 최대한 노력하고 사태 발생을 늦출 뿐, 사전적으로 예방하거나 사후적으로 수습할 수는 없다는 것이 괴델의 결론이다.

예를 들면 컴퓨터가 정지했을 때 일단 껐다가 다시 켜는 것이 유일한 해법이다. 시스템의 문제는 시스템 밖에서 해결된다는 말이다. 그것은 이성의 불완전함과 무력함을 보여주는 증거다.**

20세기 초 독일의 하이젠베르크는 불확정성 원리(Uncertainty Principle)를 통해서 물질세계에서도 '객관'이라는 것이 덧없음을 보여줬다. 물질의 최소 단위인 원자의 세계에서는 전자의 속도를 아는 순간 위치를 모르게 되고, 위치를 아는 순간 속도를 놓친다. 전자의 움직임을 관찰하려고 빛을 비추는 순간 전자의 위치와 상태가 원래와 달라지기 때문에 인간이 관찰을 통해 파악하는 사실에는 일정한 수준(플랑크 상수)의 불확실성 또는 불확정성이 담겨있다.

* 1999년 말《타임》은 20세기를 빛낸 수학·과학 분야의 제일 중요한 이론으로서 아인슈타인의 상대성이론을 제치고 괴델의 불완전성 정리를 선정했다.

** 이 해석을 종교로 연장하면, 기독교 신학의 구원론과도 이어진다. 그래서 무신론자들은 불완전성 정리를 무척 곤혹스러워한다. 그들은 그 정리의 수학적 증명 과정이 대단히 복잡하다는 점을 강조하면서 "괴델의 업적 그 자체가 인간 정신의 구조와 능력의 복잡성과 정교함을 보여주는 놀라운 실례"라며 논점을 흐린다. 인간의 이성이 완전하다고 추켜세우면서 오히려 괴델의 결론과는 정반대로 흐르는 것이다. 그러고는 "지금이야말로 실의에 빠질 때가 아니라 오히려 창조적 이성의 힘을 새로이 인정해야 할 때다"라며 아인 랜드의 객관주의를 옹호한다(어니스트 네이글, 제임스 뉴먼 지음(2010), 곽강제 옮김,《괴델의 증명》, 승산).

이 이론을 고양이에 비유하자면 이렇다. 검은 상자 안에 터질 확률이 50퍼센트인 독가스 풍선과 고양이가 함께 들어있을 때 그 고양이는 50퍼센트의 확률로 살아있거나 죽은 것이 아니다. 삶도 죽음도 아닌, 제3의 불확정한 상태로 존재한다. 상자 안 고양이를 관찰하려는 순간 고양이의 상태가 달라지므로 미지의 가능성을 남겨 둘 수밖에 없다. 이것이 소위 '슈레딩거의 고양이(Schrödinger's cat)'라는 유명한 선문답이다. 이처럼 인간의 관찰은 불완전하므로 주관과 객관의 구분이 모호하다.* 그것은 너무나도 상식에서 벗어나는 것이었기에 아인슈타인마저도 인정하기 어려웠지만, 지금은 정설로 자리 잡았다. 그 결과가 양자역학이다.

한마디로 말해서 아인 랜드의 객관주의는 미국만 열광했던, 깊이가 얕은 철학이다. 깊이가 얕다고 단언할 수 있는 것은 "인간의 의식과는 별개로 객관적인 실체가 존재한다"는 아리스토텔레스의 말을 아인 랜드가 완전히 잘못 이해했기 때문이다. 그 말은 눈에 보이는 현상이 아니라 그 너머의 진리를 탐구하라는 훈계였다. 철학으로 따지자면 인식론적 각성이다. 그런데 아인 랜드는 그것을 존재론으로 해석하여 '객관적인 실체'가 무슨 물건인 양 '있다'고 받아들였다.

아인 랜드와 똑같은 실수를 저지른 사람이 있다. 역시 미국인이

* 이것은 불교에서 말하는 물아일체物我一體 사상, 즉 정신계와 물질계, 객관과 주관이 하나라는 생각과 완전히 일치한다. 또한 이것은 18세기 철학자 조지 버클리의 경험론과도 일맥상통한다. 버클리는 "숲 속의 나무가 소리를 내면서 쓰러졌는데 아무도 그 소리를 듣지 못했다면, 그 나무는 소리를 낸 것이 아니다"고 말했다. 인간의 관찰이나 경험과 무관한 객관은 무의미하다는 말이다.

다. 로버트 맥너마라Robert McNamara는 케네디와 존슨 대통령에 걸쳐 8년 간 국방장관을 지낸 인물인데, 모든 일을 계량화해서 목표를 세우고 실적을 평가한 것으로 유명하다. 그가 포드자동차 최고경영자로 근무하면서 얻은 결론은 "숫자로 표현할 수 없는 것은 허상일 뿐"이라는 것이다. 그는 목표든, 실적이든, 무엇이든 숫자로 표시하려고 했고, 숫자로 계량화할 수 없는 것은 실체가 없으므로 무시해도 좋다고 생각했다.

맥너마라는 베트남 전쟁을 치를 때도 숫자와 모델에 집착했다. 예를 들어 참전 병사가 10만 명이 되어야 승리할 수 있다면서 소위 '10만 파병론(project 100,000)'을 주도했다. 베트남 파병 인원과 사살된 베트콩 숫자가 정비례한다는 '객관적' 사실에서 얻은 '과학적' 결론이었다. 그런 식으로 짠 국방부의 계량 모델에는 베트콩들의 반미 감정이 반영될 수 없었다. 그래서 맥너마라는 전쟁이 끝날 때까지도 미국이 전쟁에서 계속 밀리는 이유를 이해하지 못했다. 오늘날 무엇이건 계량화하려는 집착을 '맥너마라 오류'라고 부른다. 훗날 맥너마라 자신이 그 오류를 크게 후회했다.

맥너마라 오류는 2008년 글로벌 금융위기 직후 다시 한번 소환되었다. 나심 탈레브Nassim Taleb는 《블랙 스완》이라는 책을 통해 계량 모형에 근거한 리스크 관리가 덧없음을 지적했다. 리스크는 계량 모형으로 잘 파악되지 않는다. 인간의 마음과 행동 양식은 항상 바뀌기 때문이다. 그러나 국제결제은행(BIS)과 각국 중앙은행들은 조기 경보 시스템이니 스트레스 테스트니 하면서 여전히 계량 모형을 통해 금융위기를 수치로 측정하는 방법을 연구 중이다.

각국의 금융 당국이 배워야 하는 것은 경제학이나 통계학이 아니다. 철학과 심리학이다. 위기의 본질이 사람이므로 위기를 막는 것도 숫자가 아닌 사람이라는 점을 알아야 한다. 기계나 숫자는 사람을 대신할 수 없다. 그것은 알파고와 챗 GPT로 대변되는 인공지능(AI)이 우리 일상생활 깊숙이 침투한 뒤에도 마찬가지다. 인공지능은 인간의 종이지, 주인이 될 수 없다.*

제자들

아인 랜드는 소련과 공산주의를 그토록 혐오했지만, 결과적으로 유물론에서 벗어나지 못했다. 아인 랜드 자신은 물질적 풍요를 중시하는 유물론자였다. 영화 〈마천루〉에서 주인공 하워드 로크는 "내가 선택할 수 있다면, 이 세상에서 가장 멋있는 황혼을 보는 것 대신 뉴욕의 스카이라인을 한 번 보는 것을 택하겠다. 뉴욕의 하늘과 인간의 의지가 눈에 보이는 한, 다른 무슨 종교가 필요하겠는가?"라고 말한다. 눈에 보이는 마천루가 종교를 대신할 수 있다는 것이다.

역설적으로 아인 랜드의 성공은 소련 덕분이다. 2차 세계대전이 끝난 뒤 미소 냉전 시대로 접어들면서 미국 사회는 빨갱이 색출에

* 이쯤 되면 독자들은 이 책의 제목이 왜 《숫자 없는 경제학》인지 알 것이다. 아인 랜드가 자기 작품을 통해서 자기 생각을 쏟아냈듯이 필자는 이 책을 통해 그녀에 대한 비판을 쏟아내고 있다.

몰입했다. 매카시즘이라고 불리는 검거 선풍이었다. 매카시 상원의원과 닉슨 하원의원이 주도하던 매국활동조사위원회(Un-American Activities Committee, UAAC)의 요구로 아인 랜드는 청문회에 출석해서 자기가 경험했던 소련 사회를 냉혹하게 비판했다. 아인 랜드는 1947년에 개최된 그 청문회에 참석한 것이 소모적인 일이었다고 불평했다. 하지만 청문회 출석을 계기로 전국적인 지명도를 얻으면서 소설《파운틴헤드》의 판매가 늘어났고 영화로도 만들어졌다.

아인 랜드는 1982년 사망했다. 하지만 미국 사회에서 그녀의 명성은 지금까지도 이어지고 있다. 아인 랜드의 추종자들은 '집단'이라는 모임을 '아인 랜드 재단(Ayn Rand Institute)'으로 발전시켰다. 캘리포니아주 어바인에 위치한 이 재단은 지금도 객관주의를 선전하는 데 열심이다. 글로벌 금융위기가 한창이던 2009년 가을에는 아인 랜드의 새로운 평전도 출간되었다. 제목은《시장의 여신(*Goddess of the Market*)》이고, 부제가 '아인 랜드와 미국의 우파(Ayn Rand and the American Right)'다. 공화당과 보수파의 싱크 탱크로 알려진 후버 연구소의 제니퍼 번스Jennifer Burns라는 연구원이 집필했다.

금융 규제 강화가 신나게 논의되는 시점에 작은 정부, 규제 완화, 시장 자율 등을 옹호한 아인 랜드를 기리는 책이 발표된 것은 일종의 반동이다. 그만큼 아인 랜드는 미국 보수 세력의 아이콘이다. 미국 정치를 이해하려면 반드시 아인 랜드를 알아야 한다. 미국의 경제정책을 이해할 때도 중요하다. 아인 랜드가 제창한 객관주의는 가치판단을 배제한 채 수리모형 개발을 중시하는 미국의 주류 경제학 풍조와 맞물려서 여러 경제정책의 밑바닥을 흐른다. 상당수 경제 관료들은 젊었을 때 그녀의 사상에 심취했던 것을 자랑삼는다.

로버트 루빈Robert Rubin 재무장관이 그렇다(다만 그는 민주당 지지자다). 그의 회고록에는 숫자로 무장한 경제예측 모형에 대한 자신감이 잘 드러나 있다. 골드만삭스에서 잔뼈가 굵은 루빈은, 자신이 매사를 확률적으로 생각하는 버릇이 있다고 자랑한다. 그리고 골드만삭스가 성공할 수 있었던 것은 인재의 자율과 경쟁에 있었다고 평가했다. 아인 랜드의 철학 그대로다.

앨런 그린스펀은 아인 랜드의 직계 제자다. 두 사람을 소개한 사람은 그린스펀의 첫 부인 조앤 미첼이었다. 두 사람의 결혼 생활은 10개월 만에 끝났지만, 그린스펀은 그 뒤에도 아인 랜드와 교류를 이어갔다.* 그린스펀의 회고록에 따르면, 그는 젊은 시절《바람과 함께 사라지다》나《캔터베리 이야기》같은 고전은 읽지 않았다. 객관적 실체가 없는 남녀의 감정을 다뤘기 때문에 부질없다고 느꼈다는 게 그의 설명이다. 대신 아인 랜드의《파운틴헤드》와《어깨를 움츠린 아틀라스(*Atlas Shrugged*)》는 탐독하면서 객관주의에 빠져들었던 사실을 자랑한다.

2007년 발간된 앨런 그린스펀의 회고록은 시장경제와 규제 완화에 대한 신념이 흘러넘친다. 두 번째 부인인 안드리아 미첼과 함께 TV에 출연해서 자신의 신간 회고록을 자랑스럽게 소개할 때, 앨런 그린스펀은 과학적 모델에 입각한 자기의 판단과 시장경제에 대한

* 조앤 미첼은 훗날 화가가 되었다. 그녀의 작품은 보통 '추상 표현주의'로 평가된다. 그녀가 추상적으로 그리는 태도로 보아 숫자와 구체적 사실을 중시하는 앨런 그린스펀과는 부부로 지내기가 어려웠을 것으로 보인다.

자신의 회고록 홍보를 위해 부인과 함께 방송에 출연한 그린스펀(2007년 9월 23일). 1년 뒤 그의 웃음은 사라졌다. 회고록 판매량과 함께.

자신감이 충만했다.

그린스펀은 국방장관 맥너마라 이상으로 계량 모형을 좋아했다. 포드 대통령 시절 백악관 직원들과 매 주말 테니스를 치면서 그 결과를 꼼꼼히 기록했다. 그리고 "현재의 실력 향상 속도로 보아서 포드 대통령 임기 말에는 내가 백악관에서 제일 잘 치겠다"고 예측했다. 연준 의장이 되어서는 경제지표를 면밀히 검토하고 금리를 유난히 자주 조절했다. 그때 나온 것이 테일러 룰(Taylor rule)과 베이비 스텝이다.* 이것저것 다 따지면서도 금리는 너무 좁쌀 맞게 조절한다

* 테일러 룰은 1993년 스탠퍼드대학교의 존 테일러 교수가 앨런 그린스펀의 금리 조절 결과를 관찰하고 작성한 금리 결정 모형이다. 구체적으로는 $i = r^* + \pi^* + 1.5(\pi - \pi^*) + 0.5y$ 로 표시된다. 여기서 i는 명목금리, r^*은 장기 균형금리, π^*는 인플레

는, 일종의 비아냥이었다.

1987년 10월 블랙 먼데이를 잘 수습한 데다가 이후 금융 규제 완화와 기민한 금리 조절을 통해 미국 경제를 태평성대로 이끌자 앨런 그린스펀의 명성은 하늘을 찌를 듯했다. 1996년 12월 의회에 출석해서 주식시장을 두고 '비이성적 과열(irrational exuberance)'이라고 훈계하자 주식 투자자들이 움찔할 정도로 영향력이 대단했다. 그린스펀은 18년간의 연준 의장 재임 기간 중 후반부로 갈수록 시장주의 철학에 대한 자신감이 점점 강해졌다. 그리고 각종 통계자료와 계량 모형을 통해 미국 경제가 마침내 '신경제'라는 새로운 지경에 들어섰다는 착각에 빠졌다.

그러다가 2008년 글로벌 금융위기가 닥치면서 신경제의 신기루와 그의 명성이 동시에 무너졌다. 그가 추구했던 규제 완화와 저금리 정책이 부동산 시장 과열을 일으켰다는 증거들이 속속 드러나면서 그린스펀은 공공의 적으로 내몰렸다. 의회 청문회에 불려 나가 자신의 정책들을 머리 숙여 사과해야 했다. 산이 높을수록 골이 깊다는 말 그대로였다.

이션 목표, y는 현재 경제성장률과 잠재성장률의 격차를 표시한다. 이 식에서 보이는 것처럼 그린스펀은 온갖 경제지표를 다 관찰한 다음 0.25퍼센트포인트씩만 금리를 조절했다. 그것이 지금은 전 세계적인 표준이 되었다.

소심 맨과 뚝심 맨

주식 중개인의 아들로 태어난 그린스펀은 줄리아드 음대를 다니다가 뉴욕대학교 회계학과에 편입했다. 그곳에 편입한 건 직업교육 위주로 가르쳐서 취직이 잘된다는 고등학교 선배 헨리 키신저Henry Kissinger의 충고를 따른 결과다. 이후 컬럼비아대학교 박사과정에 입학했지만 돈 버는데 바빠서 중퇴했다. 컬럼비아대학교의 아서 번즈 교수가 학업을 계속하라고 충고했는데도 따르지 않았다.*

그린스펀은 경제 전망 컨설팅 회사를 세우고 유수 기업들에게 심층 경제 전망 보고서를 팔았다. 그의 보고서는 철강 생산량이나 알루미늄 캔 소비량같이 아주 미시적인 데이터를 기반으로 작성되었다. 그 보고서가 입소문이 나면서 젊은 시절에 상당한 재산을 모았다.

자기 회고록에서 앨런 그린스펀은 아이비리그를 나온 같은 또래보다 물질적으로 성공했다는 것을 무척 자랑한다. 그리고 이상할 정도로 집에 관심을 많이 보인다. 뉴욕 연준에 취직한 대학 동창생의 초대를 받고 그 집에 놀러 갔을 때를 회상하면서 그 집의 벽난로까지 기억한다. 반면 그 집에서 만난 폴 볼커와 나눈 대화는 기억하지

* 하지만 그린스펀은 아서 번즈의 애제자 중 한 사람이었다. 아서 번즈는 자기가 연준 의장이었을 때 두 명의 제자에게 자기의 집무실을 보여줬다고 회고했다. 한 사람은 컬럼비아대학교의 제자 앨런 그린스펀이었고, 다른 사람은 뉴저지주 러트거스대학교의 제자 밀턴 프리드먼이었다.

못한다. 단지 볼커가 유난히 컸다는 사실만 기억한다(볼커의 키는 2미터 1센티미터다).

한참 세월이 흐른 뒤, 그린스펀은 볼커를 다시 사적인 장소에서 만나게 되었다. 볼커가 연준 의장이 되어 워싱턴 D.C.에 있는 자기 아파트에서 회의를 열 때 그린스펀을 초대한 것이다. 그때 그린스펀은 "평생 공직 생활을 한 사람치고는 옹색하고 볼품없는 집에 산다"고 느꼈다고 한다. 역시 볼커와는 무슨 대화를 했는지 기억하지 못하고 있다. 어린 시절 이혼한 어머니 밑에서 외아들로 자란 그린스펀에게는 대화 내용보다는 돈이나 집이 더 강렬하게 다가오는 것 같다. 확실히 유물론적이다.

그린스펀의 관심 분야는 수학이나 통계학이었다. 대학원에서도 수리통계학에 관심이 많았다고 하고, 과학을 매력적인 분야라고 느꼈다고 한다. 철학에도 약간의 관심이 있었던 것 같다. 그의 회고록을 보면 아인 랜드를 만나기 전부터 철학자 비트겐슈타인이 개척한 논리실증주의에 흥미를 느끼고 있었다. 논리실증주의란, 검증할 수 있는 것만 지식이라고 보는 견해다. 소위 '검증가능성의 원리'라는 것이다. 그린스펀의 말에 따르면, 지식은 사실과 숫자에 의해서만 획득된다. 반면 인간의 가치와 윤리는 문화를 반영하고 제멋대로 변하기 때문에 비논리적이며 진리의 영역에서 제외된다. 그런 점에서 논리실증주의는 아인 랜드의 객관주의와 어느 정도 유사하다.*

* 그런 점에서는 케네디와 존슨 대통령 시절 국방장관을 지낸 로버트 맥너마라도 논리실증주의자였다.

25세 청년 그린스펀이 아인 랜드의 아파트에서 캐나다 출신의 이방인들과 세상사를 토론할 때 그는 미국 사회의 비주류였다. 줄리아드 음대를 중퇴하고 밴드 활동을 하며 전국 순회공연을 다닐 정도로 미국 사회의 이너 서클과는 거리가 멀었다. 반면 그린스펀과 나이가 비슷했던 폴 볼커는 그 무렵 상당히 다른 길을 걷고 있었다. 폴 볼커는 기독교 가풍의 집안에서 태어나 프린스턴대학교와 하버드대학교 행정대학원을 거쳐 국비 장학생이 되어 런던정경대학(LSE)을 졸업했다. 미국 사회에서 이너 서클 멤버가 거쳐야 할 정통 출세 코스에서 한 치도 벗어남이 없었다. 그리고 앨런 그린스펀이 돈을 더 벌기 위해 컬럼비아대학교에서 자퇴할 때 폴 볼커는 뉴욕 연준의 이코노미스트로 사회생활을 시작했다.

두 사람의 대비적 인생 경로는 훗날 경제철학에서도 큰 차이를 보였다. 철저한 시장주의자인 그린스펀과 달리 볼커는 모든 것을 시장에 맡길 수가 없다고 생각하고 있었다. 그리고 법과 제도의 중요성을 잘 알았다. 그 대표적인 것이 1980년 통화관리법이다. 그때까지는 상업은행 중에서도 연준에 가입한 상업은행에만 지급준비의무가 부과되었다. 자유주의가 강조되었던 20세기 초에 만들어진 연준법 때문이다. 그런데 60여 년 만에 볼커가 그 판을 뒤집었다. 1980년 제정된 통화관리법은 상업은행과 저축은행을 구분하지 않고 지급준비의무를 부여했다. 같은 업무를 하면, 같은 규제를 받아야 한다는 것이 볼커의 간단명료한 생각이었다.

종전에는 연준에 예치된 지급준비금이 전체 요구불예금(예금자가 언제든지 찾아 쓸 수 있는 예금을 통틀어 이르는 말)의 65퍼센트 정도만 반영했지만, 1980년부터는 그 비율이 100퍼센트로 껑충 뛰었다. 그 덕분에 팽창하기만 했던 통화량이 강력히 통제되고 물가가 잡혔다. 대신 경기 침체가 찾아왔다. 볼커는 아랑곳하지 않고 긴축정책을 계속 밀어붙였다. 덕분에 국내에서 볼커는 저승사자처럼 미움받았지만, 해외에서 의외의 소득을 가져다주었다.

미국의 통화 긴축이 초래한 국제 유가의 하락은 소련의 석유 판매 수입을 급격하게 줄였다. 반면 세계적인 고금리로 인해서 소련의 자금 조달 비용은 기하급수적으로 늘었다. 당시 소련은 폴란드와 동독을 비롯한 동유럽 국가들을 거둬 먹이고 있었으므로 국제금리 급등은 소련 경제에 내출혈을 일으켰다. 소련이 근근이 먹여 살려야 하는 폴란드 같은 큰 나라가 두 개쯤 늘어난 셈이었다. 거기에 더해서 아프가니스탄 내전에 개입한 것이 생각처럼 금방 끝나지 않고 10년을 끌었다. 그 바람에 전비 부담은 눈덩이처럼 늘었고, 국민의 사기는 땅으로 떨어졌다. 나라 꼴이 말이 아니었다.

구체제를 유지하는 것이 힘에 겨운 나머지 미하일 고르바초프 Mikhail Gorbachev 서기장이 마침내 동유럽 위성국가들에 "소련에만 의존하지 말고 개혁과 개방을 통해 스스로 살길을 찾으라"고 요구했다. 소위 페레스트로이카(개혁)와 글라스노스트(개방)이다. 이것이 소비에트 블록의 와해로 이어졌다. 결국 소련과의 패권 다툼에서 미국은 총 한 방 쏘지 않고 동유럽 전체를 얻어버렸다. 고금리정책이라는, 기상천외한 신종 무기 덕분이었다.

고금리정책 때문에 1980년대 초 극심한 저성장에 허덕이던 미국 경제는 1980년대 후반 들어 극적인 반전을 맞았다. 만성 인플레이션에 의존했던 경제 체질이 개선된 데다가 냉전 종식과 더불어 방위비 부담이 크게 줄어서 소위 '평화 배당'이라는 행복한 고민에 빠졌다. 하지만 그 과실의 대부분은 볼커가 아닌 그린스펀의 공로로 돌아갔다.

볼커가 통화관리법 제정을 검토할 때 계량경제 모형은 거들떠보지도 않았다. 재할인 금리를 조절할 때는 아주 큰 폭으로 조절했다. 이는 온갖 데이터를 인용하기 좋아하고 금리를 조절할 때도 찔끔찔끔 조절하는 그린스펀의 베이비 스텝과 크게 달랐다. 반면 그린스펀의 머리에는 법률과 규제보다도 자금순환표, 투입산출표, 심지어 택시 승강장에서 기다리는 사람들 숫자 같은 생활 속 통계가 가득했다.

볼커와 그린스펀 두 사람 사이의 차이는 외모나 경제정책에서만 드러나는 것이 아니다. 처세술도 다르다. 1978년 3월 연준 의장에 취임한 윌리엄 밀러William Miller는 1년 반 만에 재무장관으로 자리를 옮겼다. 재계 출신이었던 밀러 의장은 인플레이션 압력을 효과적으로 수습하는 데 역부족임을 느끼고 다른 자리로 빠진 것이다. 이때 뉴욕 연준 총재로 있던 볼커 이외에는 다른 대안이 없었다. 금융계에서는 볼커가 후임으로 임명될 것이라는 소문이 파다했다. 이때 볼커는 언론의 취재진 앞에서 두 가지 생각을 밝혔다.

첫째 자신이 연준 의장에 취임하면 통화량을 운용 목표로 삼을 것이라는 점, 둘째 그럼으로써 카터의 재선은 어려울 수도 있다는 점이었다. 그래도 카터 대통령이 자기에게 연준 의장을 맡기겠다면 한번 믿고 맡겨보라는 태도였다. 이것은 일단 집무하게 되면 소신껏 일하겠다는, 전임자이면서 재무장관인 밀러를 향한 기선 제압이었

10년의 차이를 두고 똑같은 안경테를 쓰고 있는 볼커(1987년)와 그린스펀(1997년). 안경테는 같았지만 렌즈는 반대다. 규제주의자 볼커는 원시고 시장주의자 그린스펀은 근시다. 그들의 시각차만큼이나 철학도 크게 다르다. 볼커는 멀리 보고 그린스펀은 가까이 봤다.

다. 카터의 뒤를 이어 취임한 레이건 대통령이 그의 연임을 고려한다는 보도가 나왔을 때 볼커의 반응도 놀라웠다. 그의 소감을 묻는 기자에게 "직업선택의 자유는 나한테 있는 것이지, 대통령한테 있는 것이 아니잖아요? 내가 대통령이 시키는 대로 하는 사람입니까?" 하고 퉁명스럽게 대답했다.

반면 그린스펀은 실세와 가까워지려고 부지런히 발로 뛰는 스타일이었다. 포드 대통령 시절 백악관 경제보좌관으로 근무할 때는 조지 슐츠George Shultz 재무장관이나 다른 사람들과 가까워지려고 40대의 나이에 테니스를 새로 배우면서 접촉 기회를 늘렸다. 1992년 클린턴이 대통령으로 당선되자 발 빠르게 연락해 대통령 당선인으서 개최하는 첫 공식 만찬 석상에서 클린턴 부부 사이에 앉는 영광을 누리기도

했다. 클린턴 신임 대통령의 첫 양원 합동 연설에서는 힐러리 클린턴 Hillary Clinton 여사와 티퍼 고어Tipper Gore(당시 부통령 부인) 여사 사이에서 함박웃음을 짓고 있는 바람에 사진기자들의 주목을 한 몸에 받았었다. 그러면서도 자기 회고록《격동의 시대》에서는 "정치 행사에 참석하려니까 좀 어색했다"고 말하면서 마치 남이 시켜서 억지로 한 일처럼 회고했다. 그것이 그린스펀이 세상을 살아가는 법이었다.

여담이지만, 두 사람의 인생관 또한 차이가 있다. 볼커는 1954년 결혼했는데 부인이 몸이 약했다. 당뇨와 기관지염 때문에 일상생활이 어려웠다. 그래서인지 육척 거구인 볼커는 혼자서 고독하게 낚시하는 것이 취미였다. 1985년 IMF 연차총회를 위해 한국을 방문할 때도 시간이 나면 낚시할 수 있는지 준비사무국에 묻기도 했다.* 1998년 부인과 사별하자 10여 년을 독신으로 지냈다. 그러다가 80대에 이르러 20년간 보좌해 온 40세 연하의 비서와 재혼했다.

그린스펀도 오랜 기간 독신으로 지냈다. 첫 부인 조앤 미첼과는 10개월 만에 헤어졌다. 이후 백악관에서 근무하면서 ABC 방송국 앵커 바바라 월터스와 데이트를 시작했다. 하지만 두 사람은 서로 공개 데이트만 즐기면서 결혼하지 않았다. 그린스펀은 환갑이 지난 1997년 재혼했다. 두 번째 부인이 된 앤드리아 미첼은 NBC 방송국의 정치외교담당 리포터였다. 바바라 월터스와는 직업이 같고, 첫 부인 조안 미첼과는 성이 같았다. 수학을 좋아하는 그린스펀은 교제

* 그 일정을 필자가 준비했었다. 최창락 당시 한국은행 총재의 고향인 경기도 용인 근처였다고 기억한다.

하는 여성들 사이에서도 최대공약수를 찾은 듯하다.

시장과 정부

2008년 리먼 사태가 터지기 전까지는 시장만능주의가 만연했다. 그러다가 글로벌 금융위기가 시작되면서 "금융시장은 불완전하고 시장 참가자들의 판단도 항상 합리적이지 않다"는 생각이 급습했다. 동시에 "시장은 문제의 원인, 정부는 문제의 해결자"라는 인식이 확산했다.

한때 정부가 모든 문제의 해결사로 나선 적이 있다. 1930년대 대공황 이후 1970년대 케인스주의가 퇴조할 때까지 40여 년간이다. 그 중간 지점쯤 되는 1946년 케인스가 사망했다. 바로 그해에 밀턴 프리드먼이 자유주의의 본산인 시카고대학교에서 강의를 시작했다. 그러면서 큰 정부를 옹호하는 케인스주의와 작은 정부를 옹호하는 시카고학파 간의 자리바꿈이 꾸준히 진행되었다. 대공황 당시 만들어졌던 글라스-스티걸법을 물리치고 은행과 증권업의 겸업을 허용한 1999년 금융서비스 현대화법은 시카고학파의 승리를 완결짓는 사건이었다.

하지만 2008년 리먼 사태는 또다시 시장주의자와 케인스주의자 간의 자리바꿈을 일으켰다. 이번에는 급속도로 진행되었다. 바로 그해 대표적인 케인스주의자인 폴 크루그먼이 노벨 경제학상을 탄 것이다. 그즈음 오바마 행정부는 금융기관 임직원의 급여를 제한하는 방법까지 서슴지 않았다. 미국식 자본주의에 자부심을 느끼기보다는 사회주의라고 비난받을 만한 방법도 적극적으로 모색했다.

그러다가 트럼프 행정부에 이르러서는 대형 금융기관의 기준을 바꿔가면서 다시 규제를 완화했다. 그 바람에 자산규모 2,000억 달러의 실리콘밸리은행이 어떤 규제도 받지 않다가 2023년 3월 갑자기 파산했다. 지금의 바이든 행정부는 국민의 부담을 가중한 금융기관을 공공의 적으로 보면서 횡재세까지 거두려고 한다.

미국 같은 경제 대국에서도 대통령에 따라 경제정책이 손바닥 뒤집듯 뒤바뀐다. 그러다 보니 세계가 갈 길을 잃고 헤맨다. 경제 위기를 극복하고 금융위기의 재발을 막기 위해 정부의 강력한 개입을 요구하면서도, 유럽의 재정 위기 때는 정부마저도 문제해결 능력에 한계가 있다는 양면적 태도가 드러나기도 했다. 재정 적자 확대는 코로나19 위기 때 시대적 요구로 여겨졌다. 그러나 지금은 국가신용등급을 떨어뜨리는 원인으로 손꼽는다.

경제 발전과 금융 안정을 위해서 정부는 무엇을, 어떻게 해야 하나? 시장은 과연 국가의 신용 등급을 평가할 위치와 능력이 있는가? 우리의 자본주의는 이런 문제에 대해서 답을 모른다. 유일하게 아는 것이 있다면, 시장의 자율과 정부의 간섭은 창과 방패의 관계라는 점이다. 시장과 정부는 서로를 배격하지만, 동시에 상대방이 있기에 존재한다. 어느 하나만 신봉하면 필연적으로 낭패를 본다. 그런데 아인 랜드와 앨런 그린스펀은 자본주의를 구성하는 두 축인 시장과 정부 중에서 외눈박이처럼 시장 쪽만 바라봤다.

어깨를 움츠린 아틀라스

개인의 의지와 선택을 강조한《파운틴헤드》가 아인 랜드의 첫 성공작이라면, 작은 정부와 시장의 힘을 옹호한《어깨를 움츠린 아틀라스》는 그녀의 마지막이자 대표작이다. 그녀의 객관주의 철학이 고스란히 남겨있는 작품인데, 그녀가 10년 이상을 구상했다가 1957년 완성했다. 길이도 대단해서 1,300쪽이 넘는다. 캘리포니아에 있는 아인 랜드 재단 앞에서 지구를 들고 있는 아틀라스 동상은 이 소설을 형상화한 것이다. 비슷한 동상이 뉴욕 맨해튼의 록펠러 센터 앞에도 있다.

《어깨를 움츠린 아틀라스》 역시 철저하게 계몽 소설의 형식을 취하고 있다. 아인 랜드는 등장인물의 입을 통해 그녀의 철학을 끊임없이 토해낸다. 그녀가 아는 철학 이론들을 전부 소개하는 듯하다. 단락의 이름마저도 아리스토텔레스의 논리학를 흉내 내어 '제1부 모순율', '제2부 배중률', '제3부 동일률'과 같이 열거되어 있다. 철학 지식 없이 읽다가는 질려버리거나 그녀를 대단한 철학가로 우상화하기 쉽다. 그녀의 과시욕이다.

길이가 긴 만큼 이 소설에는 등장인물도 많고 줄거리도 복잡하다. 간단히 말하자면 이렇다. 여주인공 대그니 타가트가 부모에게 물려받은 철도 회사를 경영하면서 여러 부류의 사람들과 만나며 회사에 얽힌 문제들을 푼다. 그녀가 접한 사람 중에서 어떤 기업인과 정치인은 부의 평등한 분배를 통해 세상을 개선하려고 하고, 어떤

'책임감 있는' 기업인들은 스스로의 노력과 이성적 판단을 통해 문제를 해결하려고 한다. 그 책에서는 전자는 악이고, 후자는 선이라는 분명한 흑백논리가 지배한다.

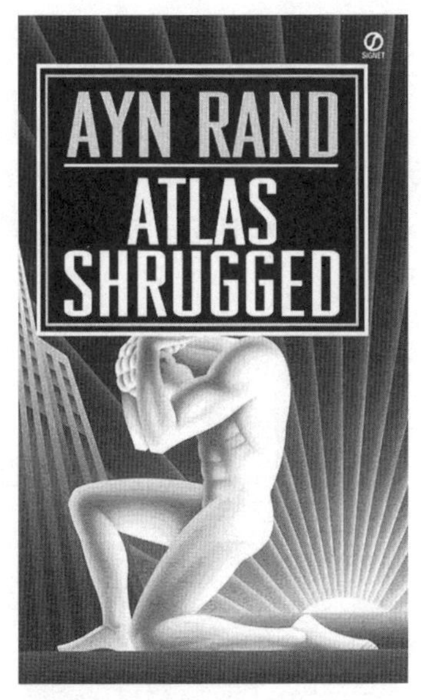

《어깨를 움츠린 아틀라스》의 표지. 지구를 영원히 떠받들어야 하는 형벌을 받은 아틀라스가 할 수 있는 일은 어깨를 움츠리고 잠시 쉬는 것뿐이다. 소설은 미국 사회를 떠받치고 있는 시민과 기업이 어깨를 움츠리고 쉰다면 무슨 일이 생길 것인가를 묻는다.

한국에는 이 책이 별로 알려지지 않았지만, 미국에서는 상당히 유명한 작품이다. 특히 대공황 이후 뉴딜 정책을 통해 비대해진 미국의 경제정책과 행정부를 신랄하게 공격하기 때문에 미국의 보수 단체와 자유주의 운동가들 사이에서 지금까지 꾸준히 읽히고 있다. 이 책에서는 노조가 미국 사회를 좀먹는 무위도식 계층으로 그려진다. 그래서 미국에서도 극우적인 시각으로 받아들여질 정도다.

앨런 그린스펀은 그 책을 탐독했던 독자였다. 그는 합리적 이기주의에 근거한 금융 규제 완화와 객관주의에 입각한 경제예측모형의 유용성에 대해 자신감을 가졌다. 하지만 글로벌 금융위기가 터지자 그 자신감이 깨끗이 사라졌다. 그리고 의회 증언을 통해서 자기의 판단 실수를 인정해야 했다. 2008년 가을 의회 증언대에서 그가 보여준 것은 《어깨를 움츠린 아틀라스》가 아니라 《어깨를 움츠린 앨런》이었다. 그에게는 큰 굴욕이었다. 하지만 그가 진정 유감스럽게 생각해야 할 것은, 경제 전망 모델의 오류는 아니다. 젊은 시절 아인 랜드에게 배웠던 잘못된 철학이다.

유감스럽게도 경제지표를 지나치게 우상시하는 견해는 지금도 계속 이어지고 있다. 1996년 그린스펀이 의회에서 처음 언급한 이래 벤 버냉키도, 재닛 옐런Janet Yellen도, 제롬 파월Jerome Powell도 기회가 있으면 "경제정책은 미리 짜인 코스 요리가 아니다"라는 점을 강조하면서 정책 결정의 변경 가능성을 열어 둔다. 맞는 말이다. 하지만 경제지표만 믿고 손을 놓고 있다가 당한 것이 글로벌 금융위기였다. 2022년부터 시작된 세계적인 인플레이션도 마찬가지다. 그해 초까지만 해도 제롬 파월 연준 의장은 의회에서 "경제지표에 의존하는 것이 성공의 지름길(Data dependence is the hallmark of good policy)"이라고 장담했다. 그러면서 당시의 인플레이션은 일시적이라고 단언했다. 하지만 그 뒤 사태의 흐름은 파월의 생각과 전혀 다르게 흘렀고, 연준은 미친 듯이 금리를 올렸다.

그런 상황을 보고 있으면서도 각국 중앙은행들은 여전히 "경제지표에 의존하는 판단"을 입버릇처럼 반복한다. 지표보다는 그것을 해석하는 정책 당국자의 자세가 더 문제라는 것을 깨닫지 못한다. 객관이 아니라 주관이 훨씬 중요한 것이다.

2008년 글로벌 금융위기 이후 '볼커 룰'과 함께 폴 볼커가 다시 뉴스에 등장했다. 물론 규제가 모든 경제 문제의 궁극적 해답은 아니다. 볼커와 그린스펀의 상반된 철학의 중간 지점에 금융위기에 대한 해법이 있을 것이다. 두 사람 모두 각자의 철학에 따라 미국 경제를 벼랑 밑에서 끌어 올린 경험이 있다. 그런 점에서 볼 때도 시장과 정부 중 어느 하나만 바라볼 수 없다.

시장과 정부는 물고 물리는 관계에 있다. 뫼비우스의 띠처럼 서로 맞물려 있는 시장과 정부는 가위 날처럼 반드시 두 개가 함께 움직여야 쓸모가 있다. 그래서 그들 사이의 엎치락뒤치락하는 싸움은 앞으로도 계속될 것이다. 자본주의가 끝나는 날까지.

놀런 차트

아인 랜드의 객관주의를 따르는 사람 중에 데이비드 놀런David Nolan이라는 사람이 있다. 그는 연방정부의 권한을 축소하는 것이 바람직하다고 생각해 1971년 자유당(Libertarian Party)이라는 군소 정당을 창당한, 괴짜 정치학자다.

현실 참여 의욕이 강한 그는 소위 놀런 차트를 통해 정치학계에 널리 알려져 있다. 놀런 차트는 정치인들의 이념 성향을 좌표로 분석하는 기법인데 X축에 경제적 자유를, Y축에 정치적 자유를 0에서 100까지로 표시하고 분석 대상 인물의 주장이나 사상을 토대로 그 사람의 위치를 좌표로 표시하고 그 사람의 성향을 판단한다. 놀런 차트에서 원점은 정치적, 경제적 자유가 전혀 인정되지 않는 전체주의 또는 국가주의를 의미한다. 원점과 대각선에 있는 것은 완전한 자유를 추구하는 무정부주의라고 할 수 있다.

한편 X축의 끝, 즉 정치적 자유가 제약되더라도 경제적 자유를 중시하는 것은 (미국식) 우익이고 그 반대인 Y축의 끝은 (미국식) 좌익이라고 할 수 있다. 이렇게 본다면, 미국 사회에서는 X축과 Y축의 끝이 각각 공화당과 민주당의 정강이라고 할 수 있다. 이와 같은 조건에서 우리에게 잘 알려진 경제학자들이나 정치가들을 놀런 차트 위에 표시한다면 그림과 같다(이것은 필자가 예시로 그린 것이다).

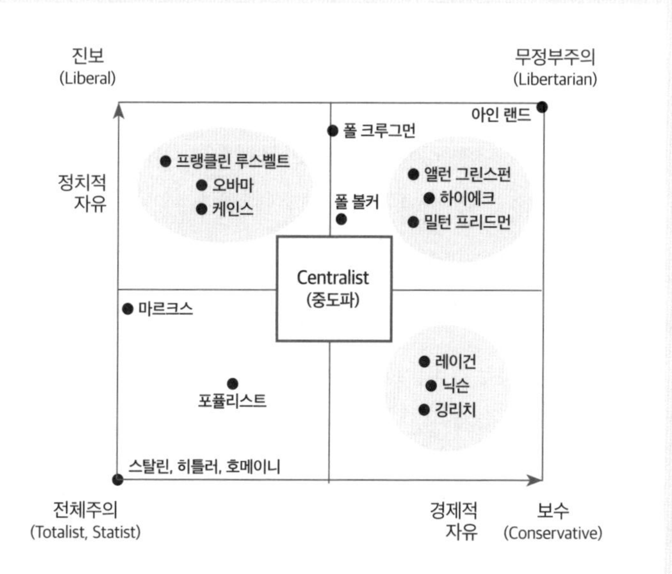

놀런 차트는 한국에서도 선거 때 이용된다. 각 후보자의 이념 성향을 시각화함으로써 서로 간의 차이를 비교하는 것이다. 하지만 놀런 차트가 과연 과학적일까?

놀런 차트의 뿌리는 아인 랜드의 객관주의다. 대단히 주관적일 수밖에 없는 사람들의 이념 성향을 계량화하려고 한다. 하지만 사람의 생각을 수치로 표시하는 것은 쉽지도, 실용적이지도 않다. 예를 들어 어떤 사람이 복지 문제에 대해서는 진보적이지만, 교육 문제에 대해서는 보수적일 수 있다. 그래서 한 사람의 생각을 정치적 견해와 경제적 견해로 이분화해 X, Y라는 단 두 개의 축 안에 집어넣는 일은 무의미할 수 있다.

그런 문제점을 극복하는 방법으로 놀런 차트를 3차원으로 표시해 보려는 노력도 있다. 하지만 3차원으로 표시해도 마찬가지다. 사안에 따라, 그리고 상황과 주제에 따라 달라지는 판단과 입장을 획일적으로 그림으로 표시하는 것은 위험하다.

놀런 차트의 맹점은 분석 대상 인물의 좌표가 저절로 주어지는 것이 아니라는 데 있다. 즉 놀런 차트를 이용하는 사람들은 좌표의 위치에 따라 대상 인물의 성향을 판단하는 것이 아니라, 대상 인물의 성향을 이미 주관적으로 판단해 놓고 그것을 좌표 위에 옮겨 놓는 경우가 많다. 그러니 놀런 차트는 과학적 방법론을 빙자한 순환 논리에 불과하다. 주관적 판단이 작용하는 국가경쟁력 지수니, 중앙은행 독립성 지수니 하는 것들도 전부 마찬가지다. 직장에서 실시되는 인사 평가도 그와 비슷하다. 일 잘하는 사람을 높이 평가하는 것이 아니라 마음에 드는 사람이 하는 일을 예쁘게 보고 후한 점수를 주는 측면이 분명히 있다. 인과관계가 뒤집히는 것이다. 그런데도 수치화된 자료를 신뢰하는 것은 '수치화된 것은 정확한 것'이라는 미신 때문이다.

데이비드 놀런이나 아인 랜드나 앨런 그린스펀식의 객관주의에는 그런 미신이 작용한다. 그래서 철학적으로 반대하는 사람들이 많다. 금융 공학의 아버지인 브누아 만델브로Benoît Mandelbrot

가 대표적인 경우다. 2010년 타계한 만델브로는 프랙탈 이론(fractal theory)를 통해 금융 공학의 이론적 토대를 세운 사람이다. 하지만 그는 생전에 계량 모형을 통해 미래를 예측한다는 생각에 대해 대단히 회의적이었다. 그는 2010년 사망하기 직전까지 금융 공학자들의 접근 방식과 오만함에 쓴소리를 아끼지 않았다.

계량 모형을 통한 경제 전망은 이미 결정된 미래를 예언하는 것이 아니다. 이 세상에서 미리 정해진 것은 하나도 없다. 다시 말해서 우리가 사는 우주는 신이 오래전에 찍어 놓은 영화 필름이 저절로 상영되고 있는 거대한 영화관이 아니다. 미래는 자유의지를 가진 인간이 처신하기에 따라 달라진다. 이 점은 자유의지론자(libertarian)인 아인 랜드와 데이비드 놀런이 주장하는 것이기도 하다. 그런 점에서 아인 랜드와 데이비드 놀런의 생각이 틀렸다고 할 수 없다.

그런데 어떤 주장이 틀리지 않았다, 즉 진정성(validity)이 있다는 말은 그것이 진실(truth)이라는 것과 별개다. 예를 들어 "에펠탑은 중국에 있다"는 문장이 사실은 아니지만(not true), 그 앞에 "만일 파리가 중국의 수도라면"이라는 전제조건이 붙을 때는 논리로서 진성성(validity)이 인정된다(이 예는 모든 인식론 교과서의 첫 페이지에 등장하는 설명이다. 자기 자신의 생각을 분석 대상으로 삼아, 안다는 것의 의미를 찾는 작업의 출발점이다).

문제는 자유의지론자가 내세우는 주장의 앞에 붙는 전제 조건이다. 자유의지론자는 인간의 느끼는 효용과 감정이 가지는 모호성과 추상성을 인정하지 않고 무조건 객관적인 실체가 있다고 본다. 그럼으로써 수치화된 미래가 있다고 믿게 되는데 그것을 받아들이는 순간 자신들이 강조하는 자유의지는 운명론으로 빠지게 된다. 한마디로 철학으로서 미국식 자유의지론은 스스로 모순을 잉태하고 있는 궤변이요, 개똥철학이다.

인간의 미래가 담긴 지도는 없다. 경제활동의 미래를 설명하는 경제 전망은 미리 정해진 사실을 그린 지도가 아니라 길을 가는 데 참고하는 나침반일 뿐이다. 인간의 의지와 관계없이 객관적인 실체들이 반드시 있다고 믿고, 매사를 수치로 표시하기 좋아하는 앨런 그린스펀 류의 객관주의는 지도와 나침반을 혼동하는 중대한 오류를 품고 있다. 미국에서 시작된 글로벌 금융위기는 대단히 정교한 수리 모형을 통해 대형 투자은행들이 스스로 리스크를 관리해 나갈 수 있다는 믿음, 즉 시장근본주의(market fundamentalism)라는 개똥철학에서 시작된 것이다.

포 유어 아이즈 온리

7장

먼지 떨기식 뒷조사가 가져온 비극

The Number-free Economics with Stories & Histories

브레턴우즈 회의

경제학을 공부한 사람 중에서 존 메이너드 케인스를 모르는 사람은 없을 것이다. 1936년 《일반이론》이라는 책을 통해 그가 밝힌 혁신적인 아이디어가 오늘날 거시경제학이라는 독자적 분야로 발전했다. 케인스는 현재의 국제통화 질서를 설계한 사람이기도 하다. 대공황과 더불어 중단했던 금본위제도를 복원해야 하는지를 두고 각국이 우왕좌왕할 때 케인스가 아주 분명한 해답을 알려주었다. 금본위제도는 야만의 유산이며, 각국이 환율만 잘 유지하면 금본위제도와 똑같은 효과를 거둘 수 있다는 것이다. 그래서 만들어진 것이 지금의 IMF와 세계은행(IBRD, 국제부흥개발은행)이다.

잘 알려진 바와 같이, 2차 세계대전 종전 즈음 주요국들이 모여 국제금융 질서 회복 문제를 논의한 곳은 미국 뉴햄프셔주 브레턴우

1944년 브레턴우즈 회의. 영국 대표 케인스가 소련 대표(미하일 스테파노프)와 유고슬라비아 대표(블라디미르 리바르) 사이에 앉아 있다. 소련은 이 회의에 참가하고서도 IMF 협정문에는 서명하지 않았다. 그러다가 1992년 러시아연방 이름으로 가입했다.

소련 대표단과 반갑게 환담하는 케인스의 아내 리디아 로포코바. 리디아의 영어 실력은 부족했지만, 회의 기간 중 소련을 위해 통역도 했다.

즈라는 곳이다. 이곳은 여름에도 기후가 선선하고 건조해서 최고급 휴양지로 꼽힌다. 그중에서도 마운트워싱턴 호텔은 국제회의를 하기에 아주 좋은 곳이었다. 동북부의 일류 호텔들은 외국인에게 노골적으로 인종차별적인 태도를 보였지만, 1902년에 세워진 이 호텔은 별로 그렇지 않았다. 모겐소 미국 재무장관 자신이 유태계였으므로 이런 점을 고려해서 이 호텔을 회의 장소로 정했다.

덕분에 1944년 6월 30일부터 7월 22일까지 계속된 회의는 세계 44개국에서 750명의 대표가 모여 축제처럼 유쾌하게 진행되었다. 하지만 매일 밤늦게까지 술을 마시고 파티를 벌이던 끝에 영국 대표단을 이끄는 케인스가 심장 발작을 일으켰다. 9년 전 완치되었다고 생각했던 심장병이 재발한 것이다.

남편의 건강이 악화된 데에는 아내의 탓도 조금 있었던 것 같다. 러시아 출신이었던 케인스의 아내 리디아 로포코바는 영국 상류사회에서 아주 유명한 '맬러프롭malaprop'이었다고 한다. 맬러프롭은 상황에 맞지 않는 엉뚱한 단어를 쓰는 사람의 대명사인데, 원래는 어느 희극의 여주인공 이름이었다.* 맬러프롭식 말실수를 맬러프로피즘malapropism이라고 한다. 한국 영화 〈내부자들〉에서 주인공 이병헌이 엉겁결에 던진 "모히토에 가서 몰디브 한 잔?"이라는 대사가 그 예다. 몰디브와 모히토가 뒤바뀜으로써 듣는 사람이 포복절도하게 만든다. 케인스의 아내 리디아가 그런 말실수를 많이 했다. 남

* 맬러프롭의 어원은 '잘못 배치되었다'는 뜻의 프랑스어 말라프로포(mal à propos)다.

의 집 초대를 받고 집안을 둘러본 다음 그 집 여주인에게 "댁의 새장(aviary)이 참 예쁘네요"라는 말 대신 "댁의 나팔관(ovary)이 참 예쁘네요"라고 했다는 일화가 그중 하나다.

이렇게 영어가 짧았던 그녀가 케인스를 따라서 브레턴우즈에 갔다가 자기 고향 러시아 사람들을 만났다. 그리고 참가자의 상당수는 자기보다 영어를 못했다. 그래서 리디아는 마음이 편안했다. 게다가 그녀는 발레리나였다. 국제회의 내내 사람들과 어울려 밤늦도록 춤추고 놀았다. 케인스 부부가 묵는 방 바로 아래층에 투숙했던 영국 재무장관 부부가 고개를 절레절레 흔들었다는 기록이 있을 정도다.

하지만 케인스의 체력은 이렇게 분위기에 취해 노는 것을 허용하지 않았다. 브레턴우즈 회의에서 과로하는 바람에 심장병이 재발했다. 브레턴우즈 회의에서 결정한 대로 각국은 의회 비준을 받아 국제통화기금과 세계은행 설립 협정문에 서명했고, 그것이 완료되자 1946년 3월 이를 선포하는 회의가 열렸다. 장소는 미국 조지아주 사바나라는 곳이었다. 여기에 참석한 케인스는 심장에 이상을 느끼고 회의 도중 귀국길에 올랐다. 뉴욕으로 가는 기차 안에서 쓰러지기까지 했다. 그리고 두 달 뒤인 1946년 4월 21일 62세의 나이로 눈을 감았다.

국제통화기금

브레턴우즈 회의 때 미국 참가자는 60명이 넘었다. 공

1944년 브레턴우즈 회의의 미국 대표단. 뒷줄 가장 왼쪽 키 작은 사람이 화이트 재무부 차관보다.

식 대표단만 12명이었다. 주로 60대 남성들로 구성된 공식 대표단 중에서 막내는 해리 덱스터 화이트 재무부 차관보였다. 하지만 50대 초반의 화이트가 사실상 미국을 대표했다. 헨리 모겐소 재무장관과 딘 에치슨Dean Acheson 국무차관은 백악관과 연락하느라 정신이 없었다. 프레드 벤슨 경제안정청장(훗날 재무장관, 대법원장), 매리너 에클스 연준 의장, 레오 크롤리 해외경제청장(연방예금보험공사 대표 겸임), 에드워드 브라운 시카고은행장은 외국에서 몰려온 손님을 응대하기 바빴다. 그러므로 제일 중요한 일, 즉 IMF와 세계은행의 정관을 다듬는 일은 화이트에게 맡겨졌다.

화이트가 할 일은 영국 수석대표 케인스에게 설득당하지 않고,

설득하는 일이었다. 케인스는 명망과 경륜에서 화이트와는 비교도 되지 않을 위치에 있었으며, 영국 대표단은 '세계경제를 이끌어 온 영국의 경험을 바탕으로 미국에 한 수 가르친다'는 자세로 회의에 임했다.* 산업혁명 이후 세계경제와 금융을 이끌어 가던 영국 경제는 당시 확연한 쇠퇴의 길을 걷고 있었다. 얼마나 품위 있게 미국에 주도권을 넘기고 사라지느냐가 관건이었다. 그런 점에서 브레턴우즈 회의는 '금융판 덩케르크 철수 작전'이라고 불렸다.**

케인스는 화이트를 만나자마자 한 나라가 금을 과도하게 보유하면 국제적으로 균형이 깨지기 때문에 어느 나라든 과도하게 금을 모으는 일이 없도록 해야 한다는 점을 강조했다. 대공황 때 세계 각국은 '나부터 살고 보자'면서 수출 증진과 외환 보유액 확충에 열을 올렸다. 소위 '근린 궁핍화 정책(beggar thy neighbour)'이다. 그로 인해 전 세계적으로 무역이 축소되고, 생산과 고용도 감소하는 악순환을 겪었다. 그런 일을 막아보자는 것이었다.

틀린 말은 아니었다. 하지만 1차 세계대전 후 미국은 세계에서 금

* 당시 영국 대표단의 데니스 로버트슨 교수가 수석대표 케인스에게 전한 노란 메모지에는 "돈주머니는 저들(미국)이 들고 있지만, 아이디어는 전부 우리(영국)한테 있다"라고 쓰여 있었다. 화이트의 유품 중에 그 메모가 있는 것으로 볼 때 브레턴우즈 회의 기간에 케인스가 화이트에게 준 듯하다.

** 덩케르크는 2차 세계대전 당시 격전지로 유명하다. 프랑스 덩케르크 해안에 고립된 영국, 프랑스, 벨기에, 폴란드, 네덜란드 연합군 병력 40만 명을 영국으로 철수시키는 과정이 2017년 영화 〈덩케르크〉로 만들어져 유명해졌다.

을 가장 많이 보유한 국가로 등극했고, 그것이 쉽사리 뒤집힐 가능성은 없었다. 케인스 주장대로 하자면, 미국이 힘들게 모은 금을 다른 나라에 흩뿌리거나 팔아야 한다. 그것은 미국이 선뜻 받아들일 수 없었다.

그래서 화제를 약간 돌렸다. 과도한 경상수지 흑자나 적자가 지속되지 않도록 하는 국제 질서를 만드는 것인데, 여기에는 케인스와 화이트가 의기투합했다. 그것은 다분히 프랑스를 의식한 합의였다. 1차 세계대전 이후 프랑스는 거의 광적으로 금을 끌어안으려고 했다. 그래서 국제무역 회복과 독일의 전쟁배상 문제 해결에 큰 걸림돌이 되었다.*

한편 케인스는 과도한 국제수지 불균형을 적극적인 방법으로 해결하려고 했다. 세계의 중앙은행을 만들고, 그 중앙은행이 발행하는 '방코르Bancor'를 글로벌 화폐로 쓰는 것이다. 심각한 경상수지 적자나 자본 유출을 겪는 나라에 방코르를 대출해 주면서 방만한 경제정책을 수정하도록 요구하는 권한을 가진 중앙은행이 출현하면, 프랑스가 추구했던 과도한 저축(savings glut) 문제가 해결된다. 이런 구상을 케인스 안이라고 한다.

화이트가 이의를 제기했다. 국제기구가 과도한 권한을 갖게 되

* 프랑스는 1964년 달러화 위기 때도 미국을 상대로 금태환을 요구하는 바람에 달러화 폭락이 가속화될 정도로 금에 집착했다. 이런 행태는 오늘날 중국, 일본, 한국 등 경제 규모에 비해 금융 발전이 더딘 나라들에서도 관찰된다. 이들 아시아 3개국은 외환 보유액은 많을수록 좋다고 생각한다. 16세기 이후부터 끈질기게 계속되고 있는 전형적인 중상주의적 고정관념이다.

면, 각국의 주권과 충돌한다는 점을 일깨웠다. 특히 미국의 공화당 의원들은 민주당 정부 주도로 국제기구가 창설되고 국제 질서가 뒤바뀌는 것에 대해 무척 신경질적이었으므로 의회에서 비준을 얻기가 어려웠다. 그 무렵 연합국들이 어느 정도 설립에 합의했던 국제연합(UN)처럼 좀 더 느슨한 국제 협력 방안을 제안했다. 즉 방코르 같은 화폐를 발행하는 대신 일단 회원국한테 자본금(쿼터)를 갹출해 그 돈으로 국제수지 적자국에 대출하는 국제기구를 만들자고 제안했다.

화이트는 영국 대표단에 자신의 구상을 자세히 설명했다. 미국이 세계에서 금을 가장 많이 갖고 있다는 현실을 인정한다면, 미국 달러화가 국제금융 시스템의 중심이 되는 것은 자연스럽다. 그러므로 '금 1온스 = 미 35달러'라는 당시의 교환가치를 미국이 그대로 준수하고, 다른 나라들은 미 달러화 대비 자국 화폐의 교환 환율을 준수하면 아무 문제가 없다. 그런 시스템에서는 달러화가 태양이 되고, 다른 화폐들은 태양계 행성이 된다. 그런 시스템을 금환본위제도(gold exchange system)라고 한다. 종전의 금본위제도와 똑같은 효과를 거두면서도 모든 나라가 금을 충분히 갖고 있지 않아도 된다. 그것이 이른바 화이트 안이었다. 국제 중앙은행을 만들되 발권 기능을 갖추지 않아서 최종 대부자 기능이 불완전하며, 금융 감독 권한(국제수지불균형 조정권)도 미약한 상태로 유지하는 것이 골자였다.*

* 오늘날 유럽중앙은행(ECB)도 화이트의 생각과 비슷하다. ECB는 2011년 아일랜드, 그리스, 스페인 등에서 문제가 생겼을 때 최종 대부자 기능을 제대로 발휘하지 못했다. 그래서 회원국의 문제를 IMF로부터 대출을 받아서 해결했다. 그런 점에서 ECB

IMF의 아버지인 해리 덱스터 화이트(왼쪽)와 존 메이너드 케인스(오른쪽).

화이트의 제안을 들은 영국 대표단은 무척 불쾌했다. 본국으로 보내는 전문에서 "미 달러화만이 금과 동등한 가치를 가진다는 생각은 가소롭다"라고 비판했다. 케인스도 영국 외무부에 보내는 서류에서 "영국 대표단이 단체로 망신당하기를 각오하거나 달러 외교에 굴복할 생각이 아니라면, 화이트안을 그대로 받아들일 수는 없다"고 적었다.

하지만 케인스는 결국 화이트 안을 수용했다. 영국 경제의 회생을 위해서는 미국의 도움, 즉 마셜플랜을 하루라도 빨리 가동해야 하는데, 그렇게 되려면 영국이 미국의 제안을 마냥 반대할 수 없었다. 케인스는 금본위제도를 야만의 유산(barbarous relic)이라고 생각했는데, 화이트 안도 일단 금본위제도를 배제하고 있으므로 케인스의 체면이 크게 구겨지는 것은 아니었다.

화이트의 제안과 케인스의 동의에 따라 탄생한 것이 오늘날의 IMF다. 지금의 IMF는 발권과 지급 결제 기능이 제한된, 불완전한

는 불완전한 중앙은행이라고 할 수 있다.

중앙은행이다. 그것을 만들 때 케인스는 적정 쿼터를 260억 달러로 제안했고, 화이트는 50억 달러를 제안했다. 두 사람이 타협하여 IMF의 쿼터를 85억 달러로 조정하는 대신 나중에 필요하면 천천히 쿼터를 늘리기로 했다. 그것마저 여의찮다면 특별인출권(Special Drawing Right)이라는 가상 화폐를 발행하는 방법도 고려해 보기로 했다. 그것은, 케인스에 대한 화이트의 승리였다.

해리 덱스터 화이트

브레턴우즈에 모여 전후 국제통화 질서를 설계할 때 케인스와 화이트는 자국의 이익을 위해 팽팽하게 두뇌 싸움을 했지만, 사이가 나쁜 것은 아니었다. 그들에게는 러시아라는 공통분모가 있었다. 케인스의 아내가 제정러시아 출신이었고, 화이트의 부모는 제정러시아에 속했던 리투아니아 출신이었다. 그래서 케인스와 화이트는 회의 내내 비교적 허심탄회하게 이야기를 나눴다.

하지만 케인스와 화이트는 출신 성분이 극명하게 달랐다. 케인스는 학자 집안에서 유복하게 자란 반면 화이트는 소위 '듣보잡(듣도 보도 못한 잡놈)'이라고 할 수 있는 가난한 이민 2세였다. 유대계 출신의 화이트 부모는 러시아 차르 체제를 피해 1885년 미국으로 이주했다. 당시 미국은 1865년 남북전쟁을 끝내고 공업 국가로 빠르게 성장하던 시기라서 일자리를 쉽게 구하리라 기대했다. 화이트의 아버지 아이작은 미국에 도착하자 고향에서 쓰던 성 화이트(Weit)를 미국식(White)으로 바꾸고 미국 사회에 동화되었다.

화이트는 1892년 7남매 중 막내로 태어났다. 집안이 별로 넉넉지 못해서 대학 진학을 포기하고 집안일을 돕던 중 1차 세계대전이 발발했다. 그때 육군에 자원입대해서 프랑스에서 군 생활을 했다. 전쟁이 끝나면 정부가 참전 군인에게 학비를 지원해 준다는 약속을 듣고 혜택을 받으려던 것이다. 전쟁이 끝난 후 화이트는 계획대로 서른 살에 컬럼비아대학교에 입학했다. 늦깎이 공부였지만 성적이 두드러졌다. 스탠퍼드대학교를 거쳐 하버드대학교에서 경제학 박사가 될 때는 최우수 논문상까지 받았다. 그때 화이트의 나이는 마흔이었다.

하지만 그가 박사 학위를 얻은 1932년은 대공황이 절정에 이르렀을 때다. 하버드대학교에서 최우수 논문상을 받고서도 위스콘신주에 있는 작은 대학교 밖에 갈 곳이 없었다. 일단 거기서 지방대 교수 생활을 시작했는데, 어느 날 시카고대학교의 제이컵 바이너 교수가 새 일자리를 소개했다. 바이너는 화이트와 동갑인데다가 유태계라는 점에서 비슷했지만, 학계에서는 이미 상당한 위치를 차지하고 있었다. 바이너 교수는 재무부에 통화연구팀이라는 조직이 새로 만들어진다는 소식을 듣자 10년 후배이며 최우수 논문상을 받은 화이트를 떠올리고 그를 추천했다.

바이너의 도움으로 재무부에 발을 담근 화이트는 자기 능력과 열정을 금방 드러냈다. 당시 민주당 정부는 20세기 초반의 고립주의를 버리고 국제문제에 적극 개입하는 쪽으로 정책을 선회했는데, 화이트도 비슷한 생각을 하고 있었다. 그래서 1934년 재무부에 발을 들여놓은 뒤 누구보다도 민주당의 이념에 충실하면서 적극적으로 일했다.

화이트가 열심히 일하는 모습을 지켜본 재무장관 모겐소는 애초 한시직으로 들어왔던 화이트에게 더 큰 일을 맡겼다. '환율 안정 기금(Exchange Stabilization Fund)'을 관리하는 일이었다. 환율 안정 기금은 미국이 금본위제도를 포기하면서 설치한 재무부의 특별기금이다. 1934년 루스벨트 대통령은 금준비법(Gold Reserve Act)을 통해서 금 1온스의 가치를 20.67달러에서 35달러로 올렸다. 그 바람에 연방정부가 갖고 있던 금의 장부상 가치가 20억 달러나 늘었다. 그것은 국민에게 세금을 거두지 않고 얻은, 회계상의 이익이었다. 의회는 그것을 재원으로 환율 안정 기금을 만들고 장차 재무부가 달러화 가치 안정에 쓰도록 했다.* 그런 점에서 한국의 외국환평형기금(외평기금)과 똑같다.

그런 일을 하기에는 화이트가 최상의 적임자였다. 그의 박사학위 논문 주제가 바로 19세기 말부터 1차 세계대전 직전까지 프랑스의 국제수지였다.** 그 논문의 결론은 프랑스의 해외 투자가 지독한

* 이 기금은 의회의 예산 승인 없이 재무부 장관이 임의로 쓸 수 있는 요긴한 정책 수단이다. 1990년대 초 멕시코 금융위기와 한국의 외환위기 때도 이 기금이 사용되었고, 코로나19 위기 때 연준이 시작한 각종 특별융자 프로그램의 보증 재원으로 쓰였다.

** 〈*The French International Accounts*, 1880~1913〉. 화이트가 프랑스를 박사학위 논문의 주제로 삼은 것은 1차 세계대전 때 프랑스에서 군 생활을 했던 것과 관련이 없을 수 없다.

실패였으며, 그 이유는 시장의 자율을 지나치게 신뢰했기 때문이라는 것이다. 금융시장은 불완전하므로 정부의 적절한 개입이 필요하다는 것이 그의 처방이었다. 환율 안정 기금으로 외환시장에 개입해서 환율을 적절히 관리하는 데 대한 이론적 토대였다.

모겐소 재무장관에게 보고하는 화이트 차관보

하지만 당시에는 환율 안정 기금을 이용해서 환율을 안정시키는 것도 한계가 있었다. 금본위제도가 폐기된 상황에서 달러화의 가치를 안정시키려면, 경제 논리를 넘어 외국 정부와 협상하고 합의를 끌어내는 일이 중요했다. 그래서 화이트는 국무부와 자주 협의했다.

그러는 사이에 진주만 사건이 터졌다. 그리고 화이트에게 더 큰 중책이 주어졌다. 진주만 사건을 계기로 미국은 마침내 2차 세계대전에 발을 담갔다. 국무부와 접촉하는 화이트는 재무장관보다도 미국의 국가 기밀문서와 군사정보에 더 쉽게 접근하게 되었다. 거기에 더하여 모겐소 재무장관은 화이트를 차관보 겸 재무장관 보좌관으로 임명했다. 모겐소는 프랭클린 루스벨트 대통령 부부와 오래전부터 잘 알고 지냈고, 그 이유로 재무장관에 임명된 사람이다. 따라서 화이트가 모겐소의 절대 신임을 받는다는 사실은 화이트가 루스벨트 행정부의 명실상부한 실세라는 뜻이었다. 아무 배경도 없던 러시아계 이민 2세가 역사상 가장 강력한 행정부의 핵심 포스트를 차지하고 이너 서클로 침투했다.

갑자기 찾아온 몰락

2차 세계대전이 막바지로 치닫던 1944년 가을, 미국과 영국의 국가원수들이 캐나다의 퀘벡에 모였다. 전후 국제 질서를 논의하기 위해 만난 그 자리에서 루스벨트 대통령과 처칠 총리는 독일을 농업 국가로 만들기로 합의했다. 1차 세계대전 이후 체결된 파리강화조약이 실패한 원인 중 하나는 독일에 비현실적으로 많은 배상금을 요구했고, 연합국들이 독일에 진주해서 독일인의 적개심만 키웠기 때문이다. 따라서 2차 세계대전 후에는 독일을 상대로 무리한 배상금을 받아내기보다는 차라리 산업 시설을 뜯어 와서 독일을 '중세 시대'로 만드는 것이 현실적인 응징이라고 생각했다.

당연히 이 계획은 다른 연합국에는 알려지지 않은 최고의 극비 사항이었다. 그런데 일이 잘못 풀려서 그 계획이 언론을 통해 알려졌다. 그러자 국내외에서 '비현실적이고 극단적인 계획'이라는 비판이 빗발쳤다. 야당에서는 '독일을 중세로 돌리는 것은, 20세기를 사는 독일인을 전부 국외로 추방할 때만 가능한 일'이라고 몰아붙였다. 곤혹스러웠던 루스벨트 대통령은 하는 수 없이 그 계획을 상당 부분 수정하지 않을 수 없었다.

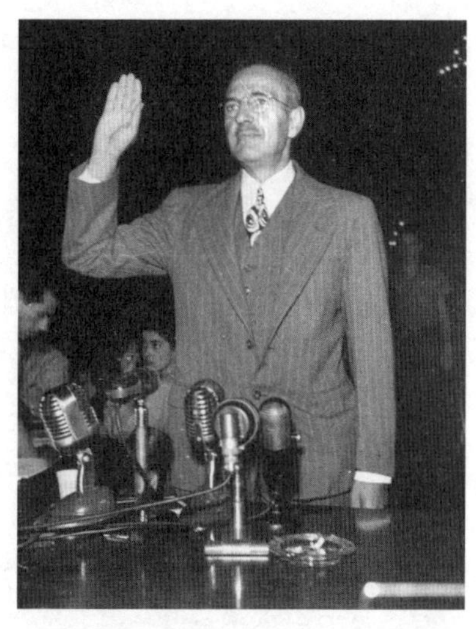

하원 반미활동조사위원회에서 증인 선서를 하는 화이트 전 재무부 차관보

이 계획을 보통 모겐소 계획(Morgenthau Plan)이라고 한다. 재무장관 모겐소의 이름을 딴 것이지만, 실제 기안자는 화이트였다. 그 정도로 화이트는 민주당 정부에 없어서는 안 되는 아이디어맨이었다. 화이트가 케인스에게 제시했던 IMF와 세계은행 설립 방안도 화이트가 국무부와 협의해서 그렸던 전후 세계 정치 경제 운용 계획의 큰 밑그림 중 일부였다. 1945년 12월 IMF가 공식 출범한 후 트루먼 대통령은 1946년 2월 4일 IMF 설립에 결정적인 기여를 한 화이트를 초대 IMF 상무이사로 지명했다. 그의 임명안은 이틀 뒤인 2월 6일 상원에서 통과되었다.

그런데 IMF에서 열심히 일하고 있던 화이트가 어느 날 이상한 행동을 했다. 중남미 출장에서 돌아온 화이트가 1947년 6월 19일 "건강상의 이유로 IMF 상무이사직을 사임한다"는 급작스러운 발표와 함께 사무실에서 모습을 감춘 것이다. 사람들은 의아했다.

알고 보니 화이트가 물러난 것은 FBI 조사를 받기 위해서였다.

당시 수사당국은 화이트를 소련 스파이로 활동한 혐의로 강도 높은 수사를 벌이고 있었다. 세상은 벌집을 쑤셔놓은 듯했다. 마침내 1948년 8월 13일 하원 반미활동조사위원회가 소집되어 화이트의 간첩 혐의에 관한 본격적인 조사가 시작되었다.

조사위원회에 소환된 화이트는 펄쩍 뛰면서 자신에게 쏠린 혐의를 일절 인정하지 않았다. 자기가 결백하다는 것을 증명하기 위해 열심히 말을 쏟아부었다. 그러던 중 갑자기 몸이 아프다고 조사를 중단해 달라고 요청했다. 신경을 너무 쓴 나머지 제대로 움직일 수 없다는 것이 이유였다. 그 바람에 청문회는 중단되고 화이트는 뉴햄프셔주로 요양을 떠났다.

그런데 그곳에서 황당한 일이 벌어지고 말았다. 도착한 지 사흘 만에 화이트가 갑자기 세상을 뜬 것이다. 항간에는 정체가 탄로 나서 자살했을 것이라는 소문이 돌았다. 하지만 화이트의 사망 원인은 심장마비였다. 우연히도 함께 IMF 설립을 논의하던 케인스와 사망 원인이 같았다. 사망한 장소도 브레턴우즈에서 가까운 피츠 윌리엄이라는 곳이었다. 이때 그의 나이는 56세였다.

이로써 화이트의 혐의는 진위를 가릴 수 없는 미궁으로 빠지고 말았다. 그때부터 지금까지 풀리지 않는 의문이 있다. 그는 과연 소련의 스파이였을까, 아니었을까?

매카시 선풍

화이트 사건은 1950년대 미국을 강타한 매카시즘의 상징적 사건이다. 매카시즘은 18년 동안 집권한 민주당이 썩을 대로 썩어서 이제는 연방정부의 중추신경까지 공산주의가 파고들었다는, 보수파의 공격으로 시작된 일종의 사회 정화 운동이었다. 조지프 매카시 상원의원이 주도했던 그 운동이 공격 목표로 삼았던 대상은 지위 고하를 막론하고 다양했다. 2차 세계대전 중 연합국이었던 소련과 접촉했던 사람은 누구나 사상 검증 대상이 되었다.

매리너 에클스 연준 의장의 보좌관으로서 1935년 연준법 개정 당시 가장 큰 기여를 했던 로클린 커리Lauchlin Currie도 공격 대상이었다. 캐나다 출신의 커리는 1934년 대통령 선거 당시 루스벨트 후

미국에 암약하는 공산주의자들에 대해 설명하는 조지프 매카시 위스콘신주 상원의원

보의 선거 참모로 활동하다가 백악관에 입성해 대통령 경제보좌관이 되었다. 거기서 그는 경제문제만 다룬 것이 아니라 군사와 외교 문제까지 깊숙이 개입했다. 중국이 내란 상태였을 때 장제스와 저우언라이 사이에서 국공합작을 주선했다. 이 밖에도 일본, 필리핀 등에서의 미군 전력 배치 등에도 간여했다. 전쟁 중에 마구잡이식으로 설립된 해외 관련 조직을 통폐합하기 위해 해외경제원조청이 설립되자 이 조직을 관리하면서 43개 기관을 통폐합하는 작업을 주도했다.

미국 사회의 영원한 이방인이되었던 로클린 커리. 대공황이 한창일 때 미국 최초로 통화량과 통화 유통속도의 시계열 자료를 만들었고 연준법 개정의 핵심역할을 했다.

그러나 매카시즘 선풍이 닥쳐오자 커리도 스파이로 몰렸다. 유럽과 아시아의 정세에 관한 극비문서를 다루는 사람이 미국 태생이 아닌 데다가 그의 아내마저 콜롬비아 국적을 가졌다는 점이 보수층의 의심을 샀다. 그래서 그를 '색깔이 누런 경제학자(Curried economist)'라고 불렀다. 당시 FBI가 작성한 소련 문서 암호해독 보고서(베노나 보고서)에는 로클린 커리에게 상당한 간첩 혐의를 두고 있었다.

베노나 프로젝트에서 제시된 증거가 혐의를 입증하기에는 빈약했다. 그래서 커리는 기소를 피했지만, 다른 일이 그를 기다리고 있었다. 세계은행 자문관 자격으로 콜롬비아 정부의 경제개발 계획에 관한 자문을 위해 출국했다가 현지에서 여권 기간 연장을 신청했는데, 국무부가 이를 거절한 것이다. 그 바람에 그는 미국 시민이었음에도 두 번 다시 미국으로 돌아오지 못한 채 유럽과 콜롬비아를 오가다가 여생을 마쳤다.

매카시즘의 희생자로 미국인이 가장 생생하게 기억하는 사람은 국무부의 앨저 히스Alger Hiss다. 히스는 하버드 법과대학을 졸업한 '범생이' 변호사로서 루스벨트 행정부에서 법무부 특별검사로 일했다. 그가 했던 일 중 하나는 전후 국제 질서를 협상하던 1945년 얄타회담에 미국 측 단원으로 참가해 스탈린에 대한 대응 전략을 짜는 것이었다. 그런 중요한 일을 맡았던 사람이 스파이 혐의로 기소되자 미국 사회는 적색 공포에 휩싸였다.

히스를 고발한 사람은《타임》의 간부였던 휘태커 챔버스Whittaker Chambers였다. 나중에 밝혀진 이야기지만 챔버스야말로 한때 진짜 소련 스파이였다. 볼셰비키 혁명에 매료되어 공산 사회를 동경하던 그는 1930년대에 여러 가지 비밀 정보를 소련에 넘겼다. 그러다가 FBI의 추적을 받자 한동안 잠적했었는데, 어느 날《타임》에 나타나 언론인으로 활동했다. 필력이 좋아 상당한 인기도 얻었다. 하지만 그의 행적을 의심하는 당국이 그를 불러 조사하자, 취조받던 중 느닷없이 히스를 소련 스파이라고 지목했다. 관심을 돌리려던 것이다

히스가 간첩 혐의로 기소되자 즉각 의회가 반응했다. 반미활동조

하원 청문회에서 자신의 혐의를 부인하는 앨저 히스

사위원회가 꾸려지고, 조지프 매카시 의원과 리처드 닉슨 의원이 히스를 소환했다. 훗날 대통령이 된 리처드 닉슨은 당시 고작 임기 2년의 초선 하원의원이었다. 하지만 반미활동조사위원회에서 날카로운 논리로 스파이 혐의자들을 거칠게 몰아세우면서 전국적인 지명도를 얻었다.* 히스는 각종 증거 조작과 위증, 광기가 난무했던 청문회와 재판에서 항변하지 못한 채 5년 형을 선고받았다.

히스는 교도소에서 5년 형을 마치고 1954년 출소했다. 그 후 위증을 한 챔버스를 상대로 거액의 손해배상 소송을 제기했지만, 공소

* 하원 반미활동조사위원회에서 열심히 활동한 닉슨은 전국적인 지명도를 얻어 40세의 나이에 1952년 대통령 선거에서 역사상 두 번째로 젊은 부통령으로 당선되었다.

시효가 끝나서 목적을 달성하지 못했다. 챔버스는 다른 일로 구속되어 역시 5년을 교도소에서 썩었다. 하지만 다른 벌은 받지 않았다. 히스는 아무 보상도 받지 못한 채 1996년 조용히 타계했다. 죽기 전에 그가 위로로 삼을 수 있었던 것은 세월이 흘러 사회가 정상으로 돌아오면서 세상이 마침내 그의 진실을 알았다는 것과 법정에서 위증한 챔버스보다는 30여 년을 더 살았다는 것밖에 없었다. 히스는 94세까지 장수했다.

히스에 비하자면, 갑자기 사망한 화이트를 기억하는 사람은 거의 없다. 하지만 히스 사건이 언론에 대서특필되자 화이트가 기억에서 소환되었다. 1953년 11월 23일 자《타임》표지는 이미 죽은 화이트의 사진과 함께 "대통령은 도대체 얼마나 알고 있었나?"라는 제목으로 특종을 보도했다. 당시 기사에 따르면 미국으로 전향한 소련의 여간첩 엘리자베스 벤틀리가 화이트를 소련 정보망의 조직원이라고 진술했다. 이때부터 FBI는 오랫동안 화이트를 내사해서 여러 가지 혐의를 확인했고, 대통령에게도 화이트가 위험인물이라고 보고했다. 그런데도 트루먼 대통령은 그 내사 결과를 묵살하고 IMF 초대 이사로 화이트를 지명했다는 것이《타임》의 주장이었다. 대통령의 사상까지

1953년 11월 23일 자《타임》표지

의심하는 보도였다.

임기를 마치고 고향 미주리주로 낙향한 트루먼은 터무니없는 소리라고 일축했다. 아마 그 기사는 '수구꼴통' 에드거 후버 FBI 국장의 언론 플레이였을 것이다. 하지만 당시 후버 국장은 온갖 인사비밀 자료를 통해 '나는 새도 떨어뜨린다'고 알려져서 후버의 농간을 문제 삼는 사람은 없었다. 이처럼 1950년대의 상황은 정보를 독점한 정보기관 수장이 대통령을 충분히 능멸할 정도였다.

끝나지 않는 논란

히스는 비록 억울하게 5년 형을 살았지만, 장수한 덕분에 자기의 무죄를 입증할 수 있었다. 반면 갑자기 죽어버린 화이트는 오늘날까지도 그 정체성에 대해 논란이 많다. 인터넷에서 그의 이름을 치면 두 번 놀라게 된다. 그에 관한 자료가 엄청나게 많다는 사실에 한 번 놀라게 되고 그 많은 자료에서 그에 대한 평가가 정확히 둘로, 그리고 극단적으로 갈린다는 사실에 또 한 번 놀라게 된다.

보수 진영에서는 지금도 그를 틀림없는 소련 스파이로 본다. 그 증거로서 거론되는 것이 1950년대 작성된 미국과 영국 첩보 당국의 보고서, 즉 '베노나 보고서'다. 소련의 비밀문서들을 해독한 결과로 알려진 그 보고서의 결론은, 화이트가 암호명 '리처드Richard'나 '주리스트Jurist'라 불리던 소련 스파이였다는 사실이다.

러시아계인 화이트가 소련을 심정적으로 동조한 나머지 미국의 국익을 해치는 행동을 저질렀다는 혐의는 꽤 많다. 예를 들어 중국 공산당을 간접적으로 도왔다는 혐의를 들 수 있다. 1943년 중국의 장제스 정부가 마오쩌둥의 공산군과 싸우고 있을 때 미국 정부는 2억 달러의 자금을 장제스 정부에 지원하기로 했다. 그런데 그 계획을 집행해야 하는 화이트는 석연치 않은 이유를 들어 그 돈을 풀지 않았다. 보수 세력이 보기에 그의 늑장 대응은 고의적이었다. 그 바람에 국민당 정부가 대만으로 패퇴했고, 중국 본토에 공산당 정부가 수립되었다. 화이트의 늑장 대응이 고의적이었다면, 그 때문에 미국이 더 지불하게 된 안보 비용은 도대체 얼마나 될까?

이것만이 아니다. 1944년 루스벨트와 처칠이 은밀히 만나서 합의했던 모겐소 계획이 세상에 알려지게 된 것도 사실은 화이트가 소련으로 몰래 정보를 빼돌렸기 때문이라는 혐의도 있다. 모겐소 계획이 알려지는 바람에 미국과 영국이 아주 곤란해졌다. 그와 반대로 독일은 침략자라는 비난에서 벗어날 수 있었다. 독일을 중세로 돌려버리겠다는 연합국의 의도가 알려진 이상, 독일은 연합국에 필사적으로 저항할 명분이 생겼기 때문이었다. 이런 점에서 비밀 유출의 최대 수혜자는 독일이다. 하지만 소련도 상당한 반사이익을 누리게 되었다. 나치 정권의 입장에서 독일의 산업 시설을 뜯어가겠다는 서방세계와는 대화할 수 없다. 대신 종전 협상에서 러시아를 신뢰할 만한 대화 상대로 고려하게 되었다. 그 덕분에 소련은 아무 노력도 없이 독일과의 종전 협상에서 미국, 영국과 대등한 지분을 챙길 수 있었다. 캐나다 퀘벡에서 몰래 만났던 루스벨트와 처칠은 머쓱해진

채 입맛을 다셨다.

그뿐만이 아니다. 2차 세계대전이 거의 끝나갈 무렵, 미국과 소련은 장차 독일을 점령한다는 가정 아래 연합군이 현지에서 쓸 군표, 즉 화폐를 인쇄했다. 미국과 소련은 서로 일정한 금액만 인쇄하기로 약속했는데, 소련은 미국보다 인쇄술이 부족했다. 그래서 화이트가 미국의 지폐 원판을 빌려주었다. 그러자 소련은 당초 약속했던 규모보다 훨씬 많은 화폐를 찍었다. 소련 병사들은 약속을 어기고 초과 인쇄한 화폐를 미군 병사들에게 팔아서 이익을 남겼다. 조사해 보니 2억 5,000만 달러나 됐다. 나중에 이 사실이 밝혀지자, 화이트는 자기가 소련을 너무 믿은 나머지 선의에서 큰 실수를 했다고 해명했다. 재무부 고위 관료의 실수치고는 쉽게 이해하기 어려운 일이었다.

F.O.I.A.

JULIUS ROSENBERG ET AL.

FILE DESCRIPTION

HQ FILE

SUBJECT SILVERMASTER

FILE NO. 65-56402

VOLUME NO. 156

SERIALS

4024 - WHITE REPORTS

CURRIE 4038

화이트의 간첩죄 혐의를 조사한 FBI 비밀 보고서. 50년이 지난 2004년 공개되었다.

반면 그를 옹호하는 입장에서 보면 이렇다. 1950년대 민주당 정부는 국제주의를 지향했다. 건국 이래 유지되어 온 먼로주의(외교상의 불간섭주의)를 깨고, 미국이 세계사의 전면에 나서야 한다는 정치철학을 가진 사람들이 민주당 정부에 몰려들었다. 화이트도 그중 하나였다.

크고 작은 실수는 있었겠지만, 화이트는 기본적으로 2차 세계대전 종전 때까지 연합국의 일원이었던 소련과 좋은 관계를 유지하려고 노력했다. 냉전 시대의 국제관계를 지식인 입장에서 이해하려고 했다. 그는 청문회에서 "소련과의 관계 개선은 전쟁을 종식하려던 프랭클린 루스벨트 대통령 시절의 외교 노선이었고 소련과 잘 지내는 것이 미국의 국익에 도움이 된다는 것은 나의 소신"이라고 밝혔다. 이런 점에서 화이트에 대한 모든 의혹은 1950년대 매카시즘의 잔재일 뿐이다.*

베노나 보고서도 다른 각도에서 보면 해석이 완전히 달라진다. 이 보고서는 화이트가 소련 스파이들과 몇 차례 접촉했다는 것을 확인했지만, 그가 소련으로 정보를 빼돌렸거나 그들의 신분을 알면서도 만났다는 것을 입증하지는 못하고 있다.

화이트가 1942년부터 소련 사람들과 직접 접촉한 것은 모겐소 재무장관의 지시나 양해에 따라 이루어진 일이었다. 그 목적은 소련을 국제통화제도에 참여시키는 데 있었다. 1944년 브레턴우즈 컨퍼런스에 소련 대표단이 참석한 것은 화이트의 노력 때문이었다.

당시 브레턴우즈 회의에서 케인스는 너무 많은 나라가 IMF에 참여하는 것을 달가워하지 않았다. 케인스는 경제 규모가 변변치 않은 후진국들이 많아지면 "IMF가 거대한 원숭이 우리(monstrous monkey

* 매카시즘의 희생자 히스는 죽기 전에 "보수파의 공격 목표는 화이트였는데, 그가 갑자기 죽는 바람에 나에게 공격의 화살이 쏟아진 것 같다"고 토로했다. 재무부 차관보까지 지낸 화이트는 보수파가 찾아낸 최상의 공격 대상이었다.

house)로 전락할 것"이라고 비꼬았다. 그가 원숭이라고 본 것은 필리핀, 스리랑카(실론) 등 자잘한 22개국들이었다. 고매한 집안 출신인 케인스가 그런 선민의식을 가지고 있었던 반면 듣보잡 출신의 화이트는 새로운 국제통화제도의 정착을 위해서는 크고 작은 나라들이 되도록 많이 참여해야 한다고 믿었다. 그래서 참가국을 늘리기 위해 동분서주했다.

그 덕분에 최초의 12개 상임이사국 중에는 4분의 3이 후진국이었다. 1944년 브레턴우즈 회의에서는 전체 88억 달러의 쿼터 중 미국이 27.5억 달러, 영국 13억 달러, 소련 12억 달러, 중국 5.5억 달러, 프랑스 4.5억 달러, 인도 4억 달러 등의 순으로 쿼터가 결정되었다.* 상위 5개국 중에서 중국과 인도는 전형적인 농업 국가였다.

화이트의 노력으로 소련은 애초 투표권 3위의 IMF 상임이사국이 될 예정이었다. 하지만 1945년 12월 스탈린이 갑자기 마음을 바꾸는 바람에 소련은 IMF에 가입하지 않았다. IMF 체제가 오래 지속되지 않고 금방 붕괴할 것이라는 추측 때문이었다. 소련은 다른 위성국가들의 IMF 가입도 막았다. 덕분에 애초 44개국이 IMF 설립에 동의했으나 막상 1945년 IMF 출범 시에는 40개국만 가입했다. 소련은 1985년 서울에서 개최되는 IMF 연차총회에서도 폴란드가 가입을 추진한다는 첩보를 입수하고 그로미코 소련 외무장관을 폴란드에 급파해서 IMF 가입을 좌절시켰다.** 소련을 포함한 동유

* 독일과 일본은 IMF 최초 회원국이 아니다. 당시에는 패전국으로서 연합국의 지배를 받았기 때문인데, 이들 나라는 1952년이 되어서 비로소 가입했다.

** 1985년 대학 졸업과 함께 한국은행에 취직한 필자는 당시 IMF 연차총회 준비

럽 국가들은 베를린 장벽이 무너지고 난 뒤인 1992년에 이르러서야 IMF에 가입했다.

화이트는 소련과 소련의 위성국가들을 물밑에서 열심히 접촉하면서 그들의 생각을 바꿔보려고 노력했다. 그런 노력이 반역 행위라는 오해를 불러일으킨 것이다. 만난 사람 중 일부가 소련 스파이였을 수는 있지만, 화이트 자신이 그 사실을 알고도 접촉했다는 증거는 없다.

케인스와 한국

화이트는 20세기 미국 경제학자들 가운데 가장 영향력이 컸던 인물인 동시에 가장 평가가 엇갈리는 인물이다. 그의 정체를 두고 지금도 논쟁이 계속되고 있다. 미국 사회에서 진행되는 그 논쟁에 한국이 끼어들 이유는 없지만, 그가 한 일을 되새겨 본다면 한국인들은 화이트를 긍정적으로 생각하지 않을 수 없다. 한국이 간접적으로 그에게 큰 도움을 받았기 때문이다.

돌이켜 보건대, 1950년대 한국은 케인스가 '원숭이'라고 생각했던 필리핀에도 훨씬 못 미치는 그야말로 '듣보잡' 같은 나라였다. 한

를 담당하고 있어서 그 상황을 생생하게 기억한다. 화이트에 대한 관심도 그때부터 시작되었다.

국은 1955년 8월 IMF에 가입했는데, 이것은 우리 정부가 처음으로 국제 무대에 선을 보인 사건이었다. 전쟁이 끝난 지 2년밖에 되지 않았을 때 한국이 IMF 가입을 추진한 것은, 전후 복구에 필요한 돈을 국제사회에서 빌리기 위해서였다. 다른 고상한 목적은 없었다.

애초 우리 정부는 출자금을 낼 외환도 부족하고 다른 시급한 일들도 많아서 국제기구 가입 따위에는 관심도 없었다. 그런데 1955년 갑자기 8,650만 달러가 생겼다. 미국을 애타게 졸라 얻어낸 돈이었다. 한창 전쟁 중이던 1952년 한국의 백두진 재무장관과 미국의 클래런스 마이어Clarence Meyer 공사는 한미경제조정협정(일명 '마이어 협정')을 맺은 적이 있다. 국제연합의 결의에 따라 한국에 주둔하게 된 유엔군의 체류비를 한국은행이 일단 대출 형식으로 지급하고 유엔군이 나중에 이를 갚는다는 내용이었다. 전쟁이 끝난 뒤 한국은 이 협정을 근거로 미국에 끈질기게 상환을 요구했고, 그 집요한 요구에 넌더리가 난 미국이 1955년 그 돈을 갚았다.

한국은행이 받아낸 그 돈의 처분을 두고 이견이 분분했었다. 정부는 파괴된 산업 시설과 도로 등의 복구에 그 돈을 쓰자고 주장했다. 하지만 그 돈을 받는 한국은행은 IMF와 국제부흥개발은행에 가입하는 것이 급선무라고 주장했다. 그래야 국제사회의 일원이 되어 다른 나라에서 차관을 받을 자격이 생기기 때문이다. 당시 김유택 한국은행 총재는 뉴욕사무소의 유창순 소장과 김정렴 대리에게 IMF에 가입할 절차를 진행하라고 지시했다. 재무부가 반대할까 봐 정부에는 알리지 않았다. 나중에 그 사실을 안 재무부는 한국은행 때문에 외환 보유액이 줄게 생겼다고 울상이 되었다.

이런 우여곡절 끝에 한국은 1955년 IMF와 국제부흥개발은행에 각각 1,250만 달러의 출자금을 내고 회원국이 되었다. 당시 한국의 IMF 지분율은 0.14퍼센트로서 58개 회원국 중 37위였다. 지분율은 경제 규모에 비례하는데, 한국의 지분율은 필리핀, 실론(스리랑카), 쿠바, 이란, 유고슬라비아 등보다도 훨씬 낮았다.

1950년대 한국은 정말로 '듣보잡' 같은 나라였다. 알아보는 사람조차 극히 드물었다. IMF에 가입하기 1년 전인 1954년 김유택 총재 일행은 한국의 가입을 타진해 보려고 워싱턴 D.C.를 방문했다. IMF 연차총회에 옵서버 자격으로 참석하여 파티를 개최하고, 참가자들을 초대했다. 한국의 가입을 지지해 줄 것을 호소하려던 것이다. 하지만 효과가 없었다. 한국 따위에 아무도 관심이 없었기에 파티장은 썰렁했다. 한국전쟁에 부자가 함께 참전했다가 아들을 잃은 미국의 제임스 밴플리트James Van Fleet 장군이 한국과의 인연을 생각하며 파티장에 나타났다. 썰렁한 파티장 안에서 김유택 총재와 밴플리트 장군이 손을 잡고 서럽게 울었다.

이듬해인 1955년 튀르키예 이스탄불에서 IMF 연차총회가 열렸다. 한국과 아프가니스탄의 가입을 의결하는 자리였다. 그때 한국 대표단은 총회 장소인 힐튼호텔이 아니라 이스탄불대학교 기숙사에 머물렀다. 한국 대표단의 주머니 사정을 헤아린 튀르키예 정부가 공짜로 재워줬다. 기숙사에서 잠을 자고 나온 김유택 총재가 총회장에서 "한국 국민은 불요불굴의 정신을 가지고 육체적 투쟁에 있어서와 마찬가지로 경제적 투쟁에 있어서도 소생하기로 결심했다"라면서 자못 비장하게 연설했다. 하지만 최빈국 대표의 연설을 경청하

1955년 IMF와 IBRD 연차총회가 개최된 튀르키예 이스탄불의 힐튼 호텔 모습. 우리나라 밖에서 태극기가 게양된 모습에 감격한 신병현 한국은행 조사부장이 찍었다. IMF와 IBRD는 대한민국 정부가 최초로 가입한 국제기구였다.

2010년 10월 G20 재무장관/중앙은행 총재 회의 기간 중 개최된 주요국 중앙은행 총재 간 모임. 이런 모습은 50여 년 전에는 상상할 수도 없었던 기적이다.

는 사람이 없었다.

그랬던 한국이 54년 뒤 똑같은 장소에서 개최된 2009년 연차총회에서 IMF의 구조 개혁과 한국의 지분 확대를 요구했다. 186개 회원국 중 19위 정도의 지분율로는 성에 차지 않아 한국 경제 수준에 맞는 더 많은 지분율을 달라는 말이었다. 케인스의 눈으로 보자면, 거대한 동물원 속의 원숭이 한 마리가 50여 년 만에 눈부시게 돌연변이하여 마침내 대장 역할까지 도전한 셈이다. 이듬해인 2010년에는 G20 회의 의장국으로서 선진국들과 신흥시장국들의 가교 역할도 했다.

한국이 이런 위치에 오르게 된 계기는, IMF에 가입해서 국제사회의 일원이 된 데 있다. 그런 시스템을 만든 설계자는 화이트다. 그가 주창했던 IMF의 문호 개방 원칙에 의해 한국도 국제통화제도의 이방인이 아닌 당사자가 될 수 있었다. 화이트는 한국이 후진국들에 '시작은 비록 미약했으나 그 끝은 창대하리라'는 희망의 증거가 될 수 있도록 길을 터준 인물이다. 보잘것없는 나라들까지도 전부 끌어안으려 했던 그의 제안은, 한국은 물론이고 미국의 국익에도 큰 도움이 되었다고 보인다.

그런 점에서 필자는 화이트에 관한 기록과 평가를 여기저기서 접할 때마다 여러 가지 생각이 떠오른다. '애국과 매국의 차이가 과연 무엇이냐' 하는 것이다. 사람을 평가할 때 눈에 보이는 행적을 우선하느냐, 보이지 않는 의도를 우선하느냐에 따라 결론은 달라진다.

화이트는 자신을 소련 스파이라고 보는 사람들 때문에 예기치 못한 죽음을 맞았다. 죽음 앞에서 화이트는 자기를 의심했던 사람들한테 이렇게 항변했을 것 같다.

"당신들 눈에만 그렇게 보이겠지!"

그런 상상 끝에 필자는 문득 1980년대에 유행했던 영국 가수 쉬나 이스턴의 노래가 떠오른다. 그것은 일반이론을 세웠으나 50년 앞을 못 내다본 금수저 출신의 케인스에게 필자가 던지고 싶은 말이기도 하다.

FOR YOUR EYES ONLY! *

* 007 시리즈 중 하나인 〈For Your Eyes Only〉는 '당신만 보세요' 정도로 번역하는 것이 좋겠다. 하지만 여기서는 '당신 눈에만 그렇게 보이겠지!'라는 의미로 썼다. 이것은 케인스의 아내를 흉내 낸 필자의 맬러프로피즘이다.

미중 무역 갈등

20세기 초까지 미국은 유럽에 비해 금융 후진국이었고, 굳이 그 상태에서 벗어나 보려고 노력하지도 않았다. 금융업은 부정직한 사업이라는 인식이 강했기 때문이다. 거기에 더해서 남북전쟁 이후에는 금본위제도의 복귀 여부를 두고 국론이 분열되어 큰 홍역을 치렀다. 그래서 화폐와 금융 문제에서는 현상 유지가 정답이라는 생각이 강했다. 중앙은행인 미 연준이 1914년이 되어서야 설립된 것도 그 때문이다.

화폐와 금융에 관한 한 미국은 모르쇠로 일관했다. 1차 세계대전이 끝난 뒤인 1920년 국제연맹(League of Nations) 차원에서 34개국이 브뤼셀에 모여서 국제통화제도를 논의할 때 미국은 대표단을 보내지 않았다. 1933년 런던에서 열린 세계통화경제회의에서는 프랭클린 루스벨트 대통령이 직접 참가해서 분위기를 깼다. 대공황이 절정에 달했을 때 세계경제 회복을 위해 달러화 가치를 높여달라는 유럽 정상들의 요구를 루스벨트 대통령이 단칼에 거절했다.

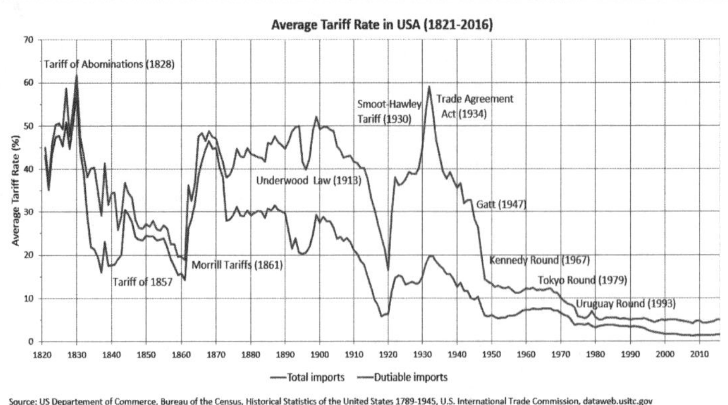

미국의 평균 관세율 추이

2차 세계대전이 끝나갈 때쯤 생각이 바뀌었다. 좋든 싫든 미국 없이는 국제통화 질서가 만들어질 수 없고, 국제통화 질서 없이는 미국이 바라는 국제무역 증진과 평화도 기대할 수 없기 때문이다. 그래서 브레턴우즈로 44개국 대표들을 불렀다.

그런데 국제통화 질서만 중요한 것은 아니다. 국제무역 질서도 중요하다. 미국은 대공황이 시작되자 스무트-홀리법(Smoot-Hawley Tariff Act)을 제정했다. 그 법은 자국 산업을 보호할 목적으로 수입품의 관세율을 최고 400퍼센트까지 올릴 수 있도록 허용했다. 하지만 역풍을 불렀다. 상대국의 보복관세를 유발해 세계 무역량과 생산이 위축되었다. 그런 일이 재발하지 않으려면 통상 분야에서도 국제 협력이 절실했다.

IMF 설립을 눈앞에 둔 1945년 여름 미국이 통상 분야에서도 국제기구를 만들려고 움직였다. 막 취임한 트루먼 대통령이 전임자에 버금가는 자신의 업적을 남기고 싶었던 것이다. 그해 11월 1일 국무성이 〈세계무역 및 고용확장에 관한 제안〉을 발표했다. 이어서 1946년 11월 런던에서 미국, 영국, 캐나다, 오스트레일리아, 프랑스, 벨기에, 네덜란드, 룩셈부르크 등 8개국이 런던에서 모였다. 1946년 일단 2년 전 브레턴우즈에서 44개국 750여 명이 모였던 것에 비하면 초라했지만, 의미는 있었다.

그 모임이 확대되어 1948년 3월 마침내 53개국이 쿠바에 모였다. 그리고 자유무역에 관한 중요한 원칙들을 선언했다. 관세 인하와 특혜관세 폐지, 할당제와 차별 대우 금지, 외환 규제 철폐, 카르텔 금지, 수출 보조금 폐지가 모두 포함되어 있었다. 가장 중요한 것은, 그런 원칙을 실천하기 위한 국제무역기구(ITO, International Trade Organization)를 만드는 것이었다. 그것을 담은 문서를 하바나 헌장이라고 한다.

그런데 변수가 생겼다. 각국에서 ITO 설립 반대 여론이 거세진 것이다. 외국과의 통상은 각국 의회가 다루는 문제인데, 국제연합 산하의 ITO가 그것을 일괄해서 다루는 것은 각국의 국가 주권을 건드리는 것이라는 주장이 제기되었다. 미국의 반대 여론이 특히 심했다. 관세 철폐를 통해 경쟁력을 잃는 미국의 농업과 제조업계는 ITO 설립을 결사적으로 반대했다. 그런 가운데 한국전쟁까지 터졌다. 결국 1950년 12월 트루먼 대통령은 ITO 설립을 위한 의회 비준 포기를 선언했다.

미국이 빠진 ITO는 무의미했다. 결국 ITO 설립 논의는 물거품이 되었다. 겨우 남은 것은 '관세 및 무역에 관한 일반협정

(GATT)'이었다. GATT는 국제기구가 아니었다. 그냥 협정에 불과해서 그것을 유지하려면 연락 사무소 정도로 충분했다. 태생적 한계를 지닌 채 출범한 GATT 체제에서는 무역에 관한 국가간 협력이 더디고 비효율적일 수밖에 없다. GATT는 국제무역에서 최혜국 대우, 내국민 대우, 무차별 원칙을 지향했지만, 점진적 접근을 원칙으로 삼았다. 공산품에서 농산물로, 관세 인하에서 비관세 장벽 철폐로 자유무역의 폭을 조금씩 넓혀나갔다. 하지만 언제나 미흡했다. 결국 1995년 우루과이 라운드를 마지막으로 1996년 해체되었다.

GATT를 대체한 것이 세계무역기구(WTO)다. 1995년 출범한 WTO는 문자 그대로 국제기구다. GATT에 비해서는 분쟁 해결 능력이 훨씬 나았다. 미국이 처음 의도했던 ITO가 구현되는데 50년이 걸린 셈이다. 그사이에 전형적인 농업 국가였던 중국이 세계 최대 공산품 수출국이 되었다. 중국의 경제력이 미약했을 때 ITO 또는 WTO가 출범했다면, 각국이 중국의 불공정 무역 관행을 단단히 혼내줄 수 있었다. 전 세계는 그럴 기회를 놓쳤다.

과거 미국은, 중국이 GATT 체제에 편입되면 불공정 무역을 자제하고 미국의 대중 무역 적자도 줄어들 것으로 기대했다. 그래서 GATT 체제로 끌어들이기 위해서 무려 18번이나 중국과 담판을 벌였다. 하지만 중국은 끝내 가입을 거부했다. 고집불통 중국은 GATT 체제가 막을 내린 2001년 11월 11일이 되어서야 WTO 가입 신청서에 서명했다. 서방세계가 만든 국제무역질서에 협조하겠다는 제스처였다.

세계는 WTO 신입생 중국을 아주 특별하게 대접했다. 2006년까지는 중국 정부가 산업 보조금을 계속 지급하는 것을 눈감아 주었다. 그 사이에 중국은 온 힘을 다해 무역량을 늘렸고, 그 이후에는 껑충 높아진 기술력을 통해 수출품의 품질까지 높였다. 바야흐로 미국의 대중 무역 적자는 회복 불가능한 지경에 이르렀다.

결국 일이 터졌다. 트럼프 대통령은 2017년 1월 취임과 더불어 '미국 우선주의'를 앞세우며 중국과 사사건건 부딪쳤다. 중국이 미국의 지적 재산과 첨단 기술을 훔치고 있다고 비난하는 한편, 음성적 보조금을 통해 불공정한 무역을 추구한다고 공격했다. 2021년 바이든 대통령이 취임한 뒤에도 미국은 별로 달라지지 않았다. 오히려 인플레이션 감축법(Inflation Reduction Act, IRA)을 통해 중국을 스스럼없이 견제하고 있다. 자국 산업을 보호하기 위해서 보란 듯이 보조금을 지급하는가 하면, 중국을 향한 비관세 장벽을 더욱 높고 단단하게 세우고 있다. 우방국들에 미국과 중국 중 하나를 선택할 것을 강요하기도 한다. 바야흐로 미중 무역 전쟁의 시대다.

미국 정부가 어떤 자세를 취하든, 이제 중국은 결코 무시할 수 있는 나라가 아니다. 중국 경제의 위상이 과거로 돌아가는 것은 불가능하다. 제조업에서 첨단 기술에 이르기까지 미국의 턱밑까지 쫓아 온 중국이 미국을 위협할 수 없는 분야가 있다면, 바로 금융 분야다. 2016년 10월 중국 위안화가 특별인출권(SDR)의 구성 통화로 인정되면서 그 지위가 크게 높아졌지만, 위안화를 기축통화라고 보는 사람은 드물다. 달러화에 비해 위안화의 위상은 상대가 되지 않을 정도로 초라하다. 중국의 외환 보유액이 아무리 많더라도 현행 IMF 체제에서는 별로 빛이 나지 않는다.

그것은 미국 입장에서 볼 때 화이트가 설계한 IMF 체제가 굉장히 성공적이었다는 증거다. 만일 지금 통상과 무역 분야에서 화이트 같은 책략가가 있었다면, 집행력과 강제력이 있는 국제무역기구를 설립해 중국을 효과적으로 견제했을 것이다. 오늘날 모든 나라가 혐오하는 아동과 죄수 노동, 저작권 침해, 환경 파괴를 초기 단계에 제압할 수 있었을 것이다. 반대로 중국 입장에서는 IMF 체제가 출범할 때 한낱 농업 국가였던 것이 통탄스러울 것이다. 만일 중국의 목소리가 컸다면, IMF의 작동 원리가 지금과 달랐을 것이다. 현재의 IMF 체제에서는 16.5퍼센트의 지분을 가진 미국이 모든 의사결정에서 거부권을 가진다. 모든 나라가 찬성하더라도 미국이 반대하면, 의안이 통과되지 않는다. 국제연합(UN)과 비교하자면, 미국 한 나라의 목소리가 너무 결정적이다.

실물경제에서와 마찬가지로 화폐와 금융 문제에서도 중국이 미국과 대등하기를 바란다면, 농업 국가 시절의 사고방식을 탈피해야 한다. 실크로드 무역을 시작할 때부터 중국은 중상주의를 고수해 왔다. 금이 많아야 국위가 향상된다는 생각이다. 하지만 그런 생각을 가진 이상 지금의 IMF 체제와 달러 패권을 극복할 수 없다. 2016년 중국은 세계 1위의 외환 보유액을 과시하기 위해서 아시아인프라투자은행(AIIB)을 설립했다. 아시아, 중남미, 아프리카에서 중국 자금을 뿌리면서 영향력이 커지기를 기대했다. 돈이 많으면 존경받는다는 왕서방식 생각이다.

브레턴우즈 회의 때 미국을 향해 영국이 말했다. "돈주머니는 저들(미국)이 들고 있지만, 아이디어는 전부 우리(영국)한테 있다(It's true they have money bags, but we have all the brains)." 그 말처럼 돈이 전부는 아니다. 비단 장사 왕서방이 국제사회에서 리더십을 가지려면, 돈이 아닌 아이디어와 경험이 많아야 한다. 지금 중국에 필요한 책략가는, 이미 수명이 끝난 금본위제도에 미련을 버리지 못하는 쑹훙빈(宋鴻兵)이나 청나라 말 왕마오인王茂蔭 같은 관료가 아니다. 미국도, 중국도 이탈할 수 없는 새로운 국제통화 질서를 구상하고, 설득하는 사람이다. 리투아니아 출신의 부모를 두었던 유태계 해리 덱스터 화이트가 그 모범을 보여주었다.

잇츠 나우 오어 네버*

8장

보여주기식 개혁이 가져온 비극

*　8장은 여러 사람의 고견을 참고해 완성했다. 많은 정보를 제공하고 경험을 공유해 준 예금보험공사 임일섭 예금보험연구소장, 강호성 보험리스크관리부장, 정승훈 차등리스크기획팀장, 서승원 손해보험팀장에게 깊이 감사드린다.

The Number-free Economics with Stories & Histories

귀거래사

착잡한 기자회견이었다. 공직 생활을 마감하는 마지막 공식 행사였기 때문이다. 그날 발표한 내용은 일본은행의 공정보합률(상업어음 할인 금리)을 0.25퍼센트포인트 인상한다는 것이었다. 5개월 전에도 금리를 0.75퍼센트포인트 인상했었다. 훗날 '자이언트 스텝'이라 부르는 파격적 결정이었다. 하지만 늦었다. 버블이 생기지 않도록 하려면 더 일찍, 더 높이 금리를 올렸어야 했다. 그래서 착잡했다. 금리를 더 올리는 일은 후임 총재에게 맡기기로 했다.

스미타 사토시澄田智 일본은행 총재는 기자회견을 마치고 집무실로 돌아왔다. 스미타는 소파에 몸을 맡긴 뒤 일본은행에서 보낸 10년을 돌이켜 보았다. 그는 1979년 12월 부총재로 일본은행과 인연을 맺었다. 당시 부총재 자리는 큰 영광은 아니었다. 오히려 강등에 가까웠다. 63세의 스미타는 이미 대장성 차관을 거쳐 수출입은행

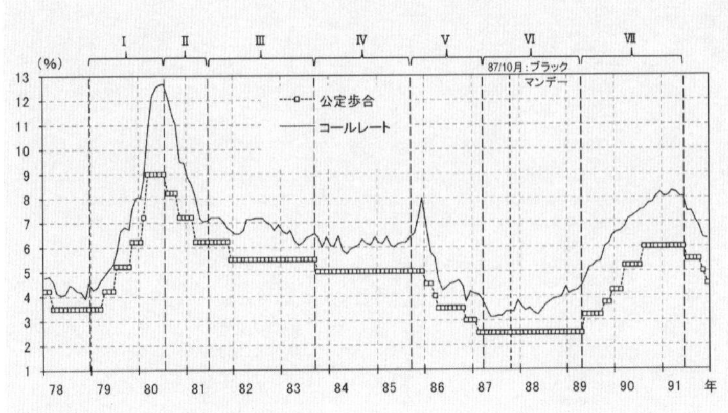

1980년대 일본은행의 금리 조절

총재까지 지냈다. 누가 봐도 일본은행 부총재로 자리를 옮긴 것은 어색한 인사였다.

그것은 후견인의 포석이었다. 후견인은 집권 여당 자민당의 간사장 나카소네 야스히로中曽根康弘 의원이었다. 차기 총리로 유력했던 나카소네는 스미타의 2년 후배였고, 두 사람은 고향(군마현群馬県)과 학교(도쿄대학교 법과대학), 군 생활(해군 장교), 그리고 관료 경험까지 공통점이 아주 많았다.

그러므로 1984년 12월 부총재 임기가 끝났을 때, 나카소네 총리가 그를 총재로 발탁한 것은 놀라운 소식이 아니었다. 주변에서 일찌감치 예상했고, 스미타 자신도 총재감이라고 자부했다. 일본은행법은 벨기에중앙은행법을 모델로 삼아 만들어졌는데, 스미타는 과장 시절 벨기에 주재 재무관으로 3년을 일했다. 은행국장 시절에는 일본은행 정책위원회 회의에 정부 측 대리위원으로 2년간 참석했다. 그 정도면 총재 자격은 충분했다.

하지만 막상 일본은행 총재에 오르자 한계를 느꼈다. 세계 경제와 일본 금융시장이 급박하게 돌아가는데, 자기가 할 수 있는 일이 별로 없었기 때문이다. 환율, 금리 자유화, 금융시장 개방 등 모든 중요한 일은 정부의 몫이었다. 반면 일본은행의 업무 영역은 크지 않았다. 관료 시절 보여주었던 추진력과 통찰력을 버려둔 채 대장성의 결정을 따르는 것이 스미타가 할 일이었다. 그래서 금리 인상이 늦었다. 그것은 다른 기축통화국 중앙은행에 비해 일본은행의 자율성이 유난히 낮은 데서 오는 한계였다.

패전국 일본

1945년 9월 2일 연합군 최고사령부가 항복문서와 함께 일본을 접수하고, 통제에 들어갔다. 다음 날 〈항복 후 미국의 초기 대일 방침〉을 발표했다. 그것은 일본 사회를 전쟁으로 내몰았던 전근대적인 국가 시스템을 송두리째 개조하려는 계획이었다. 거기에는 여성 참정권, 노동조합 장려, 교육의 자유주의화, 표현의 자유에 관한 원칙이 들어있었다.

경제정책의 목표는 재벌 해체, 농지 개혁, 노동 개혁을 3대 축으로 삼아 경제민주화를 달성하는 것이었다. 일본 왕실, 군부, 관료는 연합국의 파격적인 요구와 지시에 일절 토를 달지 않았다. 그냥 성

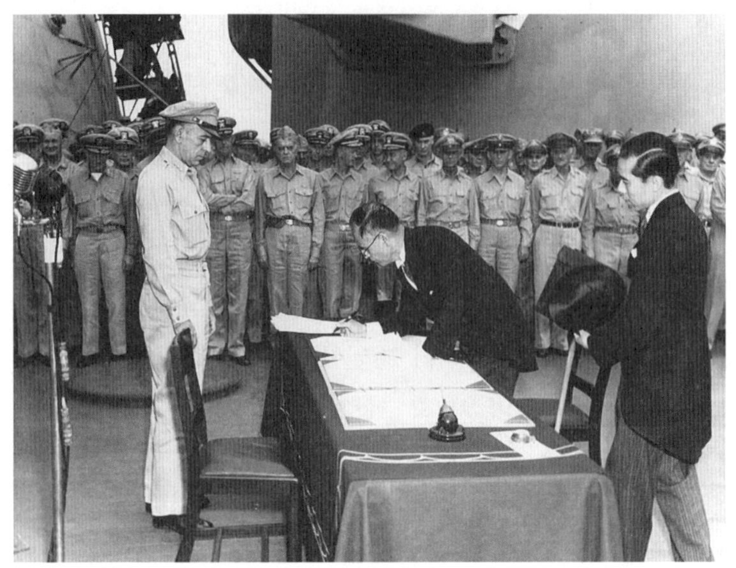

1945년 9월 2일 일본 시게미쓰 마모루重光葵 외무상이 미주리호 함상에서 항복문서에 선 채로 서명하고 있다. 연합국 대표들은 앉아서 서명했다.

실하고 묵묵하게 따르는 모습을 보여줌으로써 승전 국가들의 적개심이 동정심으로 바뀌기만을 기다렸다.

단 하나 예외가 있었다. 금융 민주화였다. 맥아더가 지휘하는 연합군 최고사령부는 일본은행이 군부에 이끌려 전쟁의 도구로 동원되었던 점을 중시하고, 중앙은행의 자율성을 대폭 강화하려고 했다. 하지만 일본 관료들이 그것만큼은 거칠게 저항했다. 일본에서는 12세기 이래 소수의 금융업자(주닌 료가에)가 바쿠후幕府에 체제 유지 비용을 대고 그 대가로 독과점을 보장받았다. 그런 권금權金 유착은 메이지 정부 이후에도 바뀌지 않았다. 그러므로 직업 공무원이 아닌 사람들이 행정부의 의중을 따르지 않고 정책을 결정하는, 미국식 중앙은행은 일본이 받아들일 수 없었다. 일본은행은 민간 기구이니, 정부의 통제에서 벗어나면 곤란하다는 생각이 아주 강했다.*

일본 정부는 통화정책의 결정과 집행을 분리하는 방안을 제안했다. 즉 대장대신(장관)을 정점으로 한 가칭 통화신용위원회라는 기구를 만들고, 일본은행은 그 위원회의 결정을 단순 집행하는 기관으로 만든다는 계획이다. 오늘날 한국의 금융위원회와 금융감독원 관계와 비슷했다.

연합군 최고사령부는 뜻밖의 저항에 적잖이 당황했다. 사령부의 현역 군인들이 금융을 잘 아는 것도 아니었다. 본국에서 국무부, 재무부, 미 연준 직원을 데려와서 일본 금융 관료들을 설득했다. 하지만 시간 낭비였다.

1949년 3월 연합군 최고사령부, 대장성, 일본은행의 간부들이 모여서 담판을 지었다. 일본은행법은 최소한만 손보기로 했다. 우선 1942년 태평양전쟁 중에 삽입했던 제1조 "일본은행은 국가 경제 총력이 적절히 발휘되도록 행동한다"는 조항을 삭제키로 했다. 제2조 "일본은행은 오로지 국가 목적의 달성을 사명으로 운영되어야 한다"도 마찬가지였다. 두 조항은 1917년 제정된 소비에트 국가은행법과 1939년 히틀러가 개정한 라이히스방크법을 흉내 내어 도조 히데키東條英機가 만든 것이었다. A급 전범 도조 히데키가 1948년 이

* 일본은행은 1882년 정부와 민간이 5,000만 엔씩 출자해서 설립되었다. 일본은행 주식은 증권거래소에 상장되어 매일 거래된다.

미 교수형을 당했으니 그의 흔적을 지우는 일은 당연했다.

그런 과정을 거쳐 1949년 6월 개정된 일본은행법은 근대 중앙은행법이라고 하기에 창피할 정도였다. 형식상 최고의사결정기구로 정책위원회가 신설되었지만, 그 위원회는 정책과 거리가 멀었다. 이름에는 '정책'이라는 말이 붙었는데, 그 위원회가 하는 일에는 모조리 '정책'이라는 말을 뺐다. 아울러 정부 측 인사가 통화정책 결정에 참여토록 했다. 한마디로 패전 이전의 일본은행법과 별로 다르지 않았다.*

예금보험

스미타 사토시 총재는 태평양전쟁 시절 해군 경리장교로 복무했다. 그러다가 패전 후 공무원 생활로 복귀했다. 1949년 내각법제국(한국의 법제처)으로 발령받았다. 연합군 최고사령부가 건네주는 미국 법률을 검토하는 자리였다. 그때 미 연준법을 찬찬히 읽으면서 이상한 점을 발견했다. 법률 여기저기에 연방예금보험공사(FDIC)라는 단어가 등장하는 것이다. 그리고 의문을 품었다.

* 일본은행법 개정 직후 남한의 미군정청은 그 법에 문제가 많은 것을 알고, 이승만 정부에 제대로 된 중앙은행법 제정을 제안했다. 그 결과가 1950년 6월 제정된 한국은행법이다. 한국은행법은 일본은행법보다 훨씬 선진화된 법이다. 이에 관해서는 필자의 졸작《중앙은행 별곡》을 참조하라.

"중앙은행과 예금보험은 무슨 관계인가?"

관치금융官治金融을 당연하게 생각하는 일본 관료로서는 예금보험이라는 개념조차 생소했다. 은행과 예금이 특별한 것은 틀림없다. 그렇다면 정부든 중앙은행이든 상업은행의 파산을 막는 것이 최선이다. 은행을 파산시켜 놓고 예금만 보호하는 것은 바보짓 아닌가? 일본인이라면 누구나 그렇게 생각했다.

일본은 미국보다도 대공황을 먼저 겪었다. 1차 세계대전 이후에도 승전국 중에서 유일하게 호황을 누리다가 1920년 3월 갑자기 뱅크런이 시작되었다. 이른바 반동공황反動恐慌이었다. 거기에 더해 1923년 9월에는 간토대지진까지 덮쳤다. 그래서 미국보다 훨씬 일찍 공황을 경험했다.

1923년 9월 간토대지진 직후의 모습

1927년 4월 재벌 기업 스즈키상점鈴木商店이 파산하면서 예금 인출에 다시 불이 붙었다. 2,000여 개나 되는 은행 중 1,400여 개가 파산하거나 합병되었다. 은행 파산과 뱅크런이 악순환을 일으킨 결과다. 1933년이 되자 일본에 남은 은행은 600개를 밑돌았다. 똑같은 상황을 맞은 미국은 뱅크런을 막기 위해서 연방예금보험공사를 설립했지만, 일본은 그때 그런 생각을 하지 못했다.

일본 정부가 수수방관한 것은 아니었다. 일본은행을 통해 은행들에 엄청난 구제 자금을 쏟아부었다.* 살아남은 은행들도 얼마나 오래갈지는 장담하기 어려웠다. 대장성은 고민 끝에 일본은행에 책임을 미뤘다. 고사권考査權이라는 이름으로 일본은행이 상업은행의 재무 상태를 감시토록 했다.

고사권은 야당의 반발을 누그러뜨리는 수단이기도 했다. 당시 야당은 일본은행에 자금 지원을 받아야 하는 은행의 명단과 금액을 요구했지만, 대장성이 거부했다. 그것이 알려지면 부실 우려 때문에 뱅크런이 악화된다는 이유를 댔다. 대신 일본은행의 특별융자를 통해 살아남은 은행에 대해서는 일본은행이 고사권을 통해 잘 감시하니까 안심하라고 설명했다.

엄격하게 말하면 고사권은 은행감독권이 아니었다. 설립 인가와 취소, 제재 등 중요한 결정은 여전히 대장성의 몫이었다. 자료 조사와 현장 방문 등 금융기관과 낮은 수준의 접촉 활동을 고사권이라

* 일본 정부는 '일본은행 특별융자 및 손실보상법'을 제정하고 거액의 자금을 투입했다.

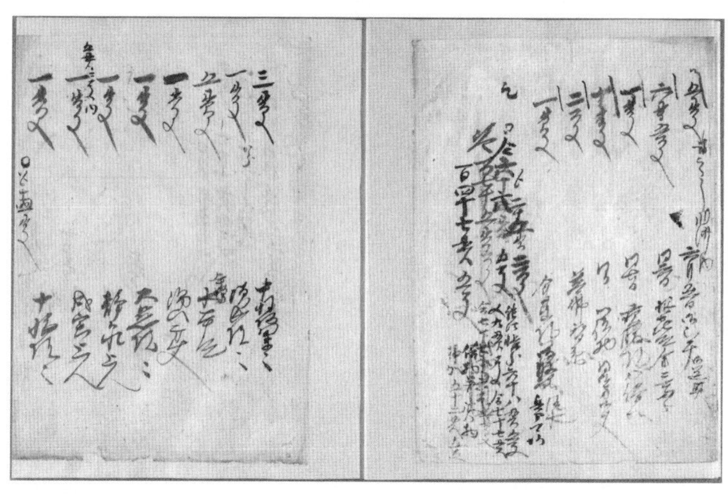

막부시대의 호가초

부르면서 일본은행에 맡긴 것이다. 일본은행법에 근거하지 않은 기능이었다.*

대장성은 일본은행 덕분에 살아남은 대형 은행을 기관은행機關銀行(organ bank)이라고 불렀다. 재벌과 영세 금융기관의 돈줄이 되어서 끈끈한 관계를 유지하라는 암시였다. 그 요구가 통하려면 기관은행은 파산하지 않는다는 약속이 필요했다. 그래서 대장성은 특정 은행에 문제가 생겼을 때 다른 은행들이 십시일반 자금을 모아서 서로 융통하도록 했다. 이른바 '호가초奉加帳' 방식이다.

* 고사권은 1949년에야 연합군 최고사령부의 요구로 일본은행법을 고칠 때 비로소 법률에 반영됐으며, 1998년 금융감독청이 신설될 때도 삭제되지 않았다. 일본은행은 지금도 대출 채권을 관리한다는 명분으로 상업은행에 대한 조사 업무를 수행하고 있다.

옛날 일본에서는 마을에 절이나 다리를 지을 때 주최 측이 헌금장부(호가초)를 미리 작성하고 공사비를 갹출했다. 공동체에서 축출되지 않으려면, 주민들은 거기 적힌 금액만큼 군말 없이 헌금해야 했다. 봉건시대의 그런 방식을 일본 정부가 20세기 금융 시스템에 그대로 적용한 것은 분명 관치였다. 하지만 금융위기나 경색을 신속하게 해결하는 데는 효과적이기도 했다.

그런 경험이 있었기 때문에 젊은 사무관 스미타 사토시는 미국식 예금보험제도가 거추장스럽다고 생각했다. 설령 은행이 파산하더라도 미리 보험료를 걷지 않고, 사태가 터진 후에 필요한 만큼 자금을 갹출해서 수습해도 된다고 생각했다.

외화내빈外華內貧

일본을 점령하고 통치하던 연합군 최고사령부가 1952년 4월 샌프란시스코 강화조약 체결과 더불어 물러났다. 그 무렵 한국전쟁이라는 특수를 만나 일본의 1인당 국민소득이 전쟁 이전 수준으로 회복되었다. 전쟁의 폐허 속에서 공업 국가로 재도약하면서 훗날 '진무神武 경기(1954~1958년)'라고 불리는 호황이 시작되었다.

그쯤 되자 오랫동안 묵혀두었던 금융 이슈들이 수면 위로 올라왔다. 1956년 6월 '금융제도조사회 설치법'이 제정되어 후진국 수준의 금융 시스템을 선진화하는 방안들이 본격적으로 논의되기 시작했다. 학자와 전문가로 구성된 금융제도조사회는 1959년 4월 〈일본은행법 개정에 관한 의견〉(일명 이노우에 의견서)이라는 보고서를 정부에 제출했다.

하지만 달라진 것은 없었다. 몇 차례 공청회를 거치다가 흐지부지되었다. 관치금융 아래 고도성장을 잘하고 있는 것으로 볼 때 중앙은행의 자율성은 필요 없다는 여론을 극복하지 못했다. 예금보험제도도 마찬가지였다. 1957년 1월 금융제도조사회는 〈예금자 보호 등을 위한 제도에 관한 답신〉을 통해 미국식 예금보험기금의 설립을 정부에 제안했다. 하지만 상업은행과 지방은행은 뺀 영세 중소 금융기관만을 대상으로 하고, 대상 금융기관에 엄격한 감독이 따른다는 점에서 의원들이 일제히 반발했다. 그 결과 예금보험제도는 '준비예금제도에 관한 법률(1957년 5월)'로 대체되었다. 상업은행부터 신용협동조합에 이르기까지 광범위한 금융기관들이 일본은행에 지급준비금을 맡겨두는 것만으로도 예금 보호 효과가 충분하다고 판단한 것이다.*

* 아주 부끄러운 고백이지만, 1996년까지 필자도 그렇게 생각했다. 당시 한국은행 직원들은 지급준비제도가 예금보험제도를 대체한다고 믿었다. 그래서 1993년 봄 김영삼 정부가 '신경제 100일 계획'의 일환으로 지급준비율 인하를 요구했을 때 예금 보호를 이유로 거절했다. 그러자 재정경제원(국민저축과)이 예금자를 확실히 보호하겠다면서 예금보험제도 도입을 검토하기 시작했다. 그렇게 해서 1996년 7월 1일 예금보험공사가 출범했다. 필자는 그날 창립 기념식에 참석해 한국은행의 논리적 완패를 절감했다.

아직도 일부 경제학 교과서는 "지급준비제도는 예금 보호를 위해 탄생했다"고 설명한다. 이는 역사를 모르고 숫자만 강조하는 미국 시카고학파가 대공황 시절 퍼뜨린 낭설이다. 지급준비제도는 지급 결제 업무를 원활하게 수행하려고 고안되었다는 것

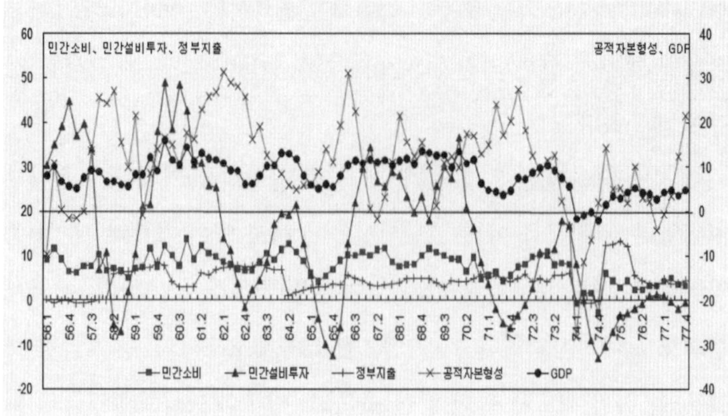

고도성장기 일본의 실물경제 동향(전년동기비, 퍼센트)

1960년대에 이르자 일본 경제는 전쟁의 상처를 완전히 씻어내고 화려하게 도약했다. 10년간 연평균 경제성장률이 10.9퍼센트를 기록했다. 1965년 10월부터 시작된 '이자나기いざなぎ 경기'의 확장기는 지금까지도 가장 긴 호황기로 기록된다. 그쯤 되자 세계가 일본을 다시 보기 시작했다.

일본은 한국전쟁 중이던 1952년 5월 독일과 함께 IMF와 세계은행에 가입하면서 고립에서 벗어났다. 그런데 IMF 회원국은 두 그룹으로 나뉜다. 만성적인 경상수지 적자 때문에 자본 유출입을 제한하는 것이 허용되는 후진국(제14조 국가)과 그렇지 않은 선진국(제8조 국가)이다. 가입 당시 일본은 제14조 국가였다.

눈부신 경제성장에 힘입어 일본은 1964년 4월 제8조 국가로 격

이 정설이다.

상되었다.* 동시에 경제협력개발기구(OECD)에도 가입했다. 그런 업적을 자랑하고자 그해 9월 IMF와 세계은행 연차총회를 도쿄에서 개최했다. 10월에는 올림픽까지 치렀다.

IMF 제8조 국가가 되니까 미국도 일본을 다르게 대접했다. 1962년부터 미 연준은 유사시 서로 협조해야 할 10개 중앙은행** 을 골라서 통화스와프 계약을 맺어왔다. 그런데 1964년 4월 거기에 일본은행을 추가했다. 국제금융계에서 일본은행의 위상이 껑충 뛰니 그에 맞춰 자율성도 올려줘야 한다는 여론이 등장했다. 이케다 하야토池田勇人 총리가 의회에서 "일본은행법이 조기에 개정되기를 바란다"며 운을 띄웠다.

하지만 역시 시기상조였다. 관계는 물론 재계도 일본은행의 자율성 제고에 대해 시큰둥했다. 일본은행이 선거에 개의치 않고 돈줄을 관리하는 것은 여당 의원들이 바라지 않았다. 그래서 1964년 초 불붙었던 일본은행법 개정 논의는 석 달 만에 싱겁게 끝났다. 일본은행 부서와 지점 몇 개를 신설하는 것이 고작이었다. 실물경제에서 일본은 선진국이지만, 금융에서는 여전히 패전국 수준이었다.

* 한국은 1955년 8월 IMF에 가입한 이래 제14조 국가에 속해 있다가 1988년 11월 제8조 국가로 격상했다.

** 프랑스, 영국, 네덜란드, 벨기에, 캐나다, 스위스, 독일, 이탈리아, 오스트리아, 스웨덴(계약 체결 순).

무역 마찰

그 무렵 일본 정부의 관심은 일본은행법 개정이 아니었다. 실물경제의 성장 못지않게 금융에서도 초대형 은행을 출현케 하는 것이었다. 1965년 실험적으로 오사카시 지방은행인 가와치河內은행을 스미토모住友은행에 합병시켰다. 그것을 시작으로 1966년에는 산와三和은행과 도카이東海은행, 1968년에는 스미토모은행과 다이요코베太陽神戸은행, 1969년에는 미쓰비시三菱은행과 도쿄은행, 1971년에는 다이이치第一은행과 니폰강교日本勧業은행을 합병해서 소위 '메가뱅크'로 변신시켰다. 그쯤 되자 중소은행들도 지역신용금고나 조합을 인수해 몸집을 불렸다.

은행 간 인수와 합병이 활발해진다는 것은 대장성이 유지해 온 호가초 방식의 방파제가 사라지는 것을 말한다. 그렇다면 다시는 생각하기도 싫은, 은행 퇴출과 뱅크런도 대비해야 한다. 바로 예금보험이다. 그때까지 예금보험제도를 도입한 나라는 많지 않다. 미국(1933년), 노르웨이(1961년), 캐나다(1967년)를 제외하면, 인도(1961년), 필리핀(1963년), 레바논(1967년)처럼 후진국에만 예금보험제도가 있었다. 독일과 프랑스는 예금보험제도를 미국적 현상이라고 이해하고 눈길도 주지 않았다.* 하지만 일본은 예금보험제도에 눈을 돌렸다.

대장대신(장관)의 자문기구인 금융제도조사회는 1970년 7월 〈일

* 독일(1976년)과 프랑스(1980년)의 예금보험은 각국의 은행연합회가 자율적으로 운용하고 있다. 그래서 보험이라기보다는 유사시 손실 분담의 성격이 강하다. 예금보험제도는 중앙은행 제도보다 약 300년 정도 늦게 출발해서 아직 통일되지 않았다.

반 민간 금융기관의 기본 방향에 관하여〉라는 자문 답신서를 통해서 "금융기관을 과보호해 왔던 태도를 고쳐 적절한 경쟁 원리를 도입하되, 그와 병행해 예금을 직접 보호할 필요가 있다"면서 예금보험제도 도입을 제안했다. 그 답신서를 받은 대장성 차관 스미타 사토시는 무릎을 쳤다.

스미타는 대장성 은행국장 시절 메가뱅크 출현을 주도했던 당사자다. 그래서 호가초 방식의 금융정책을 졸업해야 한다는 것을 누구보다도 잘 알고 있었다. 그런데 그가 옛날에 연합군 최고사령부와 접촉했던 바로는, 미국은 자신들의 발명품인 예금보험제도에 대한 자부심이 대단했다. 그러므로 일본이 예금보험제도를 도입하면 미국이 좋아하겠다고 생각했다.

그 무렵 미국에서는 일본산 섬유와 철강 수입이 지나치게 늘어나 반일 감정이 크게 고조되었다. 그러자 일본은 미국 내 반일 감정을 누그러뜨리려고 1969년 1월 섬유와 철강 분야에서 수출 자율 규제를 선언했다. 거기에 더해서 미국식 예금보험제도까지 수입하면, 미국의 기분이 풀어져서 통상 압력이 더욱 줄어들 것이라고 기대했다.

그런 생각에서 스미타 차관은 1971년 7월 미국의 연방예금보험공사를 모델로 예금보험기구(DICJ)를 출범시켰다. 세계에서 일곱 번째였고, 선진국 중에는 네 번째였다. 하지만 엉성했다. 은행이 파산했을 때 수반되는 정리, 조사, 채권 회수 같은 필수적 업무는 상상하지 않았다. 오로지 보험료를 거뒀다가 필요하면 지급하는 일만 가정했다. 따라서 직원 수도 많지 않았고, 그나마 일본은행 등 다른 기관에서 파견된 사람들로 채웠다. 심지어 예금보험기구 이사장마저 현직 일본은행 부총재가 겸임했다. 미국 할리우드의 영화 촬영장처럼 보여주기 위해서 만든 껍데기였다.

그래도 상관없었다. 일단 시작하는 것이 중요한 것 아닌가. 스미타는 예금보험기구를 보완하는 일은 천천히 해도 된다고 믿으며 대장성을 떠났다. 몇 달 뒤 수출입은행 총재가 되어 금융인의 길로 들어섰다.

호송선단

어떤 보험이든 그것의 가치는 사고가 터졌을 때 드러난다. 하지만 1970~80년대까지 일본에서는 금융기관의 영업정지가 단 한 건도 발생하지 않았다. 호가초 방식을 졸업한다고 했지만, 대장성의 관행은 달라지지 않았기 때문이다. 금융시장이나 금융기관에 문제가 생기면 대장성은 '대책반장'을 자처하고 나섰다. 일본은행을 동원해서 돈을 풀기도 했다. 애초에 금융제도조사회의 자문답신서에 담겼던 "금융기관을 과보호해 왔던 태도를 고쳐 적절한 경쟁 원리를 도입하되"라는 중요한 전제조건이 성립하지 않았다. 그러니 예금보험기구는 장식품에 불과했다.

일본인들은 호가초 방식과 별로 다를 것이 없는, 대장성의 성향을 '호송선단 방식(convoy system)'이라고 불렀다. 옛날 해적들이 극성을 부릴 때 스페인과 영국 상선들이 뭉쳐 다니던 것에 비유한 것이다. 해적들의 급습을 막으려면 여러 척의 배들이 선단을 만들어 함께 움직이는 것이 최선이다. 선단이 흩어지는 것을 막으려면, 호송 선단은 가장 느린 배에 속도를 맞춰 움직여야 한다. 그것이 1980년대까지 일본의 금융정책이었다.

일본 정부는 금융기관이 하나라도 파산하거나 퇴출하지 않도록 가장 취약한 금융기관에 모든 기준을 맞췄다. 그리고 경쟁은 제한했다. 금리에서 점포 신설에 이르기까지 관료들이 모든 일을 만기친람萬機親覽하다 보니 문서화된 법과 규정보다는 관료들의 속내가 중요했다. 금융기관들은 관료의 의중을 파악하려고 애썼다. 그것을 손타쿠忖度라고 한다. '알아서 긴다'는 뜻이다. 금융기관들은 아마쿠다리天下り, 즉 관료 출신 낙하산 인사를 영입하고 저마다 손타쿠 하기 바빴다.

한마디로 일본의 금융 시스템은 후진적이었다. 금융시장은 관료의 재량, 금융기관의 체면치레와 눈치로 돌아갔다. 하지만 일본 경제가 하도 잘 나가다 보니 그런 문제를 지적하는 사람이 없었다. 걱정하는 사람도 드물었다. 실물과 금융 부문 사이에 괴리가 줄어들지 않았다.

플라자 합의

1970년까지는 전 세계적으로 정부의 규제와 개입이 당연시되었으나 1980년대로 접어들자 조류가 바뀌었다. 어떤 나라에서든 진입 장벽 철폐와 경쟁, 그리고 자유화가 강조되었다. 이른

바 신자유주의 물결 속 영국에서는 런던증권거래소 회원 자격을 외국 기업에까지 개방하는 빅뱅이 진행되었다. 미국에서는 대공황 때부터 지속되었던 예금 금리 규제(regulation Q)가 철폐되었다.

경쟁이 치열해지면서 금융기관의 파산도 심심치 않게 벌어졌다. 1984년 미국에서는 콘티넨털-일리노이 은행이 파산했다. 100년 역사를 가진 자산 규모 7위의 대형 은행이 하루아침에 영업을 중단하자 미국 금융시장이 발칵 뒤집혔다. 연방예금보험공사(FDIC)가 45억 달러의 부실채권을 사들이고, 10억 달러를 출자했다. 그런 우여곡절 끝에 전 세계가 정신을 차렸다. 새로운 금융 환경에서는 대마불사(too big to fail)가 환상이라는 것을 어렴풋이 느꼈다.

그쯤 되면 일본도 긴장하면서 금융위기를 대비해야 했다. 제정된 지 10년이 넘은 예금보험법을 한번쯤 돌아보고 미비한 점들을 보완해야 했다. 예금보험기구 조직과 인력도 보충할 필요가 있었다. 하지만 그런 일에는 관심이 없었다. 어떤 도전과 시련도 잘 버틴다는 자신감 때문이었다.

1980년대 초 일본은 미국의 통상 압력에 슬기롭게 대처했다는 사실 때문에 자신감을 갖고 있었다. 1983년 11월 레이건 대통령이 일본을 방문했다. 대일 무역 적자 문제에 관해 담판을 짓는 것이 중요한 목표였다. 그것을 간파한 나카소네 수상이 레이건의 허를 찔렀다. '엔-달러 위원회'를 설치하고 환율을 조정해서 무역 불균형을 함께 풀어보자며 역제안했다. 6개월 뒤 그 위원회가 가동했다. 양국 관리들로 구성된 그 위원회는 일본의 금융시장 개방과 금리 자유화 계획을 제안했다. 엔화 강세와 금리 인하를 통해 일본의 내수를 늘

플라자 합의를 발표하는 제임스 베이커 미국 재무장관. 그의 뒤에 폴 볼커 연준 의장이 보이지만, 일본에서는 다케시타 노보루竹下登 대장상만 참석했다. 스미타 사토시 일본은행 총재가 불참한 것은, 환율은 일본은행의 일이 아니라는 생각 때문이었다.

리는 것이 목표였다.

일본의 자발적 협조를 얻어낸 미국은 우쭐했다. 이번에는 다른 나라에서도 협조를 끌어내고 싶어졌다. 서울에서 개최되는 IMF 연차총회를 한 달 앞두고 뉴욕 맨해튼의 플라자 호텔*로 G5 재무장관과 중앙은행 총재들만 따로 불렀다.

초대장을 보낸 제임스 베이커James Baker 재무장관의 의도는 분명했다. 미국 무역 적자의 원인은 볼커가 이끄는 미 연준의 긴축적 통화정책인데, 그 문제를 '재무장관인 내가 해결한다'는 것을 전 세계에 과시하는 것이었다. 베이커 장관은 참석자들에게 수출 자율 규제

* 맨해튼에 있는 최고급 호텔이다. 전 세계적인 인기를 끌었던 영화 〈나 홀로 집에 2〉의 배경이기도 하다. 이 영화에는 훗날 대통령이 된 도널드 트럼프 회장이 카메오로 출연한다.

를 넘어선 환율 자율 규제를 요구했다. 지난 6년 동안 미 달러화가 마르크화, 프랑화, 엔화, 파운드화에 비해 50퍼센트 이상 평가절상되었으니 앞으로는 자국 통화 가치를 높이라고 압박했다. 레이건 대통령의 비서실장을 지낸 베이커 장관의 요구는 무겁게 받아들여졌다.

하지만 환율 조정으로 무역 불균형을 해결할 수 있다는 기대는 보기 좋게 빗나갔다. 플라자 합의 이후 미국의 무역 적자는 오히려 늘어났다. 그러자 그런 역설을 설명하는 이론이 등장했다. 소위 'J-커브 효과(J-curve effect)'다. 달러화 가치를 낮추면, 당분간 미국의 무역 적자는 더 악화한다는 변명이다. 장기 계약을 통해 달러화 표시 수입 가격을 미리 확정해 놓은 상태에서 엔화 가치가 올라가면, 해당 일본 제품의 가격만 싼 것처럼 느껴져서 미국의 수입 수요와 무역적자는 오히려 커진다고 둘러댔다.

재무부의 노력까지 수포로 돌아가자 이번에는 미 의회가 나섰다. 1988년 종합무역법을 제정했다. 재무장관의 재량에 따라 환율 조작국에 보복 관세를 부과할 수 있도록 한 법이다. 그 법에 따라 1980년대 한국이 3회, 중국이 5회, 대만이 4회 환율 조작국으로 지정되었다. 하지만 정작 일본은 환율 조작국에 포함되지 않았다. 일본이 로비스트를 통해 미리 손을 쓴 결과였다. 금융만 빼면, 일본은 정말 얄미울 정도로 잘 대처했다.

BIS 자기자본 규제

일본의 대미 무역 흑자만 문제는 아니었다. 대유럽 무역 흑자도 상당했다. 그쯤 되자 일본은 국제사회의 평화를 어지럽히는 악동이라는 낙인이 찍혔다. 유럽도 일본 경제를 견제할 방법을 찾기 시작했다. 국제결제은행(BIS)의 은행감독위원회(BCBS)가 방법을 찾았다.

BCBS는 1974년 12월 조직된, BIS 회원국 중앙은행 총재들의 모임이다. 처음에는 BCBS가 하는 일이 별로 없었다. 은행이 파산할 때 금융 당국끼리 협조해야 할 내용과 절차를 논의하는 정도였다. 그런데 1985년 플라자 합의가 분위기를 바꿨다. 플라자 합의는, 유럽 금융계 수장들이 베이커 미 재무장관의 독무대에 들러리 선 꼴이었다. 유럽 중앙은행 총재들은 외교와 국방이 아닌, 금융 분야에서는 유럽이 여전히 건재함을 보여주고 싶어졌다.

바야흐로 1986년 단일 유럽 의정서(Single European Act)가 만들어져 화폐와 금융 분야의 통합까지 거론되기 시작했다. 이제는 은행 파산을 넘어 일상적 은행 감독에서도 국제 규칙을 좀 더 촘촘하게 만들 필요가 생겼다. 자본주의의 발전과 함께 산전수전을 다 겪은 유럽 금융계는 성장보다 금융 안정을 중요시했다. 그런데 일본계 금융기관들은 성큼 올라선 신용등급을 기반으로 국제금융시장에서 고삐 풀린 망아지처럼 영업을 확장했다. 그러다 보니 유럽계 은행의 자기자본비율*은 평균 8퍼센트 정도였는데, 일본계는 7퍼센트를 밑

돌았다. 유럽의 중앙은행 총재들은 속으로 쾌재를 불렀다.

2년여에 걸친 토론 끝에 1988년 새 기준이 탄생했다. 은행이 가진 자산마다 일정한 위험 가중치를 부여(위험 가중 자산)해 합산한 뒤 자기자본이 그것의 8퍼센트 이상 되도록 했다. 이른바 '바젤 I'이라는 규제다. 다분히 일본계 금융기관에 재갈을 물리는 것이 목표라서 미국도 그 결정을 환영했다. 미국은 1984년 콘티넨털-일리노이 은행의 파산에 이어 저축은행(S&L) 사태의 조짐까지 보이던 터라 새 규제를 지지했다.

하지만 바젤 I 기준은 워낙 까다로워서 일본이 준비하는 데 시간이 필요했다. 유럽과 미국은 마치 인심이나 쓰는 듯, 1992년 말부터 시행키로 했다. 다만 최저 자기자본비율이 왜 8퍼센트이어야 하는지는 어떤 근거도 대지 않았다. 상당히 편파적이고 황당한 규제임이 틀림없었다.

그런데도 스미타 사토시 일본은행 총재는 개의치 않았다. 그는 때를 기다리며 잘 참는 것으로 유명했다. 그가 대장성 차관직에서 물러나 수출입은행 총재로 갔을 때 일본은행 이사 출신인 마에카와 하루오前川春雄가 부총재를 맡고 있었다. 그런데 1979년 서열이 역전되었다. 부총재였던 마에카와는 일본은행의 총재로, 총재였던 스미타는 일본은행 부총재로 각각 임명된 것이다. 스미타는 불편한 내색을 비치지 않았다. 주변에서는 '역전 인사'라고 수군거렸지만, 스

* 총자산 대비 자기자본의 비율로 기업의 자본 건전성을 판단하는 데 중요한 요건이 된다.

〈유럽과 미국 상업은행들의 자기자본비율 추이〉

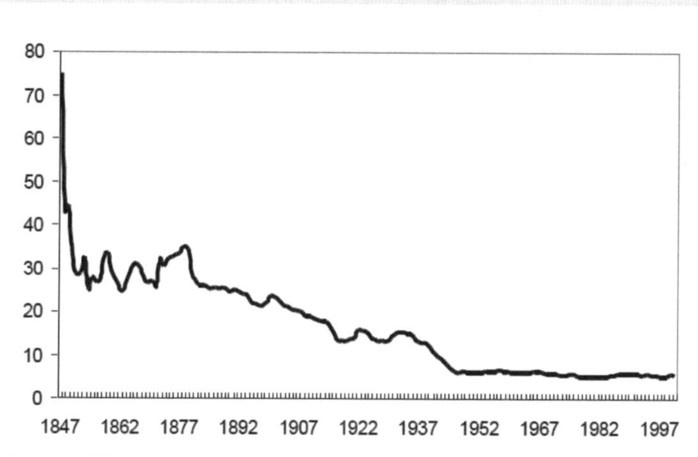

위는 유럽, 아래는 미국. 중앙은행과 예금보험제도 등의 출현과 함께 은행업의 위험성이 줄어들면서 자기자본비율이 계속 하락하다가 BIS의 규제 도입으로 반등했다.

미타는 며칠 전까지 부하였던 마에카와 총재에게 깍듯이 예의를 갖췄다. 그렇게 은인자중하며 5년을 보낸 뒤 총재직을 물려받았다.

스미타 총재는 플라자 합의와 미국의 종합무역법도 극복했으니 일본 경제가 새로운 도전도 결국 돌파하리라 낙관했다. 우선 자산 재평가 효과를 믿었다. 서양에서는 보유 주식을 시가로 평가하는 것이 상식이다. 그런데 일본 상법은 장부가치, 즉 매입 가격으로 기록하는 것을 허용했다. 일본계 은행들은 그렇게 해서 이익을 줄이고 세금을 절약했었다. 이제 그것을 시장가치로 재평가하는 순간 평가이익이 생기고, 그만큼 자본이 늘어나면서 자기자본비율은 금방 올라간다(하지만 법인세 부담은 커진다). 1988년 BCBS에서 바젤 I이 통과될 때 스미타 총재는 속으로 그런 계산을 하면서 태연한 표정을 지었다.*

버블

1989년 1월 7일 히로히토 일본 천황이 사망했다. 그 소식을 접한 일본인들은 복잡한 감정을 느꼈다. 하지만 한 가지는 분명했다. 초반에 유난히 어려움이 많았던 쇼와昭和 시대가 성대하게 마감했으므로, 새로 시작하는 헤이세이平成 시대에는 일본 경제

* 돌이켜 보면 당시 일본 경제도 최악은 아니었다. 1992년 말 일본 상업은행들이 보유한 주식의 장부가치는 34.5조 엔이었고, 이를 시장가치로 평가해 56.4조 엔의 이익을 거뒀다.

가 더 잘 풀리리라고 기대했다.

그 무렵 미국 경제는 죽을 쑤고 있었다. 1988년 200여 개로 시작하더니 1992년까지 1,000개가 넘는 저축은행(S&L)이 문을 닫았다. 저축은행 3분의 1이 모기지 대출과 정크본드 투자 실패로 파산한 것이다. 그 바람에 미국 경제는 침체기로 접어들었고, 부시 대통령은 연임에 실패했다.

1989년 1월 7일 쇼와에 이어 새로운 연호 헤이세이를 발표하는 오부치 게이조小渕恵三 내각 관방장관

일본인들은 그 사태를 보면서 속으로 웃었다. 일찍이 1979년 미국 하버드대학교 아시아센터 소장인 에즈라 보걸Ezra Vogel 교수가 《세계 1등 일본(*Japan as No. 1*)》(부제는 '미국에 주는 교훈')이라는 베스트셀러를 통해 장차 일본이 미국과 유럽을 추월할 것이라며 찬사를 보냈다. 그 찬사를 증명이나 하려는 듯 1980년대의 일본 경제는 더욱 빠르게 성장했다. 그와 함께 자신감이 커져서 마침내 자만의 경지에 이르렀다. 예를 들어 1989년 이시하라 신타로石原慎太郎(극우파 정치인)와 모리타 아키오盛田昭夫(소니그룹 창업자)가 《'No'라고 말할 수 있는 일본》이라는 책을 발표했다. 앞으로 반도체 전쟁이 일어날 것이고, 그 전쟁을 거치면서 일본이 미국을 앞설 것이라고 주장했다. 미국의 저축은행 사태를 보면서 일본인들은 그때가 빨리 왔다고 생각했다.

1980년대 말 일본 경제는 실로 두려운 것이 없었다. 세계 10대 기업 중 6개가 일본 기업이었고, 그중 5개가 일본계 은행이었다.* 엔화 초강세에도 무역 흑자가 줄어들지 않았으며, 그로 인해 주가도 폭등했다. 부동산도 비슷했다. 1985년부터 1990년까지 일본 부동산 가격은 3배가 뛰었다. 그것을 비정상으로 보는 사람은 없었다. 정부가 발표한 1989년 〈연차 경제 보고(경제백서)〉는 "도쿄가 국제금융센터로 급성장(메가시티화)하는 데 따른 기대치의 상승이 원인으로 판단된다"고 설명했다. 실물경제가 좋으니 지가도 상승하는 것이 당연하다는 투였다.

경기과열과 버블을 막으려면 금리 인상이 필요했다. 하지만 소비세(부가가치세)가 걸림돌이었다. 미국에는 부가가치세가 없다. 따라서 패전 직후 미국 제도를 베꼈던 일본에도 부가가치세가 없었다.** 1979년 일본 정부가 뒤늦게 소비세를 도입하려고 했더니 재계와 소비자단체가 맹렬하게 반대해서 포기했다. 1987년 나카소네 총리가 다시 한번 시도했으나 참의원 선거 때문에 막판에 또 포기했다.

선거 직후인 1987년 11월이 되어서야 다케시타 노보루 총리가 소비세법을 통과시켰다. 시행일은 1989년 4월이었다. 두 번이나 좌절되었던 새로운 세제 도입이 경기에 얼마나 나쁜 영향을 미칠지는

* 1989년 말 세계 시가 총액 1위 NTT, 2위 일본흥업은행, 3위 스미토모住友은행, 4위 후지富士은행, 5위 제일권업은행, 6위 IBM, 7위 미쓰비시三菱은행, 8위 엑슨, 9위 도쿄전력, 10위 로열더치쉘.

** 미국은 주정부가 판매세(sales tax, 가격에 비례)를 걷기 때문에 연방정부가 부가가치세(이윤에 비례)를 이중으로 거둘 수 없다. OECD 국가 중에서 미국만 부가가치세를 도입하지 않았다.

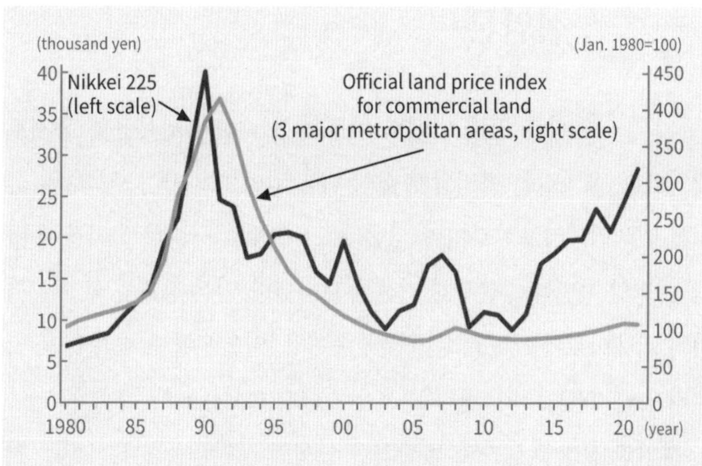

일본의 주가와 부동산 가격 추이(1980~2020)

알 수 없었다. 그래서 경기를 위축할 수 있는 어떤 정책도 일단 보류했다. 사상 최저수준의 금리는 결국 소비세를 도입한 지 한 달이 지나서야 인상되었다. 2년여 동안 사상 최저 금리가 지속되면서 버블이 커졌다. 1989년 10월 스미타 사토시 총재의 마지막 기자회견은 이런 배경에서 진행되었다.

미국의 대공황과 마찬가지로 일본에서도 버블 붕괴의 굉음은 주식시장을 통해 퍼졌다. 1989년 12월 사상 최고치인 38,957을 기록했던 니케이 지수가 1990년 말 무려 40퍼센트 가까이 하락한 23,849로 마감했다(지금도 니케이 지수는 최고치에 이르지 못한다). 부동산 시장은 석 달 뒤 반응했다. 1년 뒤에는 실물경제까지 식었다. 기업 매출은 줄고, 고용과 임금도 뚝 떨어졌다. '잃어버린 20년'의 시작이었다.

책임론

바로 그때 미에노 야스시三重野康가 일본은행 총재로 취임했다. 매파라는 별명답게 취임 나흘 뒤인 1989년 12월 21일 금리를 0.75퍼센트포인트나 인상했다. 그 후에도 꾸준히 금리를 올렸다. 여당인 자민당이 불편한 기색을 드러냈다. 일본 정계의 최고 실력자인 가네마루 신金丸信 자민당 부총재가 "일본은행 총재의 목을 쳐서라도 금리를 낮춰야 한다"면서 압박했다(1992년 3월 27일 기자회견).

하지만 집값 폭등으로 박탈감을 느끼던 시민들은 일본은행을 지지했다. 거대 여당의 엄포에 흔들리지 않는 미에노 총재에게 '헤이세이 시대의 검객(平成の鬼平)'이라는 애칭까지 붙여주었다. 아쉽게도 그 인기는 아주 잠깐이었다. 조금 시간이 지나자 "스미타가 버블을 키웠고, 미에노가 버블을 터뜨렸다"는 아우성이 터져 나왔다.*

일본은행은 억울했다. 1980년대 중반 금리를 사상 최저 수준까지 낮춰서 버블이 커졌다고 하지만, 그것은 대장성을 통해 전달받은 엔-달러 위원회의 요구였다. 그것이 과도해서 금리를 올리려고 할 때는 소비세법을 의식한 정부의 반대로 무산되었다. 1990년 3월부터 부동산 경기가 꺾인 것도 금리 인상 때문만은 아니었다. 바로 그

* 미에노 총재는 고등학생 때 스모 선수로 활동할 정도로 체격이 건장했다. 주량도 타의 추종을 불허했다(그 아들도 위스키를 만드는 산토리 주식회사 임원을 지냈다). 굉장히 호방한 인물이었는데, '잃어버린 20년의 원흉'이라는 세간의 비판 때문에 은퇴 후에는 칩거로 일관하다가 2012년 타계했다. 자식들에게 "나의 죽음을 알리지 말라"고 유언해서 가족장을 치른 뒤에야 부고가 알려졌다.

때 대장성의 '부동산 융자 총량 규제'가 시작되었다.

경기 하강이 분명해지자 일본은행도 마침내 금리 인하 요구에 굴복했다. 1991년 7월 공정보합률을 0.5퍼센트포인트 낮추기 시작해서 1995년 9월에는 0.5퍼센트까지 낮췄다. 사상 최저 금리였다.

일본은행의 통화정책을 비판하는 책《일본은행 실책의 본질日銀失策の本質》(2019). 지난 30년 동안 이런 종류의 책이 일본에서 끊임없이 발간되고 있다. 일본은행은 동네북이다.

그러나 비난은 끝나지 않았다. 가네마루 부총재를 비롯한 자민당 의원들은 더 빨리 금리를 낮추고 돈을 더 풀라고 닦달했다. 이와타 기쿠오岩田規久男 교수를 비롯한 케인스주의자들도 일본은행이 무사태평이라고 나무랐다.* 그 비판에는 저명한 외국 학

* 일본은행의 소극적 통화정책을 지독하게 비판하던 이와타 교수는 2013년 마침내 일본은행 부총재로 임명되었다. 일본은행 내부에 아베노믹스 철학을 확산시키라는 뜻이었다. 필자는 이와타 부총재가 한국은행을 방문했을 때 그의 저서(《金融政策の經濟學: 〈日銀理論〉の檢證》, 1993)를 두고 이야기를 나눴다. 그랬더니 임기를 마친 뒤 회고록(《日銀日記》, 2018)에서 필자와의 대화가 무척 인상적이었다고 밝혔다.

한편 일본은행에 온정적인 학자도 있었다. 도쿄대학교의 우에다 가쓰오植田和男 교수는 비교적 중립적 입장을 취했다. 그 때문인지 일본은행 정책위원회 위원을 거쳐 2023년 일본은행 총재가 되었다. 자랑할 것은 아니지만, 필자는 1990년대 초 우에다 교수의 글을 읽으면서 일본은행 총재감이라고 예감했다.

자들도 가세했다. 훗날 노벨 경제학상을 수상한 폴 크루그먼이나 벤 버냉키(훗날 연준 의장)도 일본은행의 미적지근함을 탓했다. 그렇게 일본은행은 '잃어버린 20년'의 원흉이 되어갔다.

진짜 화살을 맞은 것은 집권 여당이었다. 유례없이 계속되는 경기 침체 속에서 총리가 자주 교체되었다. "지구상에서 가장 목숨이 짧은 포유류는 일본 총리"라는 탄식이 들릴 정도였다. 미야자와宮澤(자민당, 1991년 11월~1993년 8월), 호소카와細川(일본신당, 1993년 8월~1994년 4월), 하타羽田(신생당, 1994년 4월~6월), 무라야마村山(일본사회당, 1994년 6월~1996년 1월) 총리는 집권 직후 항상 대형 경기 활성화 대책을 들고나왔다. 주로 공공투자 확대와 민간 주택 건설 촉진, 감세 등 고전적인 처방이었다. 구조 개혁과는 거리가 멀었다.

어쨌든 모든 수단을 총동원한 결과 사정이 나아졌다. 1993년 10월, 32개월간의 긴 불황이 끝났다. 체감 경기는 여전히 나빴지만, 수렁에서는 일단 빠져나왔다. 그쯤 되자 일본은행 총재직에서 물러난 뒤 두문불출했던 스미타의 시름도 한결 줄어들었다. 1993년 9월 일본 유니세프 회장으로 취임하면서 사람들을 만났다. 스미타는 2008년 92세로 눈을 감을 때까지 그 명예직을 지켰다.

파국

스미타의 뒤를 이었던 미에노 일본은행 총재는 '헤이세이 시대의 검객'에서 공적公敵 1호로 평판이 추락했다. 그런 부담 때문에 하고 싶은 말을 오래 참았다. 퇴임에 즈음해서야 아껴두었던 말을 꺼냈다. 1994년 가을 어느 행사에서 "건전한 금융 시스템 유지를 위해서는 불건전한 금융기관의 정리가 필요하다"고 말했다. 경기가 반짝 좋아진 것에 만족하지 말고, 이제부터는 금융기관 부실을 털어내야 한다는 뜻이었다.

스미타가 그런 생각을 품게 된 것은 1991년 7월 도호東邦상호은행이 영업정지를 당하면서부터다. 서민을 상대하는 지방의 영세 금융기관이지만, 예금보험기구가 부실 금융기관 정리에 개입했다. 예금보험기구로서는 설립 20년 만에 동면 상태에서 깨어나 처음으로 일을 한 것이다.

1993년 5월에는 가마이시釜石라는 작은 도시의 시 금고도 무너졌다. 바야흐로 BIS 자기자본비율 규제가 시작되면서 그런 일이 빈번해질 것이 분명했다. 과감한 털어내기가 필요했다. 하지만 대장성은 옥석을 가리려고 하지 않았다. 문제가 터진 후에 뒷수습하는 선에서 만족했다. 70년 전인 1920년대식 접근 방식에서 벗어나지 못했다.

1994년 12월 도쿄교와東京協和신용조합과 안젠安全신용조합이 영업을 중단하자 일본은행과 민간 은행들이 공동 출자해 도쿄교도東京共同은행을 세우고, 두 부실 금융기관을 인수토록 했다. 1995년 7월 영업을 정지한 코즈모신용조합에도 똑같은 해법을 썼다. 예금보험기구가 보험금을 지급하는 일은 없었다.

금융기관들이 연쇄적으로 쓰러지는 배경에는 주전住專(주택금융전문 회사)이 있었다. 주전은 1970년대 주택 수요가 급증할 때 주택담

1997년 11월 24일 법정 관리 사실을 밝히며 울먹이는 노자와 쇼헤이野澤正平 야마이치증권 사장. 며칠 뒤 외환위기를 맞은 한국에서도 비슷한 상황이 시작되었다.

보대출을 목적으로 설립된 7개 비은행 금융기관이다. 그 기관들의 부실은 엄청났다. 부동산 버블이 꺼지면서 생긴 것이다. 이들 주전은 대형은행과 대기업의 자회사였다. 그렇기 때문에 주전의 부실은 고스란히 대형은행과 대기업의 부실로 이어진다. 그래서 대장성은 1995년 12월 경영난을 겪는 7개 주전을 모두 정리하면서 6,850억 엔의 공적 자금을 투입했다('주전 사태').

1997년이 되자 문제가 더 심각해졌다. 4월 중소 보험사인 닛산日産생명이 문을 닫았다. 불과 한 달 전 대장성의 요구로 88억 엔의 협조융자를 해준 도쿄미쓰비시東京三菱, 다이와大和, 일본 채권 신용은행들이 "대장성에 사기당했다"고 반발했다. 하지만 대장성은 모른 척했다. 오히려 '금융 빅뱅'을 내세우면서 금융기관의 생존을 시장의 판단에 맡긴다는 입장을 선언했다. 더 이상 호송선단 방식이 통하지 않는 데 따른 고육지책이었다.

11월로 접어들자 업계 7위인 산요三洋증권이 부채 3,736억 엔을 갚지 못하고 쓰러졌다. 같은 달 100년 전통의 홋카이도타쿠쇼쿠北海道拓殖은행과 4대 증권사인 야마이치山一증권도 영업을 중단했다. 금융시장에 폭풍이 불면서 엔화 가치와 주가가 폭락했다.

3개당 연합 정권을 이끌면서 행정, 재정, 사회보장, 경제, 금융 시스템, 교육 등 6대 개혁을 밀어붙였던 하시모토 류타로橋本龍太郎 총리도 거듭된 금융기관 폐업 사태에 무릎을 꿇었다. 1998년 7월 12월 실시된 참의원 선거에서 자민당은 참패했다. 126명을 새로 뽑는 그 선거에서 자민당은 44석을 얻는 데 그쳤다. 임기를 1년 2개월 남겨놓고 있던 하시모토 총리는 책임을 지고 전격 사퇴했다.

'현타(현실 자각 타임)'

하시모토 총리가 사임한 뒤에도 금융기관 영업정지 사태는 끊이지 않았다. 1991년 도호상호은행을 시작으로 2003년까지 총 181개 금융기관이 정리되었다. 덩치가 큰 일본장기신용은행과 일본채권신용은행 등 3개 기관은 일시적으로 국유화됐다. 나머지는 예금보험기구가 자금을 투입한 뒤 관리하다가 희망자에게 매각했다. 그 과정에서 감자로 인해 주주들이 손해를 봤다.

하지만 예금주는 전혀 피해를 입지 않았다. 예금주에게 법정 보험금을 지급하고 부실 은행을 청산하는, 고통스러운 결단은 단 한 건도 없었다. 부실 은행은 인수와 합병을 거쳐 어떻게든 목숨을 이어 나갔다. 예금보호한도*를 늘리는 것이 힘에 부치자, 정부는 1996년 6월 모든 예금을 전액 보호하는 모험을 단행했다(이 한시적 조치는 2005년까지 연장되었다).

그것은 일본 정부가 이익집단에 휘둘린다는 증거였다. 1994년 도쿄교와 등 3개 신용조합이 파산하기 직전 전국신용조합연합회가 도쿄시 신용조합협회에 1,000억 엔을 융자해 주었는데, 그 돈이 회수 불능 상태에 빠졌다. 그 문제를 처리하려고 대장성, 감독청, 도쿄시가 3자 회담을 여러 차례 열었다. 하지만 도쿄시가 손실을 조금이라도 분담하지 않겠다고 버티는 바람에 진척이 없었다(그 실랑이는 21세기까지 계속되었다). 그것이 일본 정부의 한계였다.

일본 정부가 정신 차린 것은 한참 뒤였다. 은행이 아닌 주전을 살리는 데 공적 자금을 투입해야 하는 처지를 돌아보면서부터다.** 그때 금융 안전망 구축에 한참 게을렀다는 '현타(현실 자각 타임)'가 찾아왔다. 1998년 '금융기능 안정화 긴급조치법'을 시작으로 '금융기능재생 긴급조치법', '금융재생위원회 설치법' 등 소위 '금융 재생'을 위한 법률들을 부랴부랴 마련했다. 예금보호기구 인력도 충원했다. 그런 몸부림은 외환위기를 맞은 한국의 교과서가 되었다.

* 일본의 예금보호한도는 1970년 100만 엔, 1974년 300만 엔, 1986년 1,000만 엔으로 확대됐다.

** 30년 전인 1965년 업계 2위의 야마이치증권 위기 때는 공적 자금을 투입하지 않고 대장성이 앞장서서 호가초 방식으로 수습했다.

한국은 타고난 모범생이었다. 1997년 말 외환위기가 터지자 정부는 금융기관을 살리기 위해서 세금을 쏟아붓고, 국채를 발행했다. 그 돈으로 금융기관에 출자하기도 하고, 부실채권을 매입하기도 하고, 예금을 대신 지급하기도 했다(그때 투입된 공적 자금은 2027년 전액 회수될 예정이다). 거기까지는 일본과 똑같았다. 그러나 금쪽같은 제일은행과 한국외환은행을 외국에 매각했다. 증권사 6개와 저축은행 74개도 청산했다. 일본에서는 상상하기 힘든, 읍참마속의 결단이었다. 거기에 더해 국민이 자발적으로 나서 금 모으기 운동까지 벌였다. 그런 피나는 노력 끝에 2001년 8월 외환위기 극복이 선언되었다. 그것이 일본과 다른 점이었다. 우리 국민이 인고의 시간을 잘 견딘 덕분에 '잃어버린 20년'이 한국에는 찾아오지 않았다.*

한편 오부치 총리(1998년 7월~2000년 4월)는 자신의 팀을 '경제 재생 내각'이라고 부르면서 금융위기 탈출에 사력을 다했다. 하지만 심한 스트레스 때문에 뇌경색으로 쓰러졌다. 후임 모리森 총리(2000년 4월~2001년 4월) 내각은 존재감이 없이 버티다가 1년 만에 해산했다. 본격적인 구조 개혁은 고이즈미小泉 내각(2001년 4월~2006년 9월)에 이르러서야 시작되었다. '잃어버린 20년'이 이미 절반이나 흐른 시점이었다.

* 한국은 부가가치세 도입에서도 훨씬 과감했고, 개혁적이었다. 1976년 도입이 발표된 이후 엄청난 저항과 반대를 뚫고 1979년 결국 실현했다. 그것이 그해 발발한 10·26 사건의 원인 중 하나다. 박정희 정부의 결단력은 여러 내각에 걸쳐 여러 차례 소비세를 연기한 일본 총리들과 분명히 달랐다.

만시지탄

고이즈미는 취임 직후 개혁 추진 방식을 바꿨다. 50세에 불과한 대학교수(다케나카 헤이조)를 일약 경제 재정정책 담당 대신으로 임명하고 개혁 프로그램을 총괄하도록 했다. 그리고 민관 합동의 경제재정자문회의를 소집해서 중요 정책 결정에 민간인을 참여시켰다. 그 자문회의가 첫 번째 의결한 것은 호네부토骨太 방침, 즉 통 큰 개혁이었다. 여러 정권에 걸쳐 묵혀두었던 금융기관 불량채권 해결이 주요 골자였다.

불량 채권을 털어내는 과정에서 금융기관의 이윤과 대출이 줄었다. 작은 정부를 지향하느라 공무원 수와 급여가 줄었다. 재정 개혁 과정에서 각종 보조금이 폐지되었다. 낙후된 사회보장 프로그램을 손보느라고 국가 부채가 늘었다. 그러니 경제가 좋아질 수 없었다. 경제는 다시 고꾸라지고, 국민의 개혁 피로도는 커졌다.

오늘날 상당수 경제학자가 고이즈미 내각의 개혁에 대해 부정적이다. 미국에서도 퇴조하기 시작한 신자유주의에 홀려서 무조건 개혁해야 한다는 강박관념에 포로가 되었다고 비판한다. 기업 매출과 수익은 개선되었지만, 노동의 질과 고용은 별로 좋아지지 않았다. 종신 고용 관행 등 일본의 전통만 망가졌다고 아쉬워한다. 그런 끝에 도달한 결론이 이판사판식의 아베노믹스다.

이는 개혁이 필요할 때 이를 미룬 형벌이다. 법조인들에게는 "지연된 정의는 정의가 아니다(Justice delayed is justice denied)"라는 격언이 있다. 마찬가지로 때를 놓친 개혁은 개혁이 아니다. 고이즈미 내각이 추구했던 호네부토 방침(통큰 개혁)은 개혁이 아니라 만시지탄晩時之歎에 가까웠다. 여유가 있을 때 구조 조정과 기술혁신에 힘을 쏟았다면, 국민의 피로도와 비용이 훨씬 적었을 것이다.

1985년말 취임 1주년 기자회견 중인 스미타 사토시 일본은행 총재

외환위기 때 한국이 교과서로 삼았던 일본은 인내력에서 한국에 뒤졌다. 일본 정부는 예금 전액 보호 방침을 원상 복귀시킬 때 민간 전문가들에게 자문했다. 그때 정부 자문 기구인 금융심의회는 "향후 금융기관의 영업이 계속될 수 있도록 일반 자금 지원 방식을 우선함으로써 금융기관이 소멸하고 보험금을 지급하는 사태는 막아야 한다"고 권고했다. 그 위원회의 권고대로라면, 예금보험기구는 존재할 이유가 없다. 위기 시에 돈을 푸는 중앙은행과 부실 금융기관의 인수와 합병(M&A)을 주선하는 중매쟁이만 있으면 된다.

이런 결과는, 1971년 예금보험제도를 도입할 때 고민과 철학이 없었기 때문이다. 한마디로 말해서 예금보험기구 설립은 빨랐으나, 그것의 사용법을 잘 몰랐다. 미국을 향한 보여주기식 개혁이었던 데서 오는 한계다. 일본 학자조차 일본의 금융 안정은 예금보험기구가 아니라 대장성과 일본은행의 '완력'으로 유지되었다고 고백한다.* 일본의 과오는, 관료의 재량과 금융기관의 손타쿠에 의존하는 봉건적 구조 조정보다는 예금보호기구와 체계적인 금융기관 정리절차 등 제도적 접근이 우월하다는 사실을 일깨워 준다.

1971년 스미타 사토시 대장성 차관이 예금보험제도를 대충 도입할 때 놓친 것이 있었다. 수입 옷(미국 예금보험제도)을 입을 때도 첫 단추를 잘 끼우는 것이 중요하다는 점이다. 제도 개선과 개혁에 내일은 없다. 그것은 스미타가 젊은 시절 대장성 사무실에서 흥얼거렸던 노래이기도 하다.

"지금 아니면 안 돼요(It's Now Or Never)."**

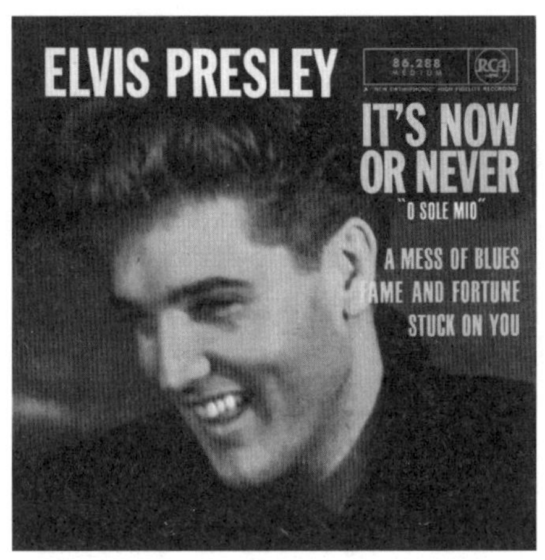

*　우에다 가츠오 도쿄대학교 교수(현 일본은행 총재)는 그것을 "대장성과 일본은행의 능력"이라고 에둘러 말했다("Causes of the Japanese Banking Instability in the 1990s", 1996년).

**　이 노래는 1960년 엘비스 프레슬리가 불렀지만, 원곡은 이탈리아의 민요 〈O Sole Mio(오 나의 태양)〉다. 세계적으로 잘 알려진 그 곡을 1949년 미국 가수 토니 마틴이 〈There's No Tomorrow(내일은 없어요)〉로 편곡했고, 엘비스 프레슬리가 다시 불러 세계적으로 히트를 쳤다.

중앙은행과 예금보험

1949년 내각법제국으로 발령받은 스미타 사토시는 미 연준법을 읽으면서 연방예금보험공사(FDIC)가 언급되는 데 놀랐다. 그리고 "중앙은행과 예금보험은 무슨 관계인가?"라는 질문을 떠올렸다. 사실 미국을 제외한 다른 나라 중앙은행법에서는 예금보험에 관한 언급을 찾아보기 어렵다. 예금보험은 중앙은행보다 한참 늦게 탄생했기 때문이다.

미국은 어느 나라보다도 예금보험에 관심이 많았다. 심지어 연준을 세우기 전부터 예금보험을 실험했다. 금융 시스템이 유난히 불안했기 때문이다. 유럽에서는 돈이 엄청나게 많은 자본가가 은행을 소유하고 경영해 왔다. 따라서 은행 파산은 극히 드물었다. 역사에서 금융위기라고 부를 만한, 극히 예외적인 경우에만 간헐적으로 벌어졌다.

미국은 그렇지 않았다. 돈이 별로 없어도 은행을 세울 수 있었다. 그리고 남북전쟁 때까지는 연방정부가 은행 감독에 관심도 없었다. 중앙은행을 두 차례나 설립했다가 각각 20년 만에 문을 닫았던 것도 은행업은 일반 기업과 마찬가지로 연방정부가 아닌 주정부 소관이라고 보았기 때문이다.

미국인은 은행의 지점 영업도 부정적으로 보았다. 재벌의 문어발식 영업 확장과 마찬가지로 시장 지배력을 높여 경쟁을 제한하는 행위라는 시각이 강했다. 그래서 지점 없이 단일 점포(unit banking)로 운영되는 은행이 대부분이었다. 자본금은 작고 영업 지역은 제한되다 보니 소재지의 경기가 조금만 나빠져도 은행이 쉽게 파산했다. 경영이 악화하면 한밤중에 도망가는 은행들이 많아서 '들고양이 은행(wildcat bank)'이라는 말까지 생겼다. 농업지대인 중서부 지역에 그런 은행들이 많았다(여기에 대해서는 3장을 참조하라).

일부 주정부는 예금보험기금을 만들어 예금자를 보호했다.* 은행들에 보험료를 징수하고, 유사시 그 기금을 풀어 예금자에게 지급하는 시스템이었다. 하지만 남북전쟁 중이던 1863년 국법은행법이 제정되면서 상황이 달라졌다. 연방정부가 허가한 국법은행은 지폐를 발행하는 권한과 함께 지폐 발행액의 90퍼센트를 국채로 보유해야 하는 의무가 부과되었다.** 반면 국법은행이 아닌 은행(주법은행)들에는 지폐를 발행할 때 높은 세율의 세

* 뉴욕, 버몬트, 인디애나, 미시간, 오하이오, 아이오와(기금 설립 순).

** 이밖에 '이중 책임(double liability)'이라는 안전장치가 있었다. 은행이 파산하면 주주들이 투자금을 날리는 것을 넘어 투자한 만큼 돈을 더 내서 예금주에게 물어주도록 하는 것이다(이점에 관해서는 3장의 쉬어가기를 참고하라).

금이 부과되었다. 지폐 유통에 질서를 잡으려던 것인데, 그럼으로써 주법은행들이 대부분 사라졌다. 그 바람에 주정부가 관리하는 예금보험기금들도 모두 해체되었다.

그런데 1907년 금융공황이 터지면서 미국에서 세 번째로 큰 니커보커신탁회사가 파산했다. 바야흐로 국법은행의 국채 보유 의무만으로는 충분치 않다는 것이 확인되었다. 연방정부는 금융 안전망을 확충하기 위해서 1914년 중앙은행, 즉 미 연준을 설립했다. 8개 주정부는 예금보험기금을 부활시켰다.* 그때 일부 의원들은 예금보험기금을 연방정부가 운영해야 한다고 주장했다. 남북전쟁 이후 예금액이 급증해서 주정부로는 예금 인출 사태를 감당할 수 없었기 때문이다. 그런 주장을 하는 사람들은 주로 중서부 지역 출신이었는데, 이들이 총 150건의 예금보험제도 도입 법안을 발의했다. 하지만 연방정부의 비대화를 걱정하는 여론에 밀려 전부 폐기되었다.

예상했던 일이 벌어졌다. 1929년 대공황과 더불어 은행들이 추풍낙엽처럼 사라졌다. 주정부가 관리하던 예금보험기금이 몽땅 파산했다. 연방정부의 개입을 요구하는 목소리가 커졌지만, 반대 의견도 만만치 않았다. 1932년 대선 공약으로 뉴딜 정책을 내세웠던 민주당 루스벨트 후보도 예금보험제도 도입에 부정적이었다.

* 오클라호마, 캔자스, 네브래스카, 텍사스, 미시시피, 사우스다코타, 노스다코타, 워싱턴(기금 설립 순).

루스벨트는 1920년 대선에서 부통령 후보로 나섰다가 패배한 뒤 상당 기간 은행(Fidelity and Deposit Co.) 사외이사로 일했다. 은행계는 전통적으로 예금보험제도를 아주 싫어했다. 은행업에도 적자생존 원칙이 적용되어야 하는데, 예금보험제도는 부실 은행의 소멸을 방해하는 효과가 있기 때문이다. 예금보험제도는 동부 대형은행의 보험료로 중서부 부실 은행의 신용을 높이는, 부도덕한 장치라는 것이 은행계의 지배적 여론이었다.

뉴욕주 출신의 루스벨트는 동부 여론과 은행계 정서를 잘 알았기 때문에 대통령 당선인 신분 때도 예금보험제도에 관해 거부감이 많았다. 하지만 앨라배마주 출신인 헨리 스티걸Henry Steagall 하원 금융위원장이 밀어붙였다. 예금보험제도를 갈망하는 중서부 지역의 여론을 생각하라고 충고했다. 버지니아주 출신의 카터 글라스 상원 금융위원장 생각은 달랐다. 전임 대통령이 만든 금융재건공사(RFC)를 통해서 은행 증자를 돕는 것이 예금 인출 사태를 억제하는 최선이라고 주장했다. 바야흐로 예금보험제도가 대통령 인수위원회 안에서 최고 쟁점으로 떠올랐다.

한편 보수 세력과 은행계는 예금 인출 사태가 불 번지듯 하는데도 예금보험제도를 계속 반대했다. 마침 그때(1933년 1월) 히틀러가 독일 총통으로 등극했는데, 만일 민주당 새 정부가 예금보험을 의무화한다면 히틀러의 전체주의 정권과 다를 것이 없다고 엄포를 놨다. 그런 분위기 속에서 1933년 3월 4일 루스벨트 대통령이 취임했다.

루스벨트 대통령은 취임 이틀 뒤 은행 강제 휴무(bank holiday)

를 전격적으로 선언했다. 휴무 기간 중 전국의 모든 은행을 전부 조사해서 건전한 은행만 남겨두겠다고 약속했다(이 부분에 대해서는 5장을 참조하라). 실제로 1933년 4,000개가 넘는 영세 은행들이 문을 닫거나 대형 은행에 흡수되었다. 루스벨트 행정부는 비슷한 시기의 일본 내각과 달리 고통을 피하지 않았다. 하지만 이는, 밀턴 프리드먼을 포함한 자유주의자들이 훗날 "쇠뿔을 고치려다 소 잡았다"고 비판하는 이유가 되었다.

은행 정리만으로는 국민의 지지를 받을 수 없다. 다시는 그런 일이 없다고 안심시켜야 했다. 이를 위해 필요한 것이 예금보험제도였다. 은행 파산이 너무 심각하다 보니 그 무렵 극렬하던 반대 목소리가 줄어들었다. 그쯤 되자 카터 글라스 상원 금융위원장도 반대 의사를 접었다.

1933년 6월 2만 5,000달러까지 연방정부가 예금을 보호하는 내용이 은행법에 추가되었다. 150번 실패하고 151번째 시도한 끝에 예금보험제도가 현실화한 것이다. 루스벨트 대통령이 취임한 지 석 달 만에 일어난 기적이요, 애초 뉴딜 정책 리스트에 없던 것이 뉴딜 정책의 첫 결실이 되는 아이러니였다.* 이듬해 1월 1일 예금보험 업무를 전담하는 연방예금보험공사(FDIC)가 설립되었다. 1935년에는 연준법에도 FDIC를 담아 업무 충돌이 생기지 않도록 배려했다(스미타가 연준법을 읽으면서 이 부분을 의아하게

* 앨라배마주 출신 리스터 힐 하원의원은 의회 연설에서 개정된 법을 "곤비한 땅의 큰 바위 그늘(the shadow of a great rock in a weary land)"이라고 극찬했다. 성경(이사야 32장 2절)의 한 구절이다.

1933년 6월 16일 연방예금보험공사(FDIC) 설립을 담은 은행법 개정안에 서명하는 루스벨트 대통령. 그의 좌우에 카터 글라스(사진 왼쪽)와 헨리 스티걸(오른쪽) 금융위원장이 서 있다.

생각했다).

모든 보험이 그렇듯이 예금보험에도 함정이 있다. 도덕적 해이다. 원리금 지급이 보장되면, 은행의 건전성을 따지는 대신 높은 금리를 제시하는 은행을 선택하게 된다. 예금주의 이런 성향이 부실 은행을 키운다. 금융 안정을 위해 만든 장치가 금융 시스템을 오히려 불안하게 만드는 것이다.

도덕적 해이를 막는 가장 전통적인 방법은 예금 전액이 아닌 일부만 보호하는 것이다. 1933년 루스벨트 대통령은 예금자의 85퍼센트를 보호할 수 있는 2만 5,000달러를 상한으로 삼았다. 그것보다 적으면 보호 효과가 작고, 많으면 도덕적 해이가 커진다고 판단했다. 오늘날 다른 나라들도 적정 수준의 보호 한도를 찾기 위해 고민한다. 하지만 소극적 해법이다.

도덕적 해이를 막는 좀 더 적극적인 방법은 보험료율을 차별화하는 것이다. 위험이 적은 은행은 보험료율을 깎아주고, 많은 은행은 높이는 것이다. 그런 유인을 만들면, 은행 스스로 위험을 낮추게 된다. 그럼으로써 예금보험제도로 인한 은행 부실화가 극복된다. 1993년 미국이 이 방법을 처음 도입했고, 우리나라는 2014년 도입했다(일본은 아직도 도입하지 않았다).

하지만 예금보험의 특성상 도덕적 해이를 완전히 근절하기는 어렵다. 그러므로 도덕적 해이를 없애려고 노력하기보다는 예금보험의 장점을 더 키우는 것이 현명한 생각이다. 예금보험기구가 보험금 지급 기계(pay-box) 역할을 넘어 좀 더 생산적인 일을 하도록 만드는 것이다. 오늘날 각국의 예금보험기구들은 중앙은행이나 금융 감독 당국이 하기가 곤란한 일들을 담당한다. 평상시 개별 금융기관의 건전성을 면밀히 관찰하다가 유사시에는 자금 지원, 경영 정상화, 자금 회수, 청산 등 손에 피를 묻히는, 특수한 작업을 신속하고 매섭게 진행한다.

그런데 중앙은행이 예금보험기구를 겸하는 나라도 많다. 이는 최종 대부자 기능이 예금 보호와 표리를 이루기 때문이다. 미국에서도 1933년 이전에 연준이 최종 대부자 기능을 미덥게 수행했다면, 연방예금보험공사는 탄생하지 않았을 가능성이 크다. 오늘날에도 예금보험제도의 대안을 꾸준히 모색하는 학자들이 꽤 있다. 대공황 당시 카터 글라스 등 상당수 여당 의원이 은행 증자를 강조했는데, 이는 연준이 최종 대부자 역할을 제대로 수행하는 것을 전제로 한다. 그런데 그 전제가 무너지면서 논란이 많았던 아이디어, 즉 예금보험기금을 조성하는 쪽으로 방향을 틀었다(대공황 당시 미 연준의 소극적 행보에 관해서는 4장을 참조하라).

위기에 처한 은행을 지원할 때 보통 중앙은행의 '최종 대부자(lender of last resort)' 기능을 떠올린다. 앞서 언급한 책《롬바르드 스트리트》에서 처음 소개되었다. 그 책은 1866년 영국 굴지의 은행인 오버런드-거니앤드컴퍼니Overend, Gurney and Company가 파산할 때 중앙은행인 영란은행이 아무것도 하지 않았던 것을 꾸짖기 위해 언론인 월터 배젓이 집필했다. 그때 월터 배젓은 은행의 파산 가능성을 염두에 두지 않았다. 일시적으로 유동성 부족에 몰린 은행을 구제하는 방법으로 최종 대부자 기능을 제안했다.

하지만 오늘날에는 은행의 소멸이 드문 일이 아니다. 자유화는 금리 자유화, 외환 자유화, 금융시장 자유화를 넘어 은행 퇴출의 자유화까지 포함해야 완성된다. 그것이 자본주의 원리다. 오늘날에는 비은행 금융기관의 여신 활동, 즉 그림자 금융(shadow banking)이 경제에 적지 않은 비중을 차지하고 있으며, 중앙은행은 비은행 금융기관에도 최종 대부자 역할을 해야 한다는 것이 강조되고 있다. 하지만 중앙은행이 비은행 금융기관의 속사정을 잘 알기는 어렵다. 자금을 지원한 금융기관에 경영 정상화를 다그치는 일은 통화정책과 거리가 멀어서 서투르다. 그래서 중앙은행의 최종 대부자 기능은 부실 금융기관 자금 투입, 경영 정상화, 자금 회수, 청산 등 특수한 작업에 이골이 난 예금보험기구와 자연스럽게 연결된다.

한국에서는 금융경색이 일어났을 때 한국은행이 돈을 풀고, 한국산업은행이 그것으로 금융기관을 지원하는 관행이 있다(코로나19 위기). 금융위원회가 금융기관에 자금을 갹출해서 각종 안정 기금을 조성하기도 한다(2022년 레고 사태). 이것은 일본의 호가초 방식과 별로 다르지 않다. 관련 금융기관이 모두 안녕하다는 가정에서만 잘 돌아가는 방식이다.

금융 시스템이 선진화되려면, 좀 더 세련된 방법을 찾아야 한다. 유사시 한국은행과 예금보험공사가 힘을 모으는 것이 좋은 대안이다. 필요할 때 과감하게 돈을 풀되, 해당 금융기관의 구조조정에서 감자, 매각, 청산에 이르기까지 모든 가능성을 열어두고 두 기관이 함께 고민하는 것이다. 그래야 최종 대부자 기능이 낭비되어 도덕적 해이를 부추기는 일이 줄어든다. 2023년 실리콘밸리은행이 파산했을 때 처리 방향을 두고 재무장관, 연준 의장과 더불어 연방예금보험공사 의장이 만난 것도 그 때문이다.

최종 대부자 기능은 예금보험과 불가분의 관계다. 그것이 1949년 스미타 사토시가 미 연준법을 읽으면서 떠올렸던 "중앙은행과 예금보험은 무슨 관계인가?"라는 질문의 해답이다. 37년간 한국은행에서 근무하다가 이제는 예금보험공사에서 일하는 필자가 이 책의 독자들에게 힘주어 강조하는 바이기도 하다.

맺음말

집필을 마치고 나니, 성공한 것과 실패한 것이 하나씩 떠오른다.

성공한 것은 집필 방식이다. 이 책을 기획할 때부터 수학 공식을 한 줄도 쓰지 않겠다고 마음먹었다. 물리학자 스티븐 호킹이 《시간의 역사》의 서문에서 말했듯이, 수학 공식 한 줄이 추가될 때마다 독자는 반으로 줄어들기 마련이다. 하지만 스티븐 호킹 자신도 그 책에서 아인슈타인의 상대성이론인 $E = MC^2$ 하나만은 쓰지 않을 수 없었다. 그런 점에서 볼 때 수학 공식이나 통계표를 단 하나도 쓰지 않은 이 책은 스티븐 호킹을 넘어선 성공이라고 생각한다.

실패한 것은 제목이다. 경제학자 로버트 하일브로너Robert Heilbroner는 《세속의 철학자들》의 서문에서 "책 제목으로서 경제학은 곧 죽음"이라고 했다. 하지만 안타깝게도 '경제학'이라는 흉측한 단어를 바꾸지 못했다. 집필을 완료할 때까지 좋은 제목이 떠오르지 않았기 때문이다. 상상력 결핍의 결과다.

경제학은 확실히 골치 아픈 학문이다. 경제학은 어떻게 연구하는 학문일까? 하일브로너는 《세속의 철학자들》의 마지막 장에서 "경제학의 자연과학적인 측면에 미혹되지 말라. 경제학은 정확한 물리학과 비교될 수 없다"는 앨프리드 마셜의 충고를 소개했다. 경제학을 수리 분석으로만 접근하려는 것은 자석이 쇠에 달라붙듯이 인간을 가격 변동에 반응하는 로봇으로 보는 태도이기 때문이다.

아울러 하일브로너는 21세기의 경제학(세속 철학)이 19세기나 20세기의 경제학 못지않게 쓸모 있는 학문이 되기 위해서는 현상 분석에 안주하지 말고 심화와 확장이 필요하다고 강조했다. 현상 분석 그 자체는 우리 미래의 길을 밝힐 횃불이 되지 못한다는 것이 그의 생각이다. 그래서 "자신의 범위를 확장해서 새롭게 정의한 경제학"의 출현을 고대했다. 경제 연구의 저변을 넓혀야 한다는 하일브로너의 생각은 '문·사·철'은 하나라는 정신으로 통찰력(insight)을 키워야 한다는 필자의 생각과 같다고 보인다.

그렇다고 해서 이 책이 수백만 부가 팔린 대가의 베스트셀러와 비교될 처지는 결코 아니다. 필자는 문장력, 지혜, 지식 등 삼장三長의 재주 중에서 어느 것 하나도 충분히 갖추지 않았다. 따라서 김부식이 말한 대로 "이 책이 명산에 고이 간직되기를 기대하기는커녕 장독을 덮는 물건으로 쓰이지 않기를 바랄 뿐"이다. 필자가 부끄러움을 무릅쓰고 감히 비교되기를 바라는 사람이 있다면, 미국 하버드대학교의 클라우디아 골딘Claudia Goldin 교수다. 골딘 교수는 노동경제학을 연구하는 사람이라서 필자와 관심 분야가 다르다. 그런데도 동질감을 느끼는 이유는, 경제학에 관한 그의 철학 때문이다. 골딘 교수는 "경제학은 숫자가 아니라 사람에 관한 학문"이라고 강하게 주장한다(《파이낸셜 타임스》 2022년 3월 3일 자 인터뷰). 그리고 평범한 계량 모델에 의존하기보다는 방대한 데이터를 관통하는 스토리텔링 방식으로 진실을 좇아서 자기주장을 전개한다. 그래서 그의 논문을 읽다 보면 재미와 함께 "와!" 하는 감탄사가 절로 나온다. 목표를 향한 그의 집요함과 방법론에서 동질감을 느낀다. 마침 이 책을 탈고할 무렵 그녀가 2023년 노벨 경제학상을 수상했다는 소식이 들렸다. 마치 이 책에 대한 격려처럼 느껴졌다.

이 책의 전편에 걸쳐 무수히 등장하는 고유명사에 대해서는 독자들의 양해를 구한다. 너무나 많은 사람, 장소, 사건이 소개되어 있어 이야기의 흐름을 방해하는 것은 아닌지 염려스럽다. 하지만 그 분야에 더욱 흥미를 느껴 좀 더 연구해 보고 싶은 분들에게 힌트를 드리기 위해 중요하다고 생각하는 고유명사들을 소개했다. 필자는 별것 아닌 이런저런 일들에 관심을 두고 파고들 때 연구가 점점 깊어지는 것을 느꼈다. "넓게 파야 깊게 판다"는 진리를 함께 나누기 위해서 중요한 단어는 영문으로까지 소개하려고 했다.

글을 마칠 때다. 영어에서 end는 끝인 동시에 목적이 아니던가. 이 책의 끝이자 목적은 '문·사·철은 하나'라는 것이다. 이것이 알량한 실력에도 불구하고 거창한 제목의 책을 펴내는 사람이 다시 한번 강조하고 싶은 말이다.

참고 문헌

1장 좋은 놈, 나쁜 놈, 이상한 놈

Cooper, R. N., Dornbusch, R., & Hall, R. E. (1982), "The Gold Standard: Historical Facts and Future Prospects" *Brookings Papers on Economic Activity*, 1982(1), pp. 1-56.

Eichengreen, B., Watson, M. W., & Grossman, R. S. (1985), "Bank Rate Policy Under the Interwar Gold Standard: A Dynamic Probit Model", *The Economic Journal*, 95(379), pp. 725 - 745.

Fay, C. R. (1935), "Newton and the Gold Standard", *Cambridge Historical Journal*, 5(1), pp. 109 - 117.

Innes, A. Mitchell (1913), "What is money?", *Banking Law Journal*, pp. 377-408.

Innes, A. Mitchell (1914), "The Credit Theory of Money", *Banking Law Journal*, pp. 151-68.

Jácome, M. L. I. (2015), "Central banking in Latin America: From the gold standard to the golden years", International Monetary Fund.

Hargrave, John (2010), *Montagu Norman*, Kessinger Publishing.

Kemmerer, Edwin Walter (1944), *Gold and the Gold Standard : The Story of Gold Money - Past, Present and Future*, McGrow-Hill Book Company, Inc.

Keynes, John M. (1923), *A Tract on Monetary Reform*, Macmillan & Company Limited.

Keynes, John M. (1935), *A Treatise on Money*, Macmillan & Company Limited.

Knafo, S. (2006), "The gold standard and the origins of the modern international monetary system", *Review of International Political Economy*, 13(1), pp. 78-102.

Kriz, M. A. (1965), "The Gold Picture Today", *Financial Analysts Journal*, 21(2), pp. 78-82.

Kynaston, David (2017), *Till Time's Last Sand : A History of The Bank of Englad 1694-2013*, Bloomsbury.

League of Nations (1923), *The Recommendations and Their Application: A Review after Two Years*, Brussels Financial Conference.

Leavens Dickson H. (1939), *Silver Money*, Cowles Commission for Research in Economics, Principia Press, Inc.

Menger, K. (1892), "On the origin of money", *The Economic Journal*, 2(6), pp. 239-255.

Morys, M. (2007), "The emergence of the classical gold standard (No. 7010)", Seventh Conference of the European Historical Economics Society.

Redish, A. (1990), "The Evolution of the Gold Standard in England", *The Journal of Economic History*, 50(4), pp. 789 - 805.

카를 마르크스 지음, 김수행 옮김(2015), 《자본론 I(상)》, 비봉출판사.

피터 번스타인 지음, 김승욱 옮김(2001), 《황금의 지배》, 경영정신.

2장　작전명 발키리

Allan, R. K. (2003), "What role did rearmament play in the "Nazi economic miracle?": A study of Nazi economic policy 1933-1939".

Einaudi, L. L. (2000), "From the franc to the Europe: the attempted transformation of the Latin Monetary Union into a European Monetary Union, 1865-1873",

Economic History Review, pp. 284-308.

Giacomo, G. (2005), *Conjuring Hitler: how Britain and America made the Third Reich*, Pluto Press.

Glassman, D., & Redish, A. (1988), "Currency depreciation in early modern England and France", *Explorations in Economic History*, 25(1), pp. 75-97.

Knapp, Georg Friedrich (1924), *The State Theory of Money*, Macmillan & Company Limited.

Kuczynski, R. R. (1933), "Germany and Gold" *The Annals of the American Academy of Political and Social Science*, 165, pp. 207 – 209.

Murad, A. (1932), "The Reichsbank in the Financial Crisis of 1931", *The Journal of Business of the University of Chicago*, 5(2), pp. 175 – 191.

Pittaluga, G. B. (2008), "The Genoa Conference: Was it really a failure?", In Foreign Exchange Reserves and the International Monetary System.

Redish, A. (1993), "Anchors Aweigh: The Transition from Commodity Money to Fiat Money in Western Economies", *The Canadian Journal of Economics*, 26(4), pp. 777 – 795.

Rueff, Mélaine (2009), "Keynes about Lindsay: India and the Gold Exchange Standard (1878-1914)," paper presented for the annual Conference of the European Society for the History of Economic Thought (ESHET), Greece.

Temin, P. (2008), "The German crisis of 1931: evidence and tradition", *Cliometrica*, 2(1), pp. 5-17.

Tullio, G. (1995), "Inflation and Currency Depreciation in Germany, 1920-1923: A Dynamic Model of Prices and the Exchange Rate", Journal of Money, *Credit and Banking*, 27(2), pp. 350 – 362.

Webb, S. B. (1984), "The Supply of Money and Reichsbank Financing of Government and Corporate Debt in Germany, 1919-1923", *The Journal of Economic History*, 44(2), pp. 499 – 507.

Wolfe, M. (1955), "The Development of Nazi Monetary Policy", *The Journal of Economic History*, 15(4), pp. 392 – 402.

고병권(2005),《화폐, 마법의 사중주》, 그린비.

게오르그 짐멜 지음, 안준섭 · 장영배 · 조희연 옮김(1983),《돈의 철학》, 한길사.

리아콰트 아메드 지음, 조윤정 옮김(2010),《금융의 제왕》, 다른 세상.

질비오 게젤 지음, 질비오게젤연구모임 옮김(2021),《자유토지와 자유화폐로 만드는 자연스러운 경제질서》, 클.

3장 밀리언 달러 베이비

Avraham, D., Selvaggi, P., & Vickery, J. I. (2012), "A structural view of US bank holding companies", *Economic Policy Review*, 18(2), pp. 65-81.

Nash, Gerald D. (1992), *A.P. Giannini and the Bank of America*, University of Oklahoma Press.

Shlaes, Amity (2007), *The Forgotten Man - A New History of the Great Depression*, Harper Perennial.

Weldin, S. J. (2000), "AP Giannini, Marriner Stoddard Eccles, and the changing landscape of American banking", University of North Texas, *PhD Dissertation Paper*.

4장 글래디에이터

Blum, John Morton(1970), *Roosevelt and Morgenthau*, Houghton Mifflin.

Hyman, Sidney (1976), Marriner S. Eccles: *Private Entrepreneur and Public Servant*, Stanford University.

Israelsen, L. D. (1985), "Marriner S. Eccles, Chairman of the Federal Reserve Board", *The American Economic Review*, 75(2), 357 - 362.

Marriner S. Eccles(1951), *Beckoning Frontiers*, New York; Alfred A Knopf.

Moe, T. G., & Bank, N. (2013), "Marriner S. Eccles and the 1951 Treasury - Federal

Reserve Accord", Levy Economics Institute.

Todd, W. (1994), "The Federal Reserve Board before Marriner Eccles (1931-1934), *Working Paper* No. 05, Federal Reserve Bank of Cleveland.

Vernengo, M. (2006), "A Hands-off Central Banker? Marriner S. Eccles and the Federal Reserve Policy, 1934-1951", Salt Lake City, University of Utah Department of Economics.

Weldin, S. J. (2000), "AP Giannini, Marriner Stoddard Eccles, and the changing landscape of American banking", University of North Texas, *PhD Dissertation Paper*.

5장 바보들의 행진

Barbaroux, Nicolas (2022), "The Latin Monetary Union Experience (1865-1926): French Views on Monetary Union and Lending of Last Resort in Retrospect", *Economic History Yearbook*, De Gruyter, vol. 63(2), pp. 409-432.

Flandreau, M. (1996), "The French Crime of 1873: An Essay on the Emergence of the International Gold Standard, 1870-1880", *The Journal of Economic History*, 56(4), pp. 862-897.

Friedman, M. (1990), "Bimetallism Revisited", *The Journal of Economic Perspectives*, 4(4), pp. 85-104.

Laidler, D. (2001), "From bimetallism to monetarism: the shifting political affiliation of the quantity theory" (No. 2001-1). Research Report, Western Ontario University.

Landis, Bob (2003), "The Once and Future Money", Spring Conference hosted by Sage Capital Management, Inc., *mimeo*.

Martin, D. A. (1968), "Bimetallism in the United States before 1850", *Journal of Political Economy*, 76(3), pp. 428-442.

Martin, D. A. (1973), "1853: The End of Bimetallism in the United States", *The Journal of Economic History*, 33(4), pp. 825-844.

Redish, A. (1995), "The Persistence of Bimetallism in Nineteenth-Century France", *The Economic History Review*, 48(4), pp. 717-736.

Williams, Jeffrey C. (1995), *Manipulation on Trial: Economic Analysis and the Hunt Silver Case*, Cambridge University Press.

양동휴(2015), 《화폐와 금융의 역사 연구》, 해남.

6장 건축학 개론

Burns, Jennifer (2009), *Goddess of the Market: Ayn Rand and the American Right*, Oxford University Press.

Greider, William (1989), *Secrets of the Temple: How the Federal Reserve Runs the Country*, Simon & Schuster.

Nasar, Sylvia (2011), *Grand Pursuit : The Story of Economic Genius*, Simon and Schuster.

Treaster, Joseph B. (2005), *Paul Volcker: The Making of a Financial Legend*, Wiley.

나심 탈레브 지음, 차익종 옮김(2008), 《블랙 스완》, 동녘사이언스.

알프레드 L., 말라브르 지음, 변도은·이일수 옮김(1994), 《위대한 예측: 경제이론의 정책반영과 그 파장》, 한국경제신문사.

앨런 그린스펀 지음, 현대경제연구원 옮김(2008), 《격동의 시대》, 북앳북스.

7장 포 유어 아이즈 온리

Aglietta, M. (2000), "The International Monetary Fund and the International Financial Architecture", CEPII research center.

Boughton, J. (2009), "White, Harry Dexter (1892-1948)", The New Palgrave Dictionary of Economics.

Boughton, James M. (2001) "The Case against Harry Dexter White: Still Not Proven,"

History of Political Economy, Duke University Press, vol. 33(2), pp. 219-239.

Boughton, James M. (2021), *Harry White and the American Creed: How a Federal Bureaucrat Created the Modern Global Economy (and Failed to Get the Credit)*, Yale University Press.

Craig, R. Bruce (2004), *Treasonable Doubt: The Harry Dexter White Spy Case*, University Press of Kansas.

Frank C. McLaughlin. (1968), "The International Monetary System, Paper Gold and the U.S. Balance of Payments Problem", *Financial Analysts Journal*, 24(3), pp. 23 – 172.

Garten, Jeffrey E. (2021), *Three Days at Camp David: How a Secret Meeting in 1971 Transformed*, Harper.

Haines, W. W. (1943), "Keynes, White, and History", *The Quarterly Journal of Economics*, 58(1), pp. 120 – 133.

Steil, B. (2013), *The battle of Bretton Woods: John Maynard Keynes, Harry Dexter White, and the making of a new world order*, Princeton University Press.

West, Nigel (2000), Venona: *The Greatest Secret of the Cold War*, Trafalgar Square.

8장 잇츠 나우 오어 네버

Bernanke, B. S. (2000), "Japanese Monetary Policy: A Case of Self-Induced Paralysis?", *Japan's Financial Crisis and Its Parallels to US Experience*, Institute for International Economics, pp. 149-166.

Calomiris, C. W. (1990), "Is deposit insurance necessary? A historical perspective", *The Journal of Economic History*, 50(2), pp. 283-295.

Calomiris, C. W., & Jaremski, M. (2016), "Deposit insurance: Theories and facts", *Annual review of financial economics*, 8, pp. 97-120.

Calomiris, C. W., & Jaremski, M. (2019), "Stealing deposits: Deposit insurance, risk-taking, and the removal of market discipline in early 20th century banks", *The Journal of Finance*, 74(2), pp. 711-754.

Calomiris, C. W., & White, E. N. (1994), "The origins of federal deposit insurance. In The regulated economy: A historical approach to political economy", *The Regulated Economy*: A Historical Approach to Political Economy, University of Chicago Press.

Calomiris, Charles W. & Chen, Sophia, (2022), "The spread of deposit insurance and the global rise in bank asset risk since the 1970s," *Journal of Financial Intermediation*, Elsevier, vol. 49(C).

Cargill, T. F. (2002), "Japan passes again on fundamental financial reform", *Economic Letter*, Federal Reserve Bank of San Francisco.

Demirguc-Kant, A., Karacaovali, B., & Laeven, L. (2005), "Deposit Insurance Around The World: A Comprehensive Database", Vol. 1 Of 1. The World Bank.

Flood, M. D. (1996), "The great deposit insurance debate. In Stability in the Financial System", London: Palgrave Macmillan UK, pp. 34-83.

Fries, S., Mason, R., & Perraudin, W. (1993), "Evaluating deposit insurance for Japanese banks", *Journal of the Japanese and International Economies*, 7(4), pp. 356-386.

Garcia, G. (2000), "Deposit insurance actual and good practices", *Occasional Paper* 197, International Monetary Fund.

Golembe, C. H. (1960), "The deposit insurance legislation of 1933: an examination of its antecedents and its purposes", *Political Science Quarterly*, 75(2), pp. 181-200.

Hanc, G. (1999). "Deposit insurance reform: State of the debate", *FDIC Banking* Rev., 12, 1.

Harada, K., & Ito, T. (2011), "Did mergers help Japanese mega-banks avoid failure? Analysis of the distance to default of banks", *Journal of the Japanese and International Economies*, 25(1), pp. 1-22.

Hartley, J. E. (2001), "Mutual Deposit Insurance: Other Lessons from the Record", *The Independent Review*, 6(2), pp. 235 - 252.

Hogan, T. L., & Johnson, K. (2016), "Alternatives to the federal deposit insurance corporation", *The Independent Review*, 20(3), pp. 433-454.

Kanaya, M. A. and Woo, M. D. (2000), "The Japanese Banking Crisis of the 1990's: Sources and Lessons", International Monetary Fund.

Krugman, P. R., Dominquez, K. M., & Rogoff, K. (1998), "It's Baaack: Japan's Slump and the Return of the Liquidity Trap", *Brookings Papers on Economic Activity*, 1998(2), pp. 137-205.

Milhaupt, C. J. (1999), "Japan's experience with deposit insurance and failing banks: Implications for financial regulatory design", *Washington University Law Quarterly*, 77, p. 399.

Nakaso, Hiroshi (2001), "The financial crisis in Japan during the 1990s: how the Bank of Japan responded and the lessons learnt", *BIS Papers* No. 6.

Sheehan, P., & Gordon, A. (2016), "The main bank system and its role in the Japanese economic miracle", Department of History, Harvard University.

Tufts, Roger and Graham Tufts (2021), " Shareholder Double Liability and Depositor Losses in Failed National Banks: 1865-1935", Office of the Comptroller of the Currency.

Ueda, K. (1998), "Causes of the Japanese Banking Instability in the 1990s", *The Japanese Financial System: Restructuring for the Future*, Columbia Business School, NY.

White, E. N. (1995), "Deposit insurance", *World Bank Policy Research Working Paper Series*, p. 1541.

White, L. J. (1989), "The Reform of Federal Deposit Insurance", *The Journal of Economic Perspectives*, 3(4), pp. 11-29.

강호성(2002), 〈예금부분보호 전환 이후 일본의 부실금융기관 처리 방식〉, 금융연구 제3권 제1호, 154~176쪽.

김현주(2012). 〈금융위기 후 일본의 금융감독·규제에 대하여〉, 법과 기업 연구, 2(1), 119~142쪽.

노구치 유키오 지음, 노만수 옮김(2022), 《1940년 체제 : 일본 전후 경제사의 멍에를 해부하다》, 글항아리.

박성빈(2004), 〈전후 일본의 호송선단식 금융행정과 아마쿠다리〉, 한국정치학회보,

38(3), 277~296쪽.

岩田規久男(1993),《金融政策の經濟學: 〈日銀理論〉の檢證》, 일본경제신문사.

얀베 유키오 지음, 홍채훈 옮김(2019),《일본 경제 30년사》, 에이지.

예금보험공사(2000), 〈예금보험의 이론과 실제〉, 연구총서, 1.

예금보험공사(2000), 〈최근 일본의 예금보험제도 변화〉, 조사연구자료, 1.

翁 邦雄(1993),《金融政策:中央銀行の觀點と選擇》, 동양경제신문사.

요시미 슌야 지음, 서의동 옮김(2020),《헤이세이(平成) 일본의 잃어버린 30년》, AK.

이해주(1985), 〈전후 일본 경제 발전의 전개 과정〉, 일본연구, 4, 23~49쪽.

한정미(2010), 〈금융위기 이후 예금보험제도의 변화와 시사점〉, 경제법연구, 9(2), 49~76쪽.

후카오 교지, 나카무라 쇼지, 나카바야시 마사키 지음, 윤종인 옮김(2003),《현대 일본 경제의 역사》, 해남.

숫자 없는 경제학

인물, 철학, 열정이 만든 금융의 역사

차현진 지음

초판 1쇄 2023년 10월 30일 발행

ISBN 979-11-5706-309-3 (03320)

만든사람들

책임편집	황정원
디자인	캠프커뮤니케이션즈
마케팅	최재희 신재철 김예리
인쇄	아트인

펴낸이	김현종
펴낸곳	(주)메디치미디어
경영지원	이도형 이민주 김도원
등록일	2008년 8월 20일 제300-2008-76호
주소	서울특별시 중구 중림로7길 4, 3층
전화	02-735-3308
팩스	02-735-3309
이메일	medici@medicimedia.co.krr
페이스북	facebook.com/medicimedia
인스타그램	@medicimedia
홈페이지	www.medicimedia.co.kr